Mulțumiri și recomandări

Plinătatea lui Hristos este rezultatul luptei cu greutățile, într-o viață trăită cu integritate și credință pe tot parcursul suișurilor și coborâșurilor ei.

Valy, soțul meu, este cu adevărat un om al lui Dumnezeu care m-a încurajat întotdeauna să caut fața lui Dumnezeu în cele mai întunecate văi, știind că există un Tată iubitor care dorește să avem parte de tot ce este mai bun.

Valy este un gânditor profund, un om iubitor și milos, precum și un exemplu sănătos pentru familie și pentru toți cei care îl cunosc. El trăiește cu adevărat pentru Isus, și pasiune sa pentru El este molipsitoare.

Mă rog și nădăjduiesc că această carte te va ajuta să te apropii de Dumnezeu. Fie ca El să-ți dea descoperire și înțelegere în citirea ei, și fie ca ea să dea naștere unei transformări profunde a inimii tale.

— Elena Văduva, MA, LPC, NCC
New Life Directions Counseling, Livonia, Michigan, SUA

Din prima zi în care l-am întâlnit pe Valy Văduva și am ajuns să-l cunosc, l-am descoperit ca fiind un om cu o dorință arzătoare nu numai de a-L cunoaște pe Isus, dar și de a TRĂI ca Isus.

Întemeiată pe har, plină de speranță și dragoste, cartea aceasta abundă de încurajări de creștere în plinătatea lui Hristos, lucru care este dreptul de întâi născut al fiecărui copil al lui Dumnezeu. Adevărul viu al realităților și înzestrărilor noastre ca făpturi noi, dobândite prin moartea, îngroparea și învierea lui Hristos, este transmis cu o voce clară și puternică.

Această proclamare plină de înțelepciune nu este destinată doar credinciosului individual, ci și Bisericii, întregului trup al lui Hristos, care învață să împărtășească viața Lui în umblarea împreună, de unde izvorăște o trăire spre slava lui Dumnezeu.

Dacă încerci din greu să fii ca Isus și acest lucru te epuizează, poate că ar fi bine să citești despre cum te poți încrede în Isus pentru ca viața Lui să fie trăită prin tine, prin Duhul care locuiește înlăuntrul tău. Cuvintele și ideile din cartea aceasta nu sunt menite să slujească doar ca învățătură, ci și să fie trăite!

— Steve Petit, pastor
CenterPoint Christian Fellowship, Gainesville, Florida, SUA

Plinătatea lui Hristos este născută din pasiunea lui Valy de a-i vedea pe creștini crescând, pentru a ajunge la maturitatea spirituală. Sunt încântat de faptul că ne atrage atenția asupra unui subiect atât de important. Pe tot parcursul cărții vei fi provocat, încurajat și ajutat în procesul de a te asemăna tot mai mult cu Hristos și de a exprima natura lui Dumnezeu – *dragostea agape.*

— Simion Timbuc, pastor senior,
Bethesda Romanian Pentecostal Church, Troy, MI, SUA

Valy este un om a cărui pasiune este de a-i vedea pe alții atingând plinătatea lui Hristos. Călătoria lui a fost dificilă, și totuși magnifică, Valy căutând să-I supună totul lui Hristos, arde de dorința de a-i vedea și pe alții experimentând același lucru. În cărțile lui, autorul tratează în amănunt componentele acestei *plinătăți*, folosindu-se de *Sola Scriptura* ca structură de bază. Aceasta nu este o carte care conține gândurile lui, la care doar adaugă câte ceva din Scripturi. Dimpotrivă, este o carte bazată pe Scripturi și în care se folosește de cuvintele lui pentru a face trimitere și a arunca lumină asupra Cuvintelor lui Dumnezeu.

— Margaret L. Michael, MA, LPC, BCPCC, director al Restore Ministries,
Oak Pointe Church, Novi, MI, SUA

Cartea lui Valy Văduva, *Plinătatea lui Hristos,* este un volum de mare trebuință despre importanța uceniciziării și a creșterii spirituale cuprinse în Marea Trimitere. El aduce argumente biblice puternice pentru a susține că biserica ajunge la maturitate doar atunci când evanghelizarea este urmată de ucenicizare. Învățătura biblică ce trece cu vederea unirea cu Hristos și înțelesul mai adânc al crucii sfârșește prin a fi o învățătură academică, legalistă, sau și una și alta. Cartea aceasta prezintă o învățătură clară cu privire la o ucenicizare fundamentată pe har și avându-L în centru pe Hristos, cu explicații utile despre terminologia, doctrinele și disciplinele legate de aceasta. Apreciez atât cartea, cât și slujirea lui Valy și a Elenei Văduva în lucrarea de life coach și ucenicizare pe care o desfășoară.

— Dr. John Woodward, director de Consiliere și Instruire, Grace Fellowship International, Pigeon Forge, Tennessee, SUA.

Mulțumesc! Sunt întotdeauna încurajat când citesc și aud mesajul adevărat al crucii și al morții, îngropării și învierii noastre cu Domnul Isus Hristos. Te rog să răspândești în continuare Vestea Bună. Sunt sătul de cei ce vestesc o „credință ușoară", prin care împărtășesc doar jumătate de Evanghelie. Mie mi-au trebuit ani de zile ca să o înțeleg, însă Duhul Sfânt mi-a fost Învățătorul și Călăuzitorul meu persistent în însușirea acestui adevăr.
Împlinit în Hristos,

— Phil și Darlene Leistner, pastor administrativ
Fountain of Grace, Prattville, AL, USA

Plinătatea lui Hristos: Exprimarea naturii și caracterului lui Dumnezeu în și prin tine

© 2022 de Valy Văduva
Publicat de Upper Room Fellowship Ministry (URFM)
Livonia, MI 48150
www.urfm.org

ISBN **978-1-930529-47-2** (sc)

Traducerea: Iulian Iacob
Editare: Daniela Sisoev

Titlul original: **Fullness of Christ:** *Expressing God's Nature and Character in and through you*
Copyright © 2018 by Valy Vaduva
Publicat cu permisiunea din partea Upper Room Fellowship Ministry

Cartea aceasta nu e o lucrare de ficțiune. În cazul în care nu este menționat în mod specific, autorul și editorul nu garantează în mod explicit acuratețea informațiilor din această carte iar, în unele cazuri, numele unor persoane și locuri au fost schimbate pentru a le proteja identitatea. Punctele de vedere exprimate în această lucrare sunt doar ale autorului și nu reflectă în mod necesar punctele de vedere ale editorului.

Din cauza naturii dinamice a internetului, e posibil ca unele adrese sau link-uri de internet conținute în această carte să se fi schimbat de la data publicării, și să nu mai fie valabile. Imagini de stoc © iStock obținute de la Getty Images sunt folosite doar pentru scopuri ilustrative.

Dedicație

Domnului și Mântuitorului meu Isus Hristos, care m-a căutat, m-a găsit și, pe când eram adolescent, m-a mântuit; și care m-a chemat la slujba de ucenicizare.

Cuvinte pline de farmec îmi clocotesc în inimă, și zic: „Lucrarea mea de laudă este pentru Împăratul!" Ca pana unui scriitor iscusit să-mi fie limba!
Psalmii 45:1

Soției mele, Elena, care este o parte integrantă a slujirii pe care o fac și care mă susține în totalitate. Fără ea, cartea aceasta nu ar fi fost publicată.

Copiilor mei, Evelina, Timotei, Dorian și Cristina, precum și soților și respectiv soțiilor lor, care și ei mă susțin și mă încurajează să continui să merg înainte.

Vă mulțumesc tuturor!

CUPRINS

Prefață

Nu vă scriem altceva decât ce citiți și cunoașteți. Și trag nădejde că până la sfârșit veți cunoaște.
2 Corinteni 1:13

De aceea voi fi gata să vă aduc totdeauna aminte de lucrurile acestea, măcar că le știți, și sunteți tari în adevărul pe care-l aveți.
2 Petru 1:12

Noul Testament mă fascinează, întrucât este plin de declarații ce îl determină pe cititor să tragă concluzia că Însuși Dumnezeu este interesat de creșterea și maturitatea spirituală a copiilor Săi preaiubiți. În Predica de pe Munte, Isus spune: „Voi fiți dar desăvârșiți, după cum și Tatăl vostru ceresc este desăvârșit" (Mat. 5:48). Petru preia acest concept și scrie: „Fiți sfinți, căci Eu sunt sfânt" (1 Pet. 1:16). Din nefericire, Biserica este, în ansamblu, afectată în mod nefast de imaturitate spirituală. Chuck Colson a afirmat, într-o ocazie: „Biserica americană are o lățime de 5000 de kilometri și o adâncime de un centimetru"[1].

Am început să-mi pun întrebări cu privire la lipsa de creștere spirituală din viața mea și a celor din jurul meu. Poate că și mulți dintre voi v-ați gândit la subiectul acesta. Ei bine, sunteți bineveniți în clubul „Creștinilor preocupați". Am fost bombardat, în mod repetat, cu următoarea întrebare: *De ce creștinii nu sunt interesați să* ... *nătatea lui Hristos?* Marele apostol Pavel suferă pentru ... Galatia, tânjind să vadă cum Hristos ia chip în ei. Simți ... a strigătului lui Pavel: „Copilașii mei, pentru care iarăși ... nașterii, până ce va lua Hristos chip în voi!" (Gal. 4:19)?

i

În Efeseni, Pavel îşi exprimă dorinţa ca liderii bisericii, precum şi fiecare membru al Trupului lui Hristos, „să ajungă... la starea de om mare, la înălţimea staturii *plinătăţii lui Hristos*". Când Pavel foloseşte termenul *să ajungă*, el nu sugerează *dobândirea* plinătăţii lui Hristos prin eforturi proprii. Paul le aminteşte membrilor individuali ai Bisericii că ei trebuie să continue să primească slujba darurilor pe care El le-a pus în Trupul Său. Printre cei înzestraţi cu daruri se numără: apostolii, profeţii, evangheliştii, pastorii şi învăţătorii – mâna de lucru a lui Dumnezeu în lumea aceasta. Primind darurile de slujire ale lui Dumnezeu, toate mădularele trupului spiritual pot să ajungă la „unirea credinţei şi a cunoştinţei Fiului lui Dumnezeu". Acest proces fundamentat pe har şi condus de Duhul Sfânt dă naştere la creştere spirituală şi maturitate, ducând astfel la *plinătatea lui Hristos*. Acum, întregul trup spiritual, „bine închegat şi strâns legat" poate să exprime slobod viaţa şi dragostea lui Hristos.

În Coloseni, Pavel consideră că însăşi esenţa a tot ceea ce el face în calitate de slujitor al Evangheliei pentru Trupul lui Hristos este să „înfăţişeze pe orice om desăvârşit în Hristos Isus" (Col. 1:28).

Petru îi îndeamnă pe cei care au gustat din bunătatea lui Dumnezeu să caute să dobândească o dorinţă arzătoare după „laptele curat al Cuvântului" (1 Petru 2:2), pentru a creşte spiritual şi astfel a pătrunde înţelesul deplin al mântuirii. Apoi, în a doua epistolă a sa, el îi îndeamnă pe credincioşi să-şi dea „toată silinţa" pentru a „creşte în harul şi cunoştinţa Domnului nostru Isus Hristos" (2 Pet. 3:18).

Prin harul lui Dumnezeu, sunt convins, acum mai mult ca oricând, că alergarea cu sârguinţă spre atingerea maturităţii spirituale este singurul mod de a fi *fără pată şi fără zbârcitură*, de a continua a rămâne *tari în credinţă* şi de a ne păzi de cei *nelegiuiţi*, care răstălmăcesc adevărul. Statornicia, capacitatea de a păzi şi apăra credinţa, de a avea un comportament fără pată şi un caracter fără vină – acestea sunt calităţi importante ale celor ce sunt maturi spiritual. Ţelul este de a fi pregătiţi în mod adecvat pentru cea de-a doua venire a Domnului Isus. Iacov ne învaţă că şi încercările şi necazurile noastre sunt orchestrate de Dumnezeu pentru ca noi să ajungem la statura de oameni „desăvârşiţi" şi pentru a fi credincioşi care „nu duc lipsă de nimic".

El scrie atât de convingător:

> Fraţii mei, să priviţi ca o mare bucurie când treceţi prin felurite încercări, ca unii care ştiţi că încercarea credinţei voastre lucrează răbdare. Dar răbdarea trebuie să-şi facă desăvârşit lucrarea, pentru ca să fiţi desăvârşiţi, întregi, şi să nu duceţi lipsă de nimic. (Iacov 1:2–4)

Interesul pe care l-am avut în a afla motivul pentru care credincioşii nu se maturizează spiritual a crescut până la punctul în care am făcut din domeniul acesta o prioritate în viaţa şi slujirea mea. Ca urmare, în 2004, am decis să renunţ la cariera de inginer, dedicându-mi, în schimb, toată inima, timpul şi energia urmăririi acestui scop.

Rugăciunea şi crezul meu sunt că paginile acestei cărţi vor răspunde la întrebarea: *De ce unii creştinii rămân imaturi din punct de vedere spiritual?* După ce am cercetat Scripturile şi literatura creştină, am ajuns să cred că creştinii sunt imaturi pentru că nu sunt conştienţi de modul în care crucea (de exemplu chemarea la lepădarea de sine, la a-şi lua crucea şi a-L urma pe Hristos) este centrală pentru identitatea lor de urmaşi ai lui Isus. Deseori, credincioşii nu reuşesc să-şi însuşească viaţa zilnică de purtare a crucii, în calitate de ucenici autentici. Din ce motiv se întâmplă acest lucru?

Mai întâi, există problema cunoaşterii. Cred că multora le lipseşte o înţelegere clară cu privire la învăţătura biblică a purtării crucii.

În al doilea rând, este problema voinţei. Chiar şi credincioşii născuţi din nou sau creştinii în care locuieşte Duhul Sfânt au voinţă liberă intactă. Aşadar, mulţi dintre ei sunt capabili şi îşi exercită voinţa liberă pe care o au refuzând să ia crucea şi să-L urmeze pe Isus în umblarea lor de fiecare zi. Ei presupun în mod fals că ucenicia şi costul ei sunt prea mari, şi că nu se merită să fie ucenici veritabili ai lui Isus.

În al treilea rând, mulţi creştini rămân blocaţi datorită unor răni şi traume nevindecate din trecut. Din cauza acestor aspecte, mulţi credincioşi deseori nu reuşesc să-şi însuşească modul de viaţă ce presupune purtarea crucii.

De-a lungul timpului, toţi aceşti factori au dus la starea în care Biserica se află astăzi.

În cartea de faţă vom căuta, într-un spirit de rugăciune şi cu mare atenţie, să analizăm aceste lucruri, pentru a găsi o soluţie întemeiată pe Biblie, bazată pe credinţă şi centrată pe har. Vă pot spune de la bun început că multe lucruri descoperite în cartea aceasta mi se aplică şi mie. Nu sunt, nici pe departe, un expert în domeniu. De aceea vă cer să vă rugaţi pentru mine, autorul acestei cărţi, care se află în aceeaşi barcă cu mulţi dintre voi. Dacă Pavel a spus că el n-a câştigat încă premiul, cu atât mai mult pot spune şi eu acelaşi lucru, însă m-am hotărât să alerg înainte. El scrie: „Nu că am şi câştigat premiul, sau că am şi ajuns desăvârşit; dar alerg înainte, căutând să-l apuc, întrucât şi eu am fost apucat de Hristos Isus" (Filipeni 3:12).

Refuz să cred că Isus va veni pentru o Mireasă care este, în realitate, o fetiţă ce se joacă în nisip toată ziua, plângând: „Sărăcuţa de mine, ce urmează să se mai întâmple în lumea asta?" Dimpotrivă, cred din toată inima că Hristos vine pentru o Mireasă matură şi desăvârşită (Efes. 5:26–27), care caută cu sârguinţă să fie vindecată de rănile din trecut (Matei 8:17; Isaia 53:4–5), să fie eliberată de minciunile şi traumele trăite (Ioan 8:31–36), şi în Numele lui Isus biruie forţele demonice (Efes. 6:13) şi face să înainteze Împărăţia lui Dumnezeu (Mar. 16:20).

Ştiu că aveţi o mulţime de întrebări. Nu pot să promit că am toate răspunsurile. Numai Dumnezeu le ştie pe toate. Sunt sigur că, în cercetarea mea limitată, nu am căutat în toate ungherele. Vă pot asigura, totuşi, de un lucru: am o dorinţă arzătoare ca fiecare credincios să aibă parte de creştere şi maturizare spirituală. Mă rog şi cred că ucenicizarea radicală practicată de strămoşii noştri spirituali poate deveni prioritatea numărul unu a Bisericii de astăzi. Uniţi-vă cu mine în rugăciune ca, înainte de întoarcerea lui Hristos, biserica să fie „slăvită, fără pată şi fără zbârcitură sau altceva de felul acesta, ci sfântă şi fără prihană" (Efes. 5:27), gata de a fi prezentată Tatălui şi arătată întregii creaţii. Pavel ne spune că până şi universul creat aşteaptă acest eveniment glorios. El scrie: „De asemenea, şi firea aşteaptă cu o dorinţă înfocată descoperirea fiilor lui Dumnezeu"

(Rom. 8:19).

Dorința mea arzătoare este de a-L glorifica pe Dumnezeu și de a-L înălța pe Hristos. Sub călăuzirea Duhului Sfânt îmi aduc și eu contribuția, prin aceste capitole, la zidirea spirituală a Trupului lui Hristos. Fie ca Domnul să mă ajute la aceasta!

Cu dragoste în slujba lui Hristos,

Valy Văduva

Mentor Spiritual/Pastor/Life Coach

---

[1] Diane Singer, *A Vision for the American Church* (1), „Christian Worldview Journal", publicat pe 14 aprilie 2014. http://www.colsoncenter.org/the-center/columns/changepoint/21576-a-vision-for-the-american-church-1.

1. PUTEREA DRAGOSTEI

Domnul să vă îndrepte inimile spre dragostea
lui Dumnezeu și spre răbdarea lui Hristos.
2 Tesaloniceni 3:5

Cu câțiva ani în urmă mă aflam într-o călătorie misionară în India. În ultima noapte petrecută acolo, Duhul Sfânt mi-a pus pe inimă și în gând rugăciunea lui Pavel din Efes. 3:14–21. În mintea mea s-au format, imediat, niște legături și conexiuni speciale cu privire la conceptul de *dragostea agape* și la ramificațiile pe care acest concept le are asupra tuturor aspectelor din viața noastră. M-am ridicat din pat și mi-am notat ideile principale. Am împărtășit mesajul acesta cu biserica responsabilă de organizarea acelei călătorii misionare. Folosesc această ocazie pentru a împărtăși cu voi descoperirile pe care le-am primit în timpul acelei nopți deosebite din India. Iată rugăciunea lui Pavel:

Iată de ce, zic, îmi plec genunchii înaintea Tatălui Domnului nostru Isus Hristos, din care își trage numele orice familie, în ceruri și pe pământ, și-L rog ca, potrivit cu bogăția slavei Sale, să vă facă să vă întăriți în putere, prin Duhul Lui, în omul dinlăuntru, așa încât Hristos să locuiască în inimile voastre prin credință; pentru ca, având rădăcina și temelia pusă în dragoste, să puteți pricepe împreună cu toți sfinții care este lărgimea, lungimea, adâncimea și înălțimea; și să cunoașteți dragostea lui Hristos care întrece orice cunoștință, ca să ajungeți plini de toată plinătatea lui Dumnezeu. Iar a Celui ce, prin puterea care lucrează în noi, poate să facă

1

nespus mai mult decât cerem sau gândim noi, a Lui să fie slava în Biserică și în Hristos Isus, din neam în neam, în vecii vecilor! Amin.

1. Suntem creați (predestinați) din dragoste

În Efes. 1:4–6 citim: „În El, Dumnezeu ne-a ales înainte de întemeierea lumii, ca să fim sfinți și fără prihană înaintea Lui, după ce, în dragostea Lui, ne-a rânduit mai dinainte să fim înfiați prin Isus Hristos, după buna plăcere a voii Sale, spre lauda slavei harului Său, pe care ni l-a dat în Prea Iubitul Lui". Uimitor! Revelația comprimată în aceste versete este atât de puternică! Pentru a fi cu totul copleșiți de această revelație, trebuie să punem tot accentul pe expresia *în dragoste*. Tot ceea ce face Dumnezeu izvorăște din ce este în adâncul naturii Sale – *dragostea agape*. „Dumnezeu e dragoste", spune apostolul dragostei în 1 Ioan 4:8(b). Așadar, dacă eu și cu tine facem parte din familia lui Dumnezeu, bucurându-ne de acest privilegiu deosebit de a fi numiți fii și fiice ale Dumnezeului Celui Atotputernic, aceasta se datorează dragostei lui Dumnezeu. Ce privilegiu minunat!

Vedeți ce dragoste ne-a arătat Tatăl, să ne numim copii ai lui Dumnezeu! Și suntem. Lumea nu ne cunoaște, pentru că nu L-a cunoscut nici pe El. Prea iubiților, acum suntem copii ai lui Dumnezeu. Și ce vom fi, nu s-a arătat încă. Dar știm că atunci când Se va arăta El, vom fi ca El; pentru că Îl vom vedea așa cum este. (1 Ioan 3:1–2)

Acestea sunt versete pline de putere, menite să completeze pasajul din Efeseni.

Poate că nu ai simțit niciodată o astfel de dragoste din partea părinților tăi biologici. Poate că ai avut un tată aspru, care dădea tot timpul cu pumnul în masă, cerându-ți ascultare fără nici o explicație. Poate că mama ta, cea care ți-a dat viață pământească, a fost sensibilă și emotivă, și toți cei din jur au trebuit să umble tiptil, pentru a nu o supăra. Poate că ai fost acel copil surpriză, născut la timpul nepotrivit și considerat un accident nedorit. Sau poate că ai fost un copil conceput în afara căsătoriei, motiv pentru care mamei tale i-a fost rușine de tine, iar tatăl tău a dispărut din viața ta înainte de a te naște. Din aceste motive, pe tot parcursul creșterii tale ai avut deficiențe majore pe plan emoțional. Nu te-ai simțit acceptat, apreciat și primit pe aproape toată durata copilăriei tale. Ca urmare, cum ai putea oare să te raportezi la dragostea cerească a Tatălui? Îți vine greu să crezi că, în ciuda împrejurărilor negative prin care ai trecut, ai fost cu adevărat creat din dragoste.

Dă-mi voie să te asigur, cu toată înțelegerea și compasiunea: nu ești o întâmplare! În familia lui Dumnezeu nu ești un străin sau un intrus; ești mai mult decât binevenit – *ești iubit*. Ai fost creat din dragoste, și, în ciuda faptului că nu ai avut parte de o dragoste necondiționată din partea părinților tăi biologici, Dumnezeu îți spune acum: „*Te-am iubit de dinainte de întemeierea lumii!*" Tatăl nostru ceresc te-a avut în mintea Lui înainte de a crea soarele, luna și stelele. Ești un copil preaiubit al lui Dumnezeu. El te-a creat din dragostea *agape*. Crede în Cuvântul lui Dumnezeu, încrede-te în el. Dacă faci acest lucru cu adevărat, aceasta va aduce vindecare emoțională inimii tale zdrobite și sufletului tău, lovite de atât de multele respingeri prin care ai trecut.

2. Suntem mântuiți prin dragoste

O, ce mesaj frumos! „Dar Dumnezeu, care este bogat în îndurare, pentru dragostea cea mare cu care ne-a iubit, măcar că eram morți în greșelile noastre, ne-a adus la viață împreună cu Hristos (prin har sunteți mântuiți)" (Efes. 2:4–5). Accentul trebuie pus, din nou, asupra cuvintelor „*pentru dragostea Sa cea mare*". Concluzia este următoarea: suntem mântuiți prin dragoste. Nu facem parte din familia lui Dumnezeu pentru că am meritat aceasta, pentru că suntem mai buni ca alții, pentru că am păcătuit mai puțin decât alții, pentru că mergem la întruniri de biserică mai des ca alții, pentru că aparținem unei denominații creștine care este mai aproape de adevăr decât altele, pentru că practicăm sacramentele bisericești într-un mod mai corect decât alții... și lista poate continua. Când ajungem la subiectul mântuirii, harul lui Dumnezeu este singurul răspuns. Cuvântul lui Dumnezeu este clar: „Căci prin har ați fost mântuiți, prin credință. Și aceasta nu vine de la voi; ci este darul lui Dumnezeu. Nu prin fapte, ca să nu se laude nimeni." (Efes. 2:8,9). După o astfel de declarație, singurul lucru pe care îl putem adăuga este punctul de la sfârșitul propoziției.

Desigur, este un mare pericol să credem că, dacă harul lui Dumnezeu ne este dăruit gratis, aceasta înseamnă că este ceva ieftin, adică oferirea lui nu L-a costat nimic pe Dumnezeu. Cu niciun chip! Dumnezeu ne interzice astfel de gânduri. Harul lui Dumnezeu este gratis, dar nu este ieftin. Harul este gratis pentru omenire, însă este extrem de costisitor pentru Dumnezeu – L-a costat *viața singurului Său Fiu*. „Fiindcă atât de mult a iubit Dumnezeu lumea, că a dat pe singurul Lui Fiu, pentru ca oricine crede în El, să nu piară, ci să aibă viața veșnică" (Ioan 3:16). Nu uita că harul înseamnă darul bogățiilor lui Dumnezeu, oferit prin jertfa lui Hristos.

3. Destinul nostru este dragostea

Cred că următorul pasaj din Efeseni 3:17–19 este absolut magnific:

Așa încât Hristos să locuiască în inimile voastre prin credință; pentru ca, având rădăcina și temelia pusă în dragoste, să puteți pricepe împreună cu toți sfinții care este lărgimea, lungimea, adâncimea și înălțimea; și să cunoașteți dragostea lui Hristos, care întrece orice cunoștință, ca să ajungeți plin de toată plinătatea lui Dumnezeu.

Uimitor! Destinul nostru este dragostea. Îți dai seama ce fel de destin ne-a pus Dumnezeu în față? Accentul trebuie pus, din nou, pe cuvintele „având *rădăcina* și *temelia* pusă în dragoste", „*să cunoașteți* dragostea lui Hristos," și „să ajungeți *plini* de toată plinătatea lui Dumnezeu" (sublinierile îmi aparțin).

Având rădăcina și temelia în dragoste

Temelia are de-a face cu zidirea unei clădiri. Înrădăcinarea are de-a face cu viața pomilor. Destinul pe care Dumnezeu l-a pus

4

înaintea noastră implică atât *înrădăcinarea, cât și zidirea temeliei în dragostea agape a lui Dumnezeu.* Pentru a putea ajunge la Cap, care este Hristos (Efes. 4:15), este necesar ca, în decursul procesului de creștere spirituală, să avem rădăcina și temelia în dragoste. O, cât de important este conceptul acesta!

Cunoașterea dragostei lui Hristos

Destinul pe care Dumnezeu l-a pus în fața noastră nu poate fi dobândit doar printr-o cunoaștere teoretică. Cunoașterea dragostei lui Hristos necesită o cunoaștere concretă, bazată pe experiență, a afecțiunii lui Dumnezeu, care este ceva ce atinge fibrele cele mai profunde ale ființei noastre. Pavel scrie pentru ca „[voi] să puteți pricepe împreună cu toți sfinții care este lărgimea, lungimea, adâncimea și înălțimea; și să cunoașteți dragostea lui Hristos" (Efes. 3:18–19). Aceasta nu este o înțelegere strict teologică, intelectuală a dragostei agape (de exemplu înțelegerea etimologiei cuvântului grecesc *agape*, a diferitelor sale definiții, ilustrații, concepte teologice etc.). Această înțelegere presupune o cunoaștere experimentală a tuturor mărimilor și dimensiunilor dragostei lui Hristos: a *lărgimii* și *lungimii,* precum și a *adâncimii* și *înălțimii* sale.

Aceasta este lucrarea cea mai plină de profunzime la care Dumnezeu ne-a chemată să luăm parte. O astfel de lucrare cere agonia sfinților în rugăciune. „O, Doamne, întărește-ne cu putere prin Duhul Sfânt în omul dinlăuntru, pentru a cunoaște dimensiunile dragostei Tale, prin trăirea ei." Nu este de mirare că Pavel a fost inspirat să se roage a doua oară, în timp ce scria epistola către Efeseni: „Iată de ce, zic, îmi plec genunchii înaintea Tatălui... ca, potrivit cu bogăția Slavei Sale, să vă facă să vă întăriți în putere, prin Duhul Lui, în omul dinlăuntru" (Efes. 3:14,16). El a înțeles că acest fel de cunoaștere-descoperire necesită o rugăciune deosebită. Așadar, să ne rugăm în mod insistent:

O, Tată Ceresc, deschide ochii inimilor noastre, așa cum ai deschis ochii lui Petru, Iacov și Ioan pe Muntele Schimbării la Față (Mat. 17:2; Mar. 9:2; Luc. 9:29), pentru a-L vedea pe Isus așa cum este. Dorim să înțelegem pe deplin „care este nădejdea chemării Lui, care este bogăția slavei moștenirii Lui în sfinți." (Efes. 1:18). Amin.

Dobândirea plinătății lui Dumnezeu

Destinul nostru este *dragostea*. Pavel se roagă ca sfinții să fie „*plini de toată plinătatea lui Dumnezeu*". Haideți să medităm puțin asupra acestor lucruri. Dacă destinul la care Tatăl nostru ceresc ne cheamă este dragostea agape, și dacă dragostea agape este natura lui Dumnezeu – însăși esența marelui nostru Dumnezeu Creator și Tată – atunci, prin dragostea agape, destinul nostru este să dobândim plinătatea lui Dumnezeu. Nu avem cuvinte pentru a exprima sau pentru a descrie lucrul acesta. Ce înseamnă ca un om, o ființă finită (chiar dacă este o persoană mântuită) să dobândească plinătatea lui Dumnezeu? Cine o poate descrie? Numai Domnul Isus și cei cărora Dumnezeu vrea să le-o reveleze, după cum spune apostolul Pavel: „Lucruri pe care ochiul nu le-a văzut, urechea nu le-a auzit, și la inima omului nu s-au suit, așa sunt lucrurile pe care le-a pregătit Dumnezeu pentru cei ce-L iubesc" (1 Cor. 2:9).

Astfel, vedem clar că pentru a avea plinătatea lui Dumnezeu trebuie să cunoaștem dragostea lui Hristos (prin intermediul experienței). Ioan, apostolul dragostei, pune punctul pe „i" când scrie: „Și noi am cunoscut și am crezut dragostea pe care o are Dumnezeu față de noi. Dumnezeu este dragoste; și cine rămâne în dragoste, rămâne în Dumnezeu, și Dumnezeu rămâne în el" (1 Ioan 4:16). Singura rugăciune pe care o putem face este următoarea: „Doamne Tată, și noi dorim, din toată inima noastră, să cunoaștem și să credem în dragostea Ta și, în cele din urmă, să rămânem în Tine. Amin."

4. Suntem zidiți în dragoste

Biserica nu este o organizație. Biserica lui Dumnezeu este un trup – *un trup spiritual*. Pe măsură ce crește, se dezvoltă și se maturizează, fiecare membru viu din Trupul lui Hristos este chemat să contribuie la edificarea spirituală a întregului organism spiritual. Biblia spune:

Din El tot trupul, bine închegat și strâns legat, prin ceea ce dă fiecare încheietură, își primește creșterea, potrivit cu lucrarea fiecărei părți în măsura ei, și se zidește în dragoste. (Efes. 4:16)

E minunat, nu-i așa? În Efeseni 2, Pavel ne spune că Biserica este un templu spiritual în Domnul. Acest templu spiritual nu apare din senin. Ca templu viu, el capătă formă și crește, progresiv, spre scopul final: un templu sfânt în Domnul. Pavel scrie: „În El toată clădirea, bine închegată, crește ca să fie un Templu sfânt în Domnul" (Efeseni 2:21). Prin acest proces de „închegare" și de creștere (prezent continuu), Biserica devine neîncetat un locaș al lui Dumnezeu, prin Duhul Sfânt. Pavel explică: „Și prin El și voi sunteți zidiți împreună, ca să fiți un locaș al lui Dumnezeu, prin Duhul" (Efes. 2:22). O, ce priveliște frumoasă! Un locaș spiritual, în care locuiește Însuși Dumnezeu!

Aceasta este o biserică atât de frumoasă și de glorioasă, care este construită pe o temelie adecvată și solidă: „temelia apostolilor și prorocilor" (Efes. 2:20). Numai pe o astfel de structură spirituală magnifică va pune Dumnezeu glorioasa *piatră din capul unghiului: Hristos*. Pavel încheie versetul: „piatra din capul unghiului fiind Hristos" (Efes. 2:20). Imaginează-ți, un moment, acest lucru! Este o priveliște splendidă, nu-i așa? Trupul spiritual al lui Hristos, cu toate mădularele sale (fiind înrădăcinată adânc în dragostea agape), zidindu-se în dragoste.

Putem doar să ne rugăm la Dumnezeu în felul următor: „Doamne, trezește-ne pe toți la această chemare: la zidirea Bisericii glorioase, care «se zidește în dragoste»".

5. Suntem chemați să iubim

În Efeseni 5:1–2, citim: „Urmați, dar, pilda lui Dumnezeu ca niște copii prea iubiți. Trăiți în dragoste, după cum și Hristos ne-a iubit și S-a dat pe Sine pentru noi ca un prinos și ca o jertfă de bun miros". Nu există o chemare mai înaltă în viața creștinului decât chemarea la a umbla în dragoste. De fapt, Ioan ne spune: „Cine nu iubește n-a cunoscut pe Dumnezeu" (1 Ioan 4:8a). Obiectivul

7

creşterii spirituale şi al maturităţii nu este ca cei credincioşi să capete mai multă cunoaştere intelectuală, după cum explică Pavel: „ţinta poruncii este dragostea" (1 Tim. 1:5). Dacă ne limităm la acumularea unor cunoştinţe intelectuale, fără a avea parte de o transformare interioară, ajungem mândri şi aroganţi (1 Cor. 8:1). Noi suntem chemaţi să urmărim dragostea care îi zideşte pe ceilalţi. Misiunea noastră este de a urmări dragostea în cadrul bisericii globale şi de a practica dragostea printre credincioşii bisericii locale. Chiar mai important este faptul că suntem chemaţi să practicăm dragostea în propriile noastre familii.

1. Practicarea dragostei pentru toţi sfinţii

Pavel scrie: „De aceea şi eu, de când am auzit despre credinţa în Domnul Isus care este în voi, şi despre dragostea voastră pentru toţi sfinţii, nu încetez să aduc mulţumiri pentru voi, când vă pomenesc în rugăciunile mele" (Efes. 1:15–16).

2. Manifestarea unei dragoste adevărate în biserica locală

În Efeseni 4:1–2, citim: „Vă sfătuiesc dar eu, cel întemniţat pentru Domnul, să vă purtaţi într-un chip vrednic de chemarea pe care aţi primit-o, cu toată blândeţea, cu îndelungă răbdare; îngăduiţi-vă unii pe alţii în dragoste".

3. Manifestarea dragostei adevărate în familie

Biblia spune: „Bărbaţilor, iubiţi-vă nevestele cum a iubit şi Hristos Biserica şi S-a dat pe Sine pentru ea" (Efes. 5:25).

Am putea scrie volume întregi pentru fiecare dintre aceste subpuncte. Fie ca Duhul Sfânt să ne călăuzească, să ne inspire, să ne convingă şi să ne dea putere pentru a „trăi în dragoste, după cum şi Hristos ne-a iubit" (Efes. 5:2). Nu există o chemare mai înaltă decât chemarea de a iubi, şi nu există nici o împlinire mai înaltă decât cea de a împlini destinul pe care Dumnezeu l-a rânduit pentru noi: *dragostea agape.*

Să nu uităm niciodată că:

1. Suntem creați (predestinați) din dragoste.
2. Suntem mântuiți prin dragoste.
3. Destinul nostru este dragostea.
4. Suntem zidiți în dragoste.
5. Suntem chemați la dragoste.

Slavă Domnului pentru toate lucrările Sale minunate pe care le-a făcut și pe care continuă să le facă în viețile poporului Său. Iar toate acestea pentru că *dragostea agape* este însăși natura Sa!

Întrebări de reflecție

Te rog să reflectezi la următoarele întrebări, apoi să-ți împărtășești gândurile cu mentorul tău sau cu grupul de ucenicie creștină.

1. Ce ți-a plăcut cel mai mult din acest capitol? Te rog să dai detalii.

2. Ce concepte noi ai învățat din acest capitol? Te rog să le enumeri și să dezvolți aceste idei.

3. Te rog să detaliezi și apoi să împărtășești opiniile tale cu privire la următoarele concepte:

   3.1. Suntem creați (predestinați) din dragoste.

   3.2. Suntem mântuiți prin dragoste.

   3.3. Destinul nostru este dragostea.

   3.4. Suntem zidiți în dragoste.

   3.5. Suntem chemați la dragoste.

4. Care dintre adevărurile acestui capitol te-a frapat cel mai mult?

2. DEFINIȚII ALE UNOR REALITĂȚI SPIRITUALE MAI PROFUNDE

Am fost răstignit împreună cu Hristos, și trăiesc; dar nu mai trăiesc eu, ci Hristos trăiește în mine. Și viața, pe care o trăiesc acum în trup, o trăiesc în credința în Fiul lui Dumnezeu, care m-a iubit și S-a dat pe Sine Însuși pentru mine.
Galateni 2:20

Dorința mea cea mai profundă este ca cititorii să înțeleagă planul complet al lui Dumnezeu pentru viețile lor. Nu îmi doresc neapărat să introduc niște termeni noi. Totuși, pentru comunicarea anumitor realități spirituale mai profunde, folosirea unei terminologii adecvate este foarte importantă.

Înțelesul termenilor

Primul Adam

Prima ființă umană creată de Dumnezeu – „De aceea este scris: Omul dintâi Adam a fost făcut un suflet viu" (1 Cor. 15:45a).

Al doilea Adam

Isus Hristos, fiul lui Dumnezeu care, prin întrupare, devine și Fiul omului – „Al doilea Adam a fost făcut un duh dătător de viață" (1 Cor. 15:45b).

Viața schimbată

Viața schimbată are de-a face cu marele schimb care a avut loc la cruce. Prin răstignirea Fiului lui Dumnezeu, întreaga rasă adamică a fost răstignită. Oricine Îl primește pe Isus Hristos în viața sa, trăiește o viața schimbată, trecând de la o viață în care omul e centrat pe sine, la o viață în care are totul în Hristos. Pavel atinge esența însemnătății acestei vieți schimbate când scrie: „Am fost răstignit împreună cu Hristos, și trăiesc; dar nu mai trăiesc eu, ci Hristos trăiește în mine. Și viața, pe care o trăiesc acum în trup, o trăiesc în credința în Fiul lui Dumnezeu, care m-a iubit și S-a dat pe Sine Însuși pentru mine" (Gal. 2:20). Această declarație este fenomenală! Pavel ne spune că am fost uniți cu Hristos pe cruce, în toate aspectele: în moarte, îngropare, înviere și înălțare. Aceasta nu este o metaforă, ci o realitate spirituală profundă. Îmi place modul în care Richard F. Hall explică acest lucru: „Viața schimbată constă în schimbul (cu Hristos pe cruce) unei vieți centrate pe sine – trăită de creștin prin resursele proprii, ca și cum s-ar afla încă în Adam – cu o viață centrată pe Hristos, trăită prin resursele lui Hristos, din cauză că el (creștinul) este în Hristos."[2] Pe scurt, aceasta este viața schimbată[3].

Crucea

Termenul *cruce* are înțelesuri diferite pentru oameni. Pentru unii, crucea este doar instrumentul de lemn pe care romanii l-au folosit pentru a-i răstigni pe criminalii din imperiu, inclusiv pe Isus. Pentru alții, crucea înseamnă doar moartea înlocuitoare a lui Isus, însă nimic mai mult decât atât. Acesta este punctul de vedere al marii majorități a creștinilor de astăzi. Când folosesc termenul *cruce*, mă refer la lucrarea completă a lui Hristos, săvârșită prin moartea, îngroparea, învierea și înălțarea Lui. Crucea este singurul punct din univers în care, în economia spirituală a lui Dumnezeu, ne identificăm cu Hristos în toate aspectele lucrării Lui. Răstignirea lui Hristos este, și va rămâne, un eveniment unic în întreaga istorie omenească. Această lucrare a fost îndeplinită o dată pentru totdeauna, după cum scrie Petru: „Hristos, de asemenea, a suferit odată pentru păcate" (1 Pet. 3:18). De aceea, ea nu va fi niciodată îndeplinită din nou. Pe acea cruce, cu aproape două mii de ani în urmă, Dumnezeu ne-a unit cu Isus şi ne-a făcut părtaşi ai morţii, îngropării, învierii şi înălţării lui Hristos. Pavel scrie: „Nu ştiţi că toţi câţi am fost botezaţi în Isus Hristos, am fost botezaţi în moartea Lui?" Aceasta este o taină! Crucea aruncă raze care, dacă le vom permite, vor străluci luminos în inimile noastre. Iată câteva dintre aceste raze:

Unirea cu Hristos în moartea Sa

Prin înţelepciunea infinită a lui Dumnezeu şi prin puterea Sa nelimitată, noi suntem aşezaţi în Hristos. Atunci când Hristos a murit pe cruce, am murit şi noi cu El. Această taină a fost în inima lui Dumnezeu de dinainte de întemeierea lumii, pentru a ne mântui şi pentru a ne aduce în slavă, în calitate de fii şi fiice, ca să fim împreună cu singurul său Fiu. Biblia ne învaţă:

Noi propovăduim înţelepciunea lui Dumnezeu, cea tainică şi ţinută ascunsă, pe care o rânduise Dumnezeu, spre slava noastră, mai înainte de veci, şi pe care n-a cunoscut-o niciunul din fruntaşii veacului acestuia; căci, dacă ar fi cunoscut-o, n-ar fi răstignit pe Domnul slavei. (1 Cor. 2:7–8)

Toată această înţelepciune negrăită a fost ascunsă în cruce. Până astăzi, „propovăduirea crucii este o nebunie pentru cei ce sunt pe calea pierzării: dar pentru noi, care suntem pe calea mântuirii, este puterea lui Dumnezeu" (1 Cor. 1:18).

Unirea cu Hristos în îngroparea Sa

După ce Hristos a murit, a fost îngropat. „V-am învăţat înainte de toate, aşa cum am primit şi eu: că Hristos a murit pentru păcatele noastre, după Scripturi; că a fost îngropat şi a înviat a treia zi, după Scripturi". Crezul de la Niceea declară: „Şi, de asemenea, a fost răstignit pentru noi sub Pilat din Pont; a pătimit şi a fost îngropat"[4]. Întrucât suntem uniţi cu Hristos în moartea Sa, atunci când a fost

13

îngropat, am fost şi noi îngropaţi împreună cu El. Scriptura ne spune: „Noi deci, prin botezul în moartea Lui, am fost îngropaţi împreună cu El" (Rom. 6:4). Acest lucru este foarte important, întrucât ne asigură că „omul vechi" a murit cu adevărat. Din câte ştiu eu, nimeni nu îngroapă oameni care sunt încă în viaţă. Astfel, „omul vechi" nu mai există. Tocmai din acest motiv botezul în apă, după părerea mea, are o însemnătate atât de profundă: *omul nostru vechi a murit.* Din păcate, acest aspect nu este explicat aproape deloc noilor credincioşi, ceea ce păgubeşte mult Biserica.

Unirea cu Hristos în învierea Sa

Pavel scrie: „că a fost îngropat şi a înviat a treia zi, după Scripturi" (1 Cor. 15:4). În privinţa acestei realităţi spirituale, Crezul de la Niceea declară: „Iar a treia zi El a înviat, potrivit Scripturilor". Hristos este viu acum şi în vecii vecilor! Aceasta este un adevăr puternic! Dacă acest lucru este îndepărtat din creştinism, nu mai rămânem decât cu o religie moartă. Moartea lui Hristos este doar o jumătate din adevăr. Cealaltă jumătate este învierea. Însă nu numai că Isus a înviat; şi noi am înviat împreună cu El. Dacă am fost în Hristos când a murit, atunci noi am fost în Hristos şi când El a înviat. Pavel scrie: „Într-adevăr, dacă ne-am făcut una cu El, printr-o moarte asemănătoare cu a Lui, vom fi una cu El şi printr-o înviere asemănătoare cu a Lui" (Rom. 6:5). Mai mult, în Efeseni citim: „măcar că eram morţi în greşelile noastre, ne-a adus la viaţă împreună cu Hristos (prin har sunteţi mântuiţi). El ne-a înviat împreună cu El" (Efes. 2:6). Uimitor! Nu este aceasta o veste bună? Este, cu adevărat!

Unirea cu Hristos în înălţarea Sa

Noi nu numai că am fost uniţi cu Hristos în moartea Sa, am fost îngropaţi împreună cu El, şi am fost înviaţi împreună cu El, dar am fost şi înălţaţi cu El în locurile cereşti. În privinţa înălţării lui Hristos, Crezul de la Niceea declară: „Iar El S-a înălţat la cer, unde stă la dreapta Tatălui". Pavel merge chiar mai adânc, atunci când scrie: „El ne-a pus să şedem împreună în locurile cereşti, în Hristos Isus" (Efes.

2:6). Înţelegi? Cuvântul lui Dumnezeu accentuează adevărul că noi suntem *în Hristos Isus*. Şi, pentru că suntem *în Hristos*, orice I S-a întâmplat Lui este adevărat şi în ceea ce ne priveşte pe noi. Este ceva uimitor! Sunt copleşit! Este o taină atât de adâncă! Nu este de mirare că Pavel s-a rugat:

> Şi să vă lumineze ochii inimii, ca să pricepeţi care este nădejdea chemării Lui, care este bogăţia slavei moştenirii Lui în sfinţi, şi care este faţă de noi, credincioşii, nemărginita mărime a puterii Sale, după lucrarea puterii tăriei Lui, pe care a desfăşurat-o în Hristos, prin faptul că L-a înviat din morţi, şi L-a pus să şadă la dreapta Sa, în locurile cereşti, mai pe sus de orice domnie, de orice stăpânire, de orice putere, de orice dregătorie şi de orice nume, care se poate numi, nu numai în veacul acesta, ci şi în cel viitor. El I-a pus totul sub picioare, şi L-a dat căpetenie peste toate lucrurile, Bisericii, care este trupul Lui, plinătatea Celui ce plineşte totul în toţi (Efes. 1:18–23).

În Hristos, Hristos în noi, Hristos viaţa noastră, locuirea lui Hristos în noi şi viaţa veşnică

Alţi termeni care trebuie definiţi într-o oarecare măsură sunt: *în Hristos, Hristos în noi, Hristos viaţa noastră,* şi *locuirea lui Hristos în noi.* Ce înseamnă a fi *în Hristos* şi a-L avea pe *Hristos în noi?* Ce ne învaţă Biblia când vorbeşte despre *Hristos, viaţa noastră?* Însuşirea acestor termeni ne ajută să înţelegem plinătatea a ceea ce Scripturile ne învaţă cu privire la viaţa creştină.

În Hristos

Pe baza Bibliei, cred din toată inima că Isus Hristos este în toţi credincioşii autentici născuţi din nou, indiferent de denominaţia lor bisericească. Pavel declară în mod categoric: „Este un singur trup, un singur duh, după cum şi voi aţi fost chemaţi la o singură nădejde a chemării voastre. Este un singur Dumnezeu şi Tată al tuturor, care este mai presus de toţi, care lucrează prin toţi şi care este în toţi"

(Efes. 4:4, 6). Credincioşii adevăraţi sunt îndrumaţi, prin revelaţie, să cunoască faptul că Hristos este în viaţa lor. Ioan scrie: „Cine are pe Fiul, are viaţa" (1 Ioan 5:12a). Pavel descrie această realitate spirituală în următoarele cuvinte: „Căci pentru mine a trăi este Hristos" (Fil. 1:21). Cu alte cuvinte, Pavel se identifică pe sine cu Hristos.

Hristos în noi

Mai mult, Hristos este în fiecare credincios autentic. Acest lucru este adevărat, chiar dacă credinciosul nu ajunge să-şi dea seama de aceasta prin experienţă. Întreaga lucrare de răscumpărare depinde de lucrarea încheiată a lui Hristos. Pavel scrie: Voi aveţi totul deplin în El, care este Capul oricărei domnii şi stăpâniri" (Col. 2:10). Pavel face apoi legătura dintre Hristos, care este viaţa noastră, şi realitatea spirituală, faptul că noi suntem *în El*: „Când se va arăta Hristos, viaţa voastră, atunci vă veţi arăta şi voi împreună cu El în slavă" (Col. 3:4).

Hristos – viaţa noastră

Fiecare credincios născut din nou, autentic, este părtaş al vieţii veşnice, al vieţii lui Hristos. Ioan notează: „V-am scris aceste lucruri ca să ştiţi că voi, care credeţi în Numele Fiului lui Dumnezeu, aveţi viaţa veşnică (1 Ioan 5:13)". Îmi place felul în care Petru explică acest adevăr divin: „Prin care El ne-a dat făgăduinţele Lui nespus de mari şi scumpe, ca prin ele să vă faceţi părtaşi firii dumnezeieşti, după ce aţi fugit de stricăciunea care este în lume prin pofte" (2 Petru 1:4). Dacă punem laolaltă ceea ce a scris Petru cu pasajul din Ioan, înţelegem că suntem părtaşi ai vieţii lui Hristos. Aleluia! Glorie lui Dumnezeu!

Locuirea lui Hristos în noi

Când spunem că Hristos *locuieşte în noi*, ne referim la înţelesul adevărat şi profund al unui ucenic autentic al lui Hristos, care este născut de sus şi în care realmente locuieşte Duhul Sfânt. Ştim că lumea i-a numit pe urmaşii lui Hristos „creştini" pentru prima dată în Antiohia, în decursul secolului întâi. Luca scrie: „Pentru întâia dată ucenicilor li s-a dat numele de creştini în Antiohia" (Fapte 11: 26). Sunt sigur că lumea i-a numit creştini din cauză că, prin puterea transformatoare a Duhului Sfânt, în ei se vedea dragostea şi caracterul lui Hristos. Aceasta nu înseamnă că orice bărbat sau femeie din secolul al XXI-lea, care se declară creştin, este cu adevărat un ucenic al lui Hristos. Adevăraţii creştini sunt cei care au fost născuţi de sus prin Duhul lui Dumnezeu (Ioan 3:3–6) şi în care locuieşte Duhul lui Dumnezeu (Romani 8:9). Aceasta este definiţia pe care *Dumnezeu* o dă creştinului.

Viaţa veşnică

Viaţa veşnică nu este ceva ce Dumnezeu adaugă vieţii noastre după ce murim. Viaţa veşnică este viaţa lui Dumnezeu; „ea" este Însăşi Persoana lui Hristos. Iată cuvintele lui Isus: „Eu sunt calea, adevărul şi viaţa. Nimeni nu vine la Tatăl decât prin Mine" (Ioan 14:6).

Noi suntem, în calitate de creştini, părtaşi ai vieţii veşnice; aşadar, noi am fost uniţi spiritual cu Hristos în *moartea, îngroparea, învierea* şi *înălţarea* Lui. Vorbind potrivit Scripturilor, noi suntem aşezaţi cu Hristos în ceruri la dreapta Tatălui. Totuşi, deşi acestea sunt adevăruri neschimbătoare, ele nu sunt experimentate de fiecare credincios în viaţa lui. Acestea nu sunt doar nişte simple adevăruri, peste care să trecem cu nebăgare de seamă, fără a medita la înţelesurile lor profunde. Să privim la câteva versete biblice, pentru a cimenta ferm aceste realităţi în vieţile noastre. „Adevărat este cuvântul acesta: dacă am murit împreună cu El, vom şi trăi împreună cu El" (2 Tim. 2:11). Versetul acesta ar trebui să ne facă să ne oprim şi să medităm, copleşiţi de înţelesul lui profund. Când a murit Isus? Poate că zici: „Ce întrebare mai este şi aceasta! Toată lumea ştie. Hristos a murit cu aproape două mii de ani în urmă". Perfect, aşa este, însă ai un pic de răbdare. Dacă acest lucru este adevărat, înseamnă că tot atunci, cu două mii de ani în urmă, când a murit Hristos, tu şi cu mine am murit cu El. Vorbeşte apostolul despre moartea noastră fizică sau despre moartea sufletului nostru? Desigur că nu. El vorbeşte despre partea spirituală a fiinţei noastre. Biblia vorbeşte despre unirea noastră spirituală cu Hristos în moartea Sa. Apostolul afirmă că spusele acestea sunt vrednice de încredere. Iată încă un text: „Căci dragostea lui Hristos ne strânge; fiindcă socotim că, dacă Unul singur a murit pentru toți, toți deci au murit" (2 Cor. 5:14). Moartea lui Hristos este fundamentală pentru mântuirea noastră. A cunoaște prin experiență că am murit cu El este un lucru fundamental pentru sfințirea noastră.

Pavel scrie: „Noi deci, prin botezul în moartea Lui, am fost îngropați împreună cu El, pentru ca, după cum Hristos a înviat din morți, prin slava Tatălui, tot așa și noi să trăim o viață nouă" (Rom. 6:4; vezi și Col. 2:12). Mulți au auzit, și în cele din urmă au înțeles, acea parte a Evangheliei legată de moartea lui Hristos pentru mântuirea lumii. Însă doar puțini au privit cu seriozitate la aceste pasaje din Scripturi, cugetând la faptul că, atunci când Isus a murit, toată rasa umană a murit împreună cu El. Eu și tu ne numărăm printre cei incluși în aceasta.

Iată alți câțiva termeni cărora trebuie să le acordăm atenție: *omul vechi, omul nou, firea, în fire, potrivit firii, în Duhul, potrivit Duhului, păcat* sau *păcat care locuiește în noi*, și *păcate*. Fără a intra în prea multe detalii, acești termeni pot fi definiți după cum urmează:

Omul vechi

Acest termen se referă la duhul omenesc pe care toate ființele umane l-au moștenit de la Adam. Este ca în vechiul proverb: „Ce se naște din pisică șoareci mănâncă". Scriptura ne învață că toate ființele umane sunt născute moarte față de Dumnezeu și vii pentru păcat și diavol. Pavel scrie: „Voi erați morți în greșelile și în păcatele voastre, în care trăiați odinioară, după mersul lumii acesteia, după domnul puterii văzduhului, a duhului care lucrează acum în fiii neascultării" (Efes. 2:1–2).

Omul nou

Termenul acesta se referă la duhul omului regenerat. Omul nou ia ființă în momentul mântuirii, atunci când, prin credința în Numele lui Hristos, prin puterea de înnoire a Duhului Sfânt, cel ce crede este născut din nou. Iată cum explică Pavel această realitate spirituală: „El ne-a mântuit nu pentru faptele făcute de noi în neprihănire, ci pentru îndurarea Lui, prin spălarea nașterii din nou și prin înnoirea făcută de Duhul Sfânt" (Tit 3:5).

Firea pământească

Firea se referă la o trăire independentă de Dumnezeu. Aceasta presupune o trăire pe baza efortului propriu, autosuficientă, și pe baza unor mecanisme de rezolvare a problemelor pe care omul le-a dezvoltat de-a lungul vremii, în încercarea de a-și împlini trebuințele fizice, psihologice și chiar spirituale independent de Dumnezeu. Cuvântul grecesc pentru *carne* (*sarx*) a fost tradus în mod eronat în versiunile NIV și NLT ale Bibliei în limba engleză cu *firea pământească*, cât și traducerea Dumitru Cornilescu în limba română. Biblia nu folosește niciodată termenul de *fire pământească*.[1]

În firea pământească

Aceasta se referă la poziția oricărui necredincios sau persoane neregenerate care, în virtutea nașterii fizice, se află „în Adam". Isus îi explică această realitate lui Nicodim: „Ce este născut din carne, este carne, și ce este născut din duh, este duh. Nu te mira că ți-am zis: «Trebuie să vă nașteți din nou»" (Ioan 3:6-7). Persoana care încă nu a fost născută din nou prin Duhul este *în carne*. De aceea, el sau ea nu are de ales decât să trăiască independent de Dumnezeu. Biblia vorbește foarte specific în privința aceasta. Pavel scrie: „Între ei eram și noi toți odinioară, când trăiam în poftele firii noastre pământești, când făceam voile firii pământești și ale gândurilor noastre, și eram din fire copii ai mâniei, ca și ceilalți" (Efes. 2:3). Credinciosul autentic, născut din nou, nu poate fi *în carne*. El a fost transferat din acea stare. Totuși, el sau ea s-ar putea să umble *potrivit cărnii* sau *firii pământești*.

---

[1] Nota autorului: În funcție de context, cuvântul *carne* sau *fire pământească* poate însemna pur și simplu *trup*. Crezul meu personal este că termenul *carne* sau *fire pământească* nu este identic cu cel de *om vechi*.

Potrivit firii pământeşti

Acesta este un comportament, o atitudine sau o mentalitate a unei persoane care trăieşte independent de Dumnezeu. Toţi cei care nu sunt născuţi din nou (toţi necredincioşii) nu pot decât să trăiască potrivit cărnii. Pavel scrie: „Deci, cei ce sunt pământeşti nu pot să placă lui Dumnezeu" (Rom. 8:8). Un credincios născut din nou poate alege să umble potrivit cu firea pământească, sau potrivit cu Duhul. „În adevăr, cei ce trăiesc după îndemnurile firii pământeşti umblă după lucrurile firii pământeşti; pe când cei ce trăiesc după îndemnurile Duhului umblă după lucrurile Duhului" (Rom. 8:5; vezi şi Gal. 5:25).

În Duhul

Aceasta e poziţia credinciosului născut din nou, a unei persoane care este născută din Duhul şi în care locuieşte Hristos. Astfel, această persoană are viaţa *zoe* – viaţa lui Dumnezeu, sau viaţa lui Hristos – care locuieşte în inima sa. Acest lucru este explicat cel mai bine de Ioan: „Şi mărturisirea este aceasta: Dumnezeu ne-a dat viaţa veşnică, şi această viaţă este în Fiul Său. Cine are pe Fiul, are viaţa; cine n-are pe Fiul lui Dumnezeu, n-are viaţa" (1 Ioan 5:11, 12).

Potrivit Duhului

Această expresie descrie comportamentul, mentalitatea sau atitudinea unui credincios care trăieşte în dependenţă de Duhul Sfânt. Astfel, acest credincios îşi exprimă noua lui identitate – viaţa lui Isus. Crezul meu personal este că, în calitate de credincioşi maturi în har şi în cunoaşterea lui Hristos (cf. 2 Pet. 3:18), ei manifestă într-un mod vizibil viaţa şi caracterul lui Hristos în ei. La aceasta ne referim când vorbim de credinciosul în care locuieşte Hristos. Pavel scrie: „Căci toţi cei ce sunt călăuziţi de Duhul lui Dumnezeu sunt fii ai lui Dumnezeu" (Rom. 8:14). Acesta este adevăratul înţeles a ceea ce înseamnă a rămâne în Hristos.

Păcatul adamic

Acesta se referă, pur şi simplu, la puterea păcatului. Este o forţă sau putere nelegiuită care îi ţine robi pe toţi cei ce sunt în Adam (oameni nenăscuţi din nou, necredincioşi), şi ca urmare despărţiţi de Dumnezeu. Scriptura ne învaţă: „Voi eraţi morţi în greşelile şi în păcatele voastre, în care trăiaţi odinioară, după mersul lumii acesteia, după domnul puterii văzduhului, a duhului care lucrează acum în fiii neascultării. Între ei eram şi noi toţi odinioară, când trăiam în poftele firii noastre pământeşti, când făceam voile firii pământeşti şi ale gândurilor noastre, şi eram din fire copii ai mâniei, ca şi ceilalţi" (Efes. 2:1–3) „Ştim, în adevăr, că Legea este duhovnicească: dar eu sunt pământesc, vândut rob păcatului" (Rom. 7:14).

Păcate

Păcatele sunt acte, atitudini şi comportamente care sunt incompatibile cu natura lui Dumnezeu (dragostea agape, caracterul Său), cu sfinţenia Lui şi cu legea Sa perfectă.

Fie ca Dumnezeu să continue să ne adâncească înţelegerea acestor adevăruri, prin puterea şi iluminarea Duhului Sfânt, potrivit cu voia Sa.

Întrebări de reflecție

Te rog să reflectezi la următoarele întrebări, apoi să-ți împărtășești gândurile cu mentorul tău sau cu grupul de ucenicie creștină.

1. Ce ți-a plăcut cel mai mult din acest capitol? Te rog să dai câteva detalii.

2. Ce concepte noi ai învățat din acest capitol? Te rog să le enumeri și să le dezvolți.

3. În propriile tale cuvinte, te rog să detaliezi următoarele concepte teologice:

   3.1 Viața schimbată

   3.2. Crucea

   3.3. Unirea credinciosului cu Hristos în moartea, îngroparea, învierea și înălțarea Sa

   3.4. Omul cel vechi

   3.5. Omul cel nou

   3.6. Firea pământească

4. Care dintre adevărurile acestui capitol te-a frapat cel mai mult?

2. Definiții ale unor realități spirituale mai profunde

[2] Richard F. Hall, *Foundations of Exchanged Life Counseling,* Aurora, CO: Cross-Life Expressions, 1993, p. 57.

[3] Pentru mai multe detalii referitoare la acest subiect, consultă capitolul „Cel mai mare schimb care a avut loc vreodată".

[4] „Nicene Creed", *Christian Classics Ethereal Library (CCEL),* accesat pe 23 iulie 2018, https://www.ccel.org/creeds/nicene.creed.html.

3. CREȘTEREA SPIRITUALĂ ÎN HRISTOS

Pentru desăvârșirea sfinților, în vederea lucrării de slujire, pentru zidirea trupului lui Hristos, până vom ajunge toți la unirea credinței și a cunoștinței Fiului lui Dumnezeu, la starea de om mare, la înălțimea staturii plinătății lui Hristos.
Efeseni 4:12–13

Creșterea spirituală este un imperativ al vieții noastre de creștini. Potrivit părerii mele umile, aceasta ar trebui să fie lucrul principal asupra căruia să se concentreze toate bisericile și toate denominațiunile. *Ce este creșterea spirituală?* Dați-mi voie să încerc să vă răspund la această întrebare oferindu-vă câteva informații din propria incursiune. Acum câteva decenii, Dumnezeu m-a făcut conștientizat de imperativul creșterii spirituale. În vremea aceea, Duhul Sfânt m-a călăuzit spre formularea acestei definiții simple:

Creșterea spirituală este lucrarea harului lui Dumnezeu, prin care copiii Lui sunt *transformați* potrivit *chipului lui Hristos* în omul lăuntric, fiind astfel împuterniciți să nu mai trăiască după îndemnurile firii pământești ci sub călăuzirea Duhului în neprihănire și sfințenie.

Mai târziu am descoperit că există o întreagă ramură a teologiei care se numește *formare spirituală*. În timpul studiilor în programul de masterat în Formare și conducere spirituală, la Universitatea Spring Arbor, am învățat că *formarea spirituală creștină* este „procesul de conformare cu chipul lui Hristos, spre folosul altora"[5]. Dallas

Willard scrie: „pentru creştin formarea spirituală se referă în esenţă la procesul, condus de Duhul Sfânt, de formare a lumii interioare a sinelui uman, astfel încât să devină asemenea fiinţei interioare a lui Cristos"[6]. Potrivit învăţăturii lui John Wesley, a fi sfinţit înseamnă „a fi înnoit după chipul lui Dumnezeu, în neprihănire şi adevărata sfinţenie"[7].

Versetul biblic care descrie cel mai bine conceptul de *transformare spirituală* se găseşte în 2 Cor. 3:18: „Noi toţi privim cu faţa descoperită, ca într-o oglindă, slava Domnului, şi suntem *schimbaţi* în acelaşi *chip* al Lui, din slavă în slavă, prin Duhul Domnului". Pe măsură ce creştem în Hristos, starea noastră morală ajunge să se conformeze cu statutul nostru legal înaintea lui Dumnezeu, prin Duhul lui Dumnezeu. Ioan scrie: „Dar tuturor celor ce L-au primit, adică celor ce cred în Numele Lui, le-a dat dreptul să se facă *copii* [gr. *teknion*] ai lui Dumnezeu" (Ioan 1:12).

Creşterea spirituală este o continuare naturală a ceea ce a fost îndeplinit în momentul mântuirii. Dorinţa Tatălui este ca toţi copiii Lui să experimenteze creşterea spirituală. Tatăl nu L-a trimis pe singurul Său Fiu doar pentru a ne mântui, lăsându-ne ca în continuare să trăim ca restul lumii. Din păcate, mulţi creştini au o înţelegere limitată şi îngustă a mântuirii: omul Îl primeşte pe Hristos, pentru ca, atunci când moare, să ajungă în ceruri. Biblia, dimpotrivă, ne învaţă mai mult de-atât. Când credinciosul care se pocăieşte primeşte o viaţă nouă, ea conţine întregul ADN al vieţii (zoe) a lui Dumnezeu. Petru scrie:

> Harul şi pacea să vă fie înmulţite prin cunoaşterea lui Dumnezeu şi a Domnului nostru Isus Hristos! Dumnezeiasca Lui puterea ne-a dăruit tot ce priveşte viaţa şi evlavia, prin cunoaşterea Celui ce ne-a chemat prin slava şi puterea Lui. (2 Petru 1:2–3)

Pe măsură ce ne continuăm călătoria, în calitate de ucenici ai lui Hristos (Luca 9:23–24), şi ne supunem voii lui Dumnezeu (Rom. 12:1), hrănindu-ne din Cuvântul Lui (1 Pet. 2:1–3) şi înnoindu-ne mintea (Rom. 12:2), Duhul Sfânt continuă să ne transforme după chipul şi asemănarea lui Isus (2 Cor. 3:18). Lucrul acesta nu se întâmplă, desigur, trecând în mod automat, şi nici nu are loc peste noapte. Dar este o lucrare a harului. Este realizată prin credinţă, în Hristos, şi prin Duhul Sfânt. Creşterea spirituală este o parte integrantă a mântuirii. Nu contează prea mult cum o numeşti: *creştere şi maturizare spirituală, ucenicizare, formare spirituală* sau *sfinţire.* Cred din toată inima că ea ar trebui să fie *viaţa creştină normală* pentru toţi credincioşii, indiferent de tipul de biserică sau denominaţiune de care aparţin. Autorul epistolei către Evrei ne explică acest lucru atât de frumos:

> Se cuvenea, în adevăr, ca Acela pentru care şi prin care sunt toate, şi care voia să ducă pe mulţi fii la slavă, să desăvârşească, prin suferinţe, pe Căpetenia mântuirii lor. Căci Cel ce sfinţeşte şi cei ce sunt sfinţiţi sunt dintr-Unul. De aceea, Lui nu-i este ruşine să-i numească fraţi. (Evrei 2:10–11)

Dumnezeu doreşte ca toţi credincioşii să reflecte caracterul lui Isus Hristos. Acesta este obiectivul spiritual. !

În seminarele de creştere spirituală pe care le ţin în diferite biserici din lume, deseori spun celor din audienţă că spiritualitatea creştinului este ca o călătorie între două puncte de referinţă majore, marcate de două versete biblice: primul este *naşterea spirituală* (cf. Ioan 1:12), şi al doilea este *maturitatea spirituală* (Rom. 8:14).

Ioan scrie: „Dar tuturor celor ce L-au primit, adică celor ce cred în Numele Lui, le-a dat dreptul să se facă *copii* [gr. *teknion*][8] *ai lui Dumnezeu*" (Ioan 1:12). Pavel scrie: „Căci toţi cei ce sunt călăuziţi de Duhul lui Dumnezeu sunt *fii* [gr. *huios*][9] ai lui Dumnezeu" (Rom. 8:14). Este interesant că aceste două versete menţionează cuvintele *copii* şi *fii,* care în greacă au înţelesuri foarte specifice. Termenul *copil* [*teknion*] (folosit în Ioan 1:12) se referă la un nou-născut, un moştenitor care încă nu reflectă asemănarea şi natura Tatălui. Cuvântul folosit de Pavel în Rom. 8:14 e *fii* [*huios*]. Acesta accentuează asemănarea caracterului credinciosului cu cel al Tatălui ceresc. Se înţelege că asemănarea cu Tatăl este ceea ce îl defineşte pe un fiu matur al lui Dumnezeu. Cu alte cuvinte, copilul lui Dumnezeu – *teknion* (copilul nou-născut despre care Ioan vorbeşte în primul capitol) – nu este numaidecât un fiu matur [*huios*]. Isus a folosit cuvântul *huios* pentru a arăta clar diferența dintre copiii imaturi și copiii maturi ai lui Dumnezeu (vezi și Mat. 5 9,45).

Dar eu vă spun: iubiți pe vrăjmașii voștri, binecuvântați pe cei ce vă blestemă, faceți bine celor ce vă urăsc, și rugați-vă pentru cei ce vă asupresc și vă prigonesc, ca să fiți fii [*huios*] ai Tatălui vostru care este în ceruri: căci El face să răsară soarele Său peste cei răi și peste cei buni, și dă ploaie peste cei drepți și peste cei nedrepți. (Mat. 5:44–45)

Comentând asupra pasajului de mai sus, W.E. Vine scrie: „Ucenicii trebuiau să facă aceste lucruri nu pentru a deveni copii ai lui Dumnezeu, ci pentru ca, fiind copii (observă *Tatăl vostru* folosit peste tot), să manifeste acest lucru în caracterul lor, și să devină *fii*"[10].

În privința desăvârșirii creștine, John Wesley scrie: „Întrebare: Ce înseamnă a fi un creștin desăvârșit? Răspuns: A-L iubi pe Dumnezeu cu toată inima ta, cu toată mintea ta și cu tot sufletul tău. (Deut. 6:5)"[11].

Creșterea spirituală prezentată în Evanghelii

Domnul Isus spune, în Predica de pe Munte: „Voi fiți dar *desăvârșiți,* după cum și Tatăl vostru cel ceresc este *desăvârșit."* (Matei 5:48). Potrivit cu versiunea mai veche a dicționarului *Webster,* *desăvârșit* înseamnă:

1. Finalizat (terminat); complet; perfect; fără defect; având tot ceea ce este necesar pentru a corespunde naturii și felului său; ca o sculptură perfectă; o asemănare perfectă; o lucrare perfectă; un sistem perfect.
2. Informat pe deplin; calificat în mod perfect; ca oamenii instruiți perfect în folosirea armelor; perfect disciplinați.
3. Desăvârșit în virtuțile morale.[12]

Potrivit cu *Notele de referință din Biblia Scofield,* „Desăvârșit – implică o dezvoltare completă, o creștere în maturitatea evlaviei, și nu o perfecţiune lipsită de păcat. (Vezi Efes. 4:12, 13). În pasajul acesta, punctul discutat este bunătatea Tatălui, şi nu faptul că este fără de păcat. (Vezi şi Luca 6:35, 36)"[13]. Cu privire la perfecţiunea creştină, John Wesley nu sugerează lipsa păcatului, ci o victorie treptată asupra păcatului şi o creştere treptată în har. El scrie: „Întrebare: *Când începe sfinţirea interioară?* Răspuns: În momentul în care omul este justificat. (Totuşi, păcatul rămâne în el, într-adevăr, sămânţa oricărui păcat, până când el este sfinţit pe deplin.) Din acel moment, credinciosul moare treptat faţă de păcat, şi creşte în har"[14].

Creşterea spirituală în cartea Faptelor Apostolilor

O, cât de mult îmi place ceea ce scrie preaiubitul doctor, Luca: „Ei stăruiau în învăţătura apostolilor, în legătura frăţească, în frângerea pâinii şi în rugăciuni" (Fapte 2:42). Versetul acesta însumează elementele de bază ale *creşterii spirituale*. Termenul *stăruiau* sugerează procesul maturizării spirituale. Noi nu creştem în asemănarea cu Hristos peste noapte; este un proces ce continuă zi de zi. Cuvântul *stăruiau* sugerează, de asemenea, practicarea disciplinelor spirituale. Creştinii sunt invitaţi ca în mod activ să-I facă loc lui Dumnezeu în vieţile lor, pentru ca Duhul Sfânt să-i transforme potrivit chipului lui Hristos. Pavel prinde această idee foarte bine în 2 Cor. 3:18: „Noi toţi privim cu faţa descoperită, ca într-o oglindă, slava Domnului, şi suntem *schimbaţi* în acelaşi *chip* al Lui, din slavă în slavă, prin Duhul Domnului". Dumnezeu ne-a dat harul să „privim cu faţa descoperită, ca într-o oglindă". Expresia „cu faţa descoperită" indică faptul că avem răspunderea de a fi transparenţi cu Dumnezeu şi unii cu alţii. Comentând asupra pasajului din 2 Cor. 3:18, Oswald Chambers scrie:

Cea mai măreaţă trăsătură de caracter pe care o poate manifesta un creştin este această deschidere completă şi fără rezerve înaintea lui Dumnezeu, prin care permite ca viaţa sa să devină o oglindă pentru alţii. Când Duhul ne umple, suntem transformaţi, şi privindu-L pe Dumnezeu devenim oglinzi. Întotdeauna ştii când cineva a privit slava Domnului, pentru că duhul tău simte că el reflectă însuşi caracterul

Domnului. Fereşte-te de orice lucru care ar putea să păteze sau să mânjească această oglindă în tine. Aproape întotdeauna ea este pătată de ceva bun – ceva care este bun, dar nu cel mai bun.[15]

Este uimitor că Fapte 2:42 include cele mai importante discipline spirituale, care fac parte din procesul creşterii şi maturizării spirituale.

Acestea sunt:

Învăţătura apostolilor – este disciplina studiului biblic. Este una dintre disciplinele cele mai importante în procesul de ucenicizare.

Părtăşia – are în vedere comunitatea. Cred că aceasta este o altă disciplină spirituală. Comunitatea este la fel de importantă ca disciplina studiului. Fără comunitate noi nu putem experimenta creşterea spirituală. Formarea spirituală nu are loc într-un vacuum, doar la nivelul individual. Acest lucru ar putea duce la egoism şi individualism. Suntem chemaţi să ne zidim unii pe alţii în Trupul lui Hristos, Biserica.

Frângerea pâinii – se referă la practicarea Cinei Domnului, a Euharistiei sau a Sfintei Împărtăşanii. Este clar că Cina Domnului este o altă practică sfântă a uceniciei.

Rugăciunea – este disciplina comunicării cu Dumnezeu. Comunicarea cu Dumnezeu în adunarea credincioşilor este de o importanţă imensă pentru creşterea spirituală.

Ceea ce mă uimeşte este că Biserica primară de curând formată din Ierusalim şi-a început procesul de formare spirituală imediat după Cincizecime. Nu este ceva uimitor? Acest lucru îmi spune clar şi răspicat că procesul de creştere spirituală ar trebui să facă parte din viaţa creştină normală, şi parte integrantă a credinţei Bisericii secolului al XXI-lea.

Creşterea spirituală prezentată în epistole

Dacă faci un studiu expozitiv atent al epistolelor, te vei convinge de cel puţin un adevăr major: *creşterea spirituală este un lucru subînţeles şi aşteptat* în viaţa creştinului. Cu alte cuvinte, în lumina epistolelor, creştinii trebuie să crească şi să se maturizeze spiritual. Să examinăm câteva pasaje care se referă la aceasta.

Romani 8:3–14

Atunci când predic şi când expun învăţătură pe tema creşterii şi maturităţii spirituale, acesta este întotdeauna unul din pasajele mele favorite. Creşterea şi maturitatea spirituală au de-a face cu mentalitatea trăirii potrivit Duhului. „În adevăr, cei ce trăiesc după îndemnurile firii pământeşti, umblă după lucrurile firii pământeşti; pe când cei ce trăiesc după îndemnurile Duhului, umblă după lucrurile Duhului" (Rom. 8:5). Acesta este motivul pentru care este atât de important să ne înnoim „în duhul minţii noastre" (cf. Efes. 4:23). John Piper afirmă: „Acesta este modul în care îţi înnoieşti mintea: privind necontenit spre slava lui Hristos şi înţelegând ce este ea de fapt"[16]. Creşterea spirituală implică transformare (*metamorfoză*), „prin înnoirea minţii voastre" (cf. Rom. 12:2). Iată cum defineşte *Webster Merriman Dictionary* cuvântul *metamorphosis*: „(a) Schimbarea formei, structurii sau substanţei fizice, în special prin mijloace supranaturale. (b) O schimbare uimitoare a înfăţişării, a *caracterului*, a împrejurărilor."[17]

Prin urmare, creşterea şi maturizarea spirituală nu este ceva ce ţine de *informare*, ci de *transformare*. Pavel clarifică foarte bine acest lucru în epistolele lui (vezi în special 2 Cor. 3:18 şi Rom. 12:2). Scopul suprem al maturizării spirituale este de a fi liber pentru a domni cu Hristos (vezi. Rom. 5:17, Gal. 5:1). Dragostea lui Dumnezeu, ca roadă spirituală în noi, este manifestată prin stăpânirea de sine (Gal. 5:23). Atunci când suntem conduşi de Duhul, suntem nişte fii maturi [*huios*] ai lui Dumnezeu, în care se vede clar caracterul lui Hristos.

1 Corinteni 3:1–3

Acesta este un alt pasaj deosebit. În această epistolă, Pavel explică faptul că Dumnezeu se ocupă de *creşterea spirituală.* „Nici cel ce sădeşte, nici cel ce udă nu sunt nimic; ci Dumnezeu, care face să crească" (1 Cor. 3:7). Plantarea de biserici este un lucru minunat, care aduce împliniri, însă Dumnezeu nu se ocupă doar de *plantare.* Serviciile bisericii şi programele de evanghelizare sunt lucruri minunate, însă Dumnezeu nu se ocupă doar de *irigare.* Aşteptarea lui Dumnezeu este ca, în toate bisericile Lui, să existe *creştere spirituală.* Dacă creştinii nu cresc spiritual, ei nu se deosebesc cu nimic de cei din lume (v. 3). Când atmosfera din biserică este plină de „certuri şi dezbinări", aceasta se datorează faptului că membrii ei sunt nişte persoane *lumeşti..* Spiritualitatea creştină este incompatibilă cu „trăirea după poftele firii".

1 Corinteni 13:1–13

Întâia Epistolă către Corinteni 13, „capitolul dragostei", este numit de unii capitolul *balama.* Pe de o parte, avem 1 Corinteni 12, unde Pavel ne învaţă despre darurile spirituale. Pe de altă parte, avem 1 Corinteni 14, unde Pavel ne învaţă despre cum trebuie să practicăm aceste daruri. Între aceste două capitole, *ca o balama,* este capitolul 13 – *capitolul dragostei.* Dragostea agape este însăşi esenţa lui Dumnezeu. „Dumnezeu este dragoste" (cf. 1 Ioan 4:8). Creşterea în dragostea lui Hristos îi ajută pe creştini să practice darurile spirituale într-un aşa fel încât să-i zidească pe alţii. Pavel îi îndeamnă pe credincioşii din Corint să crească în dragostea lui Dumnezeu, dându-se pe sine ca exemplu: „Când eram copil, vorbeam ca un copil, simţeam ca un copil, gândeam ca un copil; când m-am făcut om mare, am lepădat ce era copilăresc" (1 Cor. 13:11). Procesul este clar: trecem de la o stare asemănătoare unui *copil* la o stare asemănătoare unui *adult.* Vorbirea, gândirea şi valorile noastre sunt transformate de dragostea lui Dumnezeu, iar caracterul nostru devine asemenea celui al lui Hristos.

Pasajul acesta e o *capodoperă* pentru creşterea şi maturizarea spirituală. În această epistolă Pavel pune în contrast *„faptele cărnii"* cu *„roada Duhului."* Pavel îşi clarifică foarte bine ideea: „Cei ce sunt ai lui Hristos Isus şi-au răstignit firea pământească împreună cu patimile şi poftele ei" (Gal. 5:25). Cu alte cuvinte, cei care sunt mântuiţi prin crucea lui Hristos sunt chemaţi să trăiască în Duhul. Mântuirea implică creşterea în caracterul lui Hristos.

Dallas Willard scrie: „Roada Duhului este pur şi simplu caracterul lui Isus Însuşi, care este făurit în noi prin procesul de formare spirituală creştină. Este rezultatul formării spirituale. Este Hristos care ia chip în noi"[18]. Pavel scrie direct şi la subiect: „Dacă trăim prin Duhul, să şi umblăm prin Duhul" (Galateni 5:25).

Efeseni 4:11–16

Un alt pasaj favorit al meu se află în epistola către Efeseni. Apelez din nou şi din nou la acest text din Noul Testament, mai ales când trebuie să le explic altora că maturitatea spirituală nu este opţională. Nu putem aştepta ca creşterea şi maturizarea spirituală să vină de la sine. Trebuie să participăm voit la acest proces. Câteva versete mai jos în acest capitol, Pavel ne spune foarte clar că este răspunderea noastră să „ne dezbrăcăm de omul cel vechi" (v. 22). În acest pasaj Pavel accentuează faptul că toţi cei ce au slujbe în biserică – apostoli, profeţi, evanghelişti, pastori şi învăţători – sunt chemaţi cu scopul acesta unic: „desăvârşirea sfinţilor" şi „zidirea trupului lui Hristos" (v. 22). Ţelul stabilit pentru ei este să ajungă la starea de „om mare", la „înălţimea staturii plinătăţii lui Hristos" (v. 13). Intenţia finală a lui Dumnezeu este de a avea un Trup – trupul lui Hristos, în care toate mădularele sunt „bine închegate şi strâns legate", iar întreg trupul, perfect sănătos, „se zideşte în dragoste" (v. 16).

Efeseni 6:10–20

La sfârşitul acestei epistole, în Efes. 6:10–20, Pavel îi învaţă pe credincioşi despre războiul spiritual. Într-unul dintre articolele mele lunare, am împărtăşit următoarele gânduri:

Odată ce Îl primim pe Hristos în vieţile noastre, cei mai mulţi dintre noi ne aşteptăm ca viaţa să-şi urmeze cursul normal. Aceasta însă nu se întâmplă. De ce? Imediat după ce am fost salvaţi din domeniul întunericului şi Dumnezeu ne-a transferat în Împărăţia Fiului Său preaiubit, Satan a devenit duşmanul nostru personal. Desigur, el este un duşman învins (Col. 2:15), însă nu te amăgi crezând că Satan nu te poate înşela doar pentru că eşti creştin. Dimpotrivă, tocmai pentru că suntem creştini, Satan lucrează din greu împotriva noastră:

- Ne minte (Ioan 8:44)
- Fură, ucide şi nimiceşte (Ioan 10:10)
- Caută să ne înghită (1 Pet. 5:7)
- Ne ispiteşte (2 Cor. 7:5)
- Pune diferite curse în calea noastră (2 Tim. 2:24)
- Întocmeşte diferite planuri împotriva noastră (Efes. 6:11)
- Ne acuza necontenit (Apoc. 12:9)[19].

În contextul războiului spiritual, este important pentru credincioşi să înţeleagă ce înseamnă să-l biruiască pe cel rău (v. 14). Ca în orice bătălie, trebuie să te lupţi. Şi războiul spiritual implică o luptă adevărată. Pentru a rămâne în picioare în lupta împotriva diavolului, creştinul trebuie să „se îmbrace cu toată armătura lui Dumnezeu". Pentru a fi în stare să se îmbrace cu toată armătura, creştinul trebuie să crească spiritual. Bebeluşii şi copiii mici nu poartă uniformă militară şi nu participă într-un război real, însă adulţilor care sunt antrenaţi în mod adecvat pentru luptă li se cere să se îmbrace şi să se echipeze cu toate armele de care au nevoie pentru aceasta. Este interesant că, dacă privim cu atenţie la timpurile verbelor folosite în acest pasaj, vedem că noi primim elementele de protecţie ale armurii (*cingătoarea adevărului, platoşa neprihănirii, sandalele Evangheliei păcii*) atunci când ne naştem din nou. Noi dobândim însă elementele ofensive ale armurii: *platoşa credinţei, coiful mântuirii* şi *sabia Duhului* atunci când devenim „tari în Domnul" (v. 10), cu alte cuvinte când ajungem maturi în Hristos.

Coloseni 3:8–10

În acest pasaj, Pavel explică faptul că, după ce oamenii se nasc din nou, trebuie să renunțe la toate practicile rele şi să „se îmbrace cu omul cel nou" (v. 10). Acesta este un proces de înnoire a ființei interioare pentru a corespunde chipului lui Hristos. Dacă ai suficientă imaginație îți dai seama că în Col. 3:8–10 avem o frumoasă definiție a *creşterii spirituale.* Dacă aş fi în locul tău, aş căuta să formulez o definiție dezvoltată a conceptului. Te asigur că acesta este un exercițiu bun! Iată definiția mea:

> Creşterea spirituală este lucrarea Viticultorului divin (Ioan 15:1–2), datorată harului Său, prin care ucenicii lui Hristos dobândesc capacitatea, prin Duhul Sfânt (Rom. 8:13), de a „omorî faptele trupului" (de exemplu: mânia, răutatea, vorbirea de rău, vorbirea abuzivă, minciuna etc.) şi de a se îmbrăca cu omul cel nou „care se înnoieşte spre cunoştință, după chipul" lui Hristos (Col. 3:8–10), pentru a-i zidi pe alții (Efes. 4:16) şi a-L slăvi pe Dumnezeu (Ioan 15:8).

Evrei 2:9–19

Autorul acestei epistole clarifică faptul că creşterea spirituală – „să ducă pe mulți fii la slavă" – este ceea ce Dumnezeu a intenționat înainte de întemeierea lumii în Hristos. În Efeseni 1:4, Pavel scrie: „În El, Dumnezeu ne-a ales înainte de întemeierea lumii, ca să fim sfinți şi fără prihană înaintea Lui, după ce, în dragostea Lui..." Cred că acesta este un verset cu totul remarcabil! De ce? Pentru că, înainte de a fi creată vreo stea, Dumnezeu a plănuit să ne includă în dragostea Lui, ştiind foarte bine că Adam urma să falimenteze în grădina Edenului. Petru scrie, de asemenea: „El a fost cunoscut mai înainte de întemeierea lumii, şi a fost arătat la sfârşitul vremurilor pentru voi" (1 Pet. 1:20). Acesta este un alt verset care mă lasă cu gura căscată, plin de venerație în fața tainei lui Dumnezeu! De ce?

Acest text ne spune că, înainte de a se naște vreo ființă umană pe această planetă, Hristos a știut deja despre cruce. Apoi El a acceptat paharul Tatălui în grădina Ghetsimani. Hristos a mers la cruce pentru noi. Ce taină! Într-un sens mai profund, acest lucru ne comunică faptul că maturizarea și creșterea spirituală izvorăsc din însăși inima Tatălui: „Căci Cel ce sfințește și cei ce sunt sfințiți, sunt dintr-Unul. De aceea, Lui nu-i este rușine să-i numească frați" (Evrei 2:11). Creșterea spirituală implică și suferință. Tocmai din acest motiv crucea lui Hristos, dragostea cruciformă, sunt concepte cheie ale creșterii și maturizării noastre spirituale. Pavel a înțeles acest lucru foarte bine. Crucea este singurul mod de a ne identifica cu Hristos și de a ne descoperi identitatea.

De multe ori predicatorii explică doar 2 Cor. 5:17: „Căci, dacă este cineva în Hristos, este o făptură nouă. Cele vechi s-au dus: iată că toate lucrurile s-au făcut noi". Acesta este un adevăr minunat! Rareori însă versetul acesta este conectat cu cel din Gal. 2:20: „Am fost răstignit împreună cu Hristos, și trăiesc... dar nu mai trăiesc eu, ci Hristos trăiește în mine. Și viața, pe care o trăiesc acum în trup, o trăiesc în credința în Fiul lui Dumnezeu, care m-a iubit și S-a dat pe Sine Însuși pentru mine". Galateni 2:20 este puntea de legătură care ne ajută să înțelegem ce înseamnă cu adevărat a fi *în Hristos*, și totodată ce înseamnă că „Hristos trăiește în mine".

Evrei 5:11–14, 6:1–3

Acestea sunt versetele mele favorite pentru domeniul creșterii spirituale. Autorul epistolei către Evrei ne arată clar faptul că, în acest proces, Dumnezeu Se așteaptă ca cei credincioși să-și schimbe dieta spirituală. Cu alte cuvinte, pe măsură ce creștem în harul lui Hristos, trebuie să trecem de la *lapte* la *hrană tare*. Aceste versete ne transmit clar faptul că Duhul Sfânt Se așteaptă ca noi să creștem. Este de așteptat ca ucenicii lui Hristos să se lase în mod treptat de „învățăturile începătoare" și să „meargă spre cele desăvârșite" (Evr. 6:1). Tragedia este că, în secolul al XXI-lea, prea mulți creștini poartă scutece și plâng după sticla de lapte. Prea mulți au devenit „greoi la pricepere" (Evr. 5:11). Este un lucru tragic, nu-i așa?

Iacov 1:2–4

Iacov scrie, de asemenea, despre cât de important este să devii desăvârşit în Dumnezeu. El scrie că, pentru a ne desăvârşiri, Dumnezeu foloseşte diferite încercări. Însă, după ce trecem prin toate aceste cuptoare speciale, ajungem „desăvârşiţi, întregi", şi nu ducem lipsă de nimic (Iac. 1:4b).

1 Petru 2:1–3

Şi apostolul Petru se ocupă de subiectul creşterii spirituale. El îi îndeamnă pe cei nou-născuţi să bea „laptele curat al Cuvântului" (v. 2a), pentru a „creşte spre mântuire" (v. 2b). Petru explică în mod clar faptul că mântuirea nu este ceva care are loc la un moment dat, şi atât. Mântuirea veritabilă implică creştere spirituală. Pentru a evita orice înţelegeri greşite, trebuie să subliniez că procesul de creştere spirituală este parte integrantă a mântuirii, nu ceva adăugat. De asemenea, cititorii nu trebuie să înţeleagă ce spun în afara contextului. Nu spun, şi nu sugerez, că cei născuţi din nou trebuie să crească spiritual pentru a fi mântuiţi. Nicidecum! Doamne fereşte! Ceea ce spun este că ucenicii autentici cresc spiritual pentru că sunt născuţi în familia lui Dumnezeu. Acesta însă nu este un lucru care se întâmplă automat. Mulţi creştini se află în pericolul de a rămâne copilaşi spirituali până la a doua venire a Domnului. Când Pavel ne scrie cu privire la responsabilităţile noastre de credincioşi, că trebuie să ne ducem „până la capăt mântuirea noastră" (Fil. 2:12), el nu predică legalismul. Te rog să fii atent la context! Pavel le scrie credincioşilor, celor care au experimentat naşterea din nou. El continuă: „Căci Dumnezeu este Acela care lucrează în voi şi vă dă, după plăcerea Lui, şi *voinţa* şi *înfăptuirea*." (Fil. 2:13). Paradoxul constă în faptul că formarea spirituală este tot prin harul lui Dumnezeu, care lucrează în vieţile noastre. Noi trebuie doar să-l primim în continuare prin credinţa în Hristos şi să „creştem în harul şi în cunoştinţa Domnului şi Mântuitorului nostru Isus Hristos" (2 Pet. 3:18a).

2 Petru 1:1–12

Îmi plac gândurile scrise de Petru sub inspirația Duhului Sfânt! Este clar că el ne învață despre creșterea și maturitatea spirituală. Eu numesc acest pasaj *scara creșterii și maturității spirituale*. El declară în mod clar că Dumnezeu „ne-a dăruit tot în ceea ce privește viața și evlavia". Așadar, întrucât avem tot ce ne este de trebuință pentru a crește pe deplin în Hristos, răspunderea noastră este de a „ne da toate silințele...", astfel încât credința noastră să fie însoțită de „excelență morală". Spre capătul scării suntem chemați să fim sârguincioși în a uni cu „dragostea de frați, iubirea de oameni". Pavel ne explică faptul că „Dragostea nu face rău aproapelui: dragostea este deci împlinirea Legii" (Rom. 13:10).

Petru își încheie scara creșterii și maturității spirituale cu aceste gânduri:

- În primul rând: „Dacă faceți lucrul acesta, nu veți aluneca niciodată" (2 Pet. 1:10b).
- În al doilea rând: „În chipul acesta vi se va da din belșug intrare în Împărăția veșnică" (2 Pet. 1:11a).

Deci, *calea* spre Împărăția lui Dumnezeu este prin *har*. Punct. Nu există nici o îndoială în această privință. Totuși, practicarea disciplinelor spirituale cu toată sârguința, sub harul Domnului, ne ține drept pe această cale. (Vezi Mat. 7:13–14 și Luca 13:24). Este doar o chestiune de ascultare după ce am fost mântuiți, iar nu pentru a fi mântuiți. Însuși Isus transmite conceptul de ascultare foarte bine: „De ce-mi ziceți Doamne, Doamne! și nu faceți ce spun Eu?" (Luc. 6:46). Matei e chiar mai îndrăzneț decât Luca, atunci când scrie: „Nu orișicine-mi zice: Doamne, Doamne! va intra în împărăția cerurilor, ci cel ce face voia Tatălui Meu care este în ceruri" (Mat. 7:21).

1 Ioan 2:12–14

În pasajul acesta, Ioan se adresează cu încredere celor trei categorii de persoane din Biserică, potrivit nivelului lor de creștere spirituală:

- *Copilașii* – „Vă scriu, copilașilor, fiindcă păcatele vă sunt iertate pentru Numele Lui" (1 Ioan 2:12).
- *Tinerii* – „Vă scriu, tinerilor, pentru că ați biruit pe cel rău" (1 Ioan 2:13b).
- *Părinții* – „V-am scris, părinților, fiindcă ați cunoscut pe Cel ce este de la început" (1 Ioan 2:14).

Idea unei treceri de la un nivel de creștere spirituală la altul se înțelege clar din aceste versete. Iată ce scrie Chuck Swindoll referitor la starea de bebeluș și nevoia de creștere spirituală a creștinilor:

Îmi plac bebelușii. Cred că oamenii ar trebui să aibă cât de mulți își doresc. Eu cred că este o experiență încântătoarea și plăcută să-i privești crescând și devenind băieței și fetițe, apoi adolescenți, apoi persoane mature... Însă... bebelușii sunt dependenți și cu pretenții. Nu se pot hrăni singuri. Nu sunt în stare să păstreze ordinea. Le place să fie în centrul atenției. Sunt conduși de impulsuri, cum ar fi foamea, durerea și somnul. Sunt iritați atunci când sunt murdari, chiar dacă ei sunt responsabili de mizerie, și tu trebuie să-i cureți. Nu au niciun fel de maniere, nu au nicio stăpânire de sine. Au o capacitate de concentrare redusă, nu le pasă de ceilalți, și nu au niciun fel de abilități sau competențe... Bebelușii spirituali trebuie să crească. Unii dintre oamenii cei mai dificili cu care vei avea de-a face, în Biserica lui Isus Hristos, sunt cei care au îmbătrânit pe calea Domnului, dar nu au crescut în El.[20]

Din nefericire, însă, aceasta este o realitate în multe biserici contemporane, ceea ce dovedește *o lipsă vizibilă de creștere spirituală*. Dar oare anulează necredincioșia oamenilor credincioșia lui Dumnezeu? Eu cred că nu. Pavel scrie: „Dacă suntem necredincioși, totuși El rămâne credincios, căci nu se poate tăgădui singur" (2 Tim. 2:13). Dumnezeu este încă credincios planului Său inițial, și nu cred că Își va coborî standardul Său de a-i aduce „pe mulți fii la slavă". Altminteri, aceasta ar însemna că chipul lui Hristos în secolul al XXI-lea ar putea fi diminuat – în comparație cu chipul Său din secolul întâi – numai pentru a se potrivi cu superficialitatea, imaturitatea, lipsa noastră de interes în creşterea spirituală, respingerea crucii şi lipsa dorinţei de accepta chemarea la ucenicie (Luca 9:23) şi astfel la a-L urma pe Isus. Cred că lucrurile nu trebuie niciodată să fie aşa. De ce? Pentru că „Isus Hristos este acelaşi ieri, azi şi în veci!" (Evr. 13:8).

Întrebări de reflecţie

Te rog să reflectezi la următoarele întrebări, apoi să-ţi împărtăşeşti gândurile cu mentorul tău sau cu grupul de ucenicie creştină.

1. Ce ţi-a plăcut cel mai mult din acest capitol? Te rog să dai câteva detalii.

2. Ce concepte noi ai învăţat din acest capitol? Te rog să le enumeri şi să le dezvolţi.

3. Te rog să notezi gândurile tale cu privire la următoarele aspecte:
3.1. Ce părere ai despre creşterea spirituală prezentată în Evanghelii. Care sunt versetele cele mai importante?

3.2. Ce părere ai despre creşterea spirituală prezentată în epistole. Care este pasajul tău preferat?

4. Citeşte cu atenţie 1 Corinteni 3:1–9. Te rog să dai o scurtă explicaţie a acestui pasaj.

5. Citeşte cu atenţie Evrei 5:11–14, 6:1–3. Te rog să dai o scurtă explicaţie a acestor pasaje.

6. Citeşte cu atenţie 2 Petru 1:2–12. Te rog să dai o scurtă explicaţie a acestui pasaj.

7. Care dintre adevărurile acestui capitol te-a frapat cel mai mult?

3. Creşterea spirituală în Hristos

5 M. Robert Mulholland Jr., *Invitation to a Journey*, Downers Grove, IL: Inter Varsity Press, Downers Grove, IL, 1993, p. 29.

6 Dallas Willard, *Înnoirea inimii: formarea caracterului cristic*, Editura Cartea Creştină, Oradea, 2004, *Renovation of the Heart: Putting on the Character of Christ*, Colorado Springs: Navpress, 2002, p. 22.

7 Thomas Jackson (editor), The Works of John Wesley, A Plain Account of Christian Perfection, [First Conference, June 25, 1774], (Vol. 11, pp. 366-446, 1872), articolul 17. Accesat pe 20 aprilie, 2011. http://gbgm-umc.org.

8 Teknion, (Strong# 5040) – copil mic, diminutiv al cuvântului teknon; bebeluş, de exemplu (plural, la figurat) dragi (convertiţi la creştinism), copii mici. James Strong, LL.D., S.T.D., *The New Strong's Exhaustive Concordance of the Bible*, Nashville, Thomas Nelson Publishers, 1996, p. 89.

9 Huios, (Strong # 5207) la propriu, *fiu* (prin naştere sau adopţie); la figurat, oricine împărtăşeşte *aceeaşi natură* cu Tatăl. În ceea ce îl priveşte pe credincios, a deveni fiu al lui Dumnezeu începe cu a fi născut din nou (*adoptat*) de Tatăl ceresc, prin Hristos (lucrarea *Fiului etern*). *Huios* (fiu) accentuează *asemănarea credinciosului cu Tatăl ceresc*, de exemplu *asemănarea* tot mai mare cu caracterul Său, prin trăirea *prin credinţă* (prin convingerile formate de Dumnezeu înlăuntrul său). *Huios* (fiu) subliniază dreptul (legal) al fiului la *moştenirea Tatălui*, atunci când credinciosul trăieşte în conformitate cu natura (scopul) lui Dumnezeu. (HELPS Word-Studies, copyright © 1987, 2011 publicat de Helps Ministries, Inc).

10 W.E. Vine, *Complete Expository Dictionary of Old and New Testament Words*, Grand Rapids, Michigan: Thomas Nelson, 1996, p. 585.

11 Thomas Jackson, *A Plain Account of Christian Perfection* (1872), articolul 17. Accesat pe 20 aprilie, 2011.

12 „Perfect", accesat pe 17 mai, 2011. http://webstersdictionary1828.com/Dictionary/Perfect.

13 „Perfect", *Scofield Reference Notes* (ediţia 1917). Accesat pe 17 mai 2011. https://www.biblestudytools.com/commentaries/scofield-reference-notes/matthew/matthew-5.html.

14 Thomas Jackson, *A Plain Account of Christian Perfection* [Conferinţa a doua], 1 august 1745, 1872, articolul 17.

15 Oswald Chambers, *Transformed by Beholding*, accesat pe 3 iunie, 2014. http://utmost.org/transformed-by-beholding/.

16 John Piper, *The Renewed Mind and How to Have It*, accesat în martie 2011. http://www.desiringgod.org/.

17 „Metamorphosis", accesat în decembrie 2010. http://www.merriam-webster.com/dictionary/metamorphosis.

18 Dallas Willard, *Idaho Springs Inquiries Concerning Spiritual Formation*, accesat pe 24 martie 2011. http://www.dwillard.org.

19 Valy Vaduva, *Put On*, May Teaching Blog (URFM, Livonia, MI: May 2018), p.

1,2.

[20] Charles R. Swindoll, *The Tale of the Tardy Oxcart* (Nashville, TN: Word Publishing, 1988), p. 80.

4. COMPONENTELE PRINCIPALE ALE CREȘTERII SPIRITUALE

Dar hrana tare este pentru oamenii mari, pentru aceia a căror judecată s-a deprins, prin întrebuințare, să deosebească binele și răul.

Evrei 5:14

În orice proces există anumite componentele, anumiți pași și etape de parcurs. Același lucru este valabil și în cazul nostru. Fără a intra în prea multe detalii, voi enumera câteva componente importante pentru creșterea spirituală și voi discuta câteva aspecte cheie ale fiecăruia dintre ele.

1. Viața necreată a lui Dumnezeu

Isus le-a spus ucenicilor Săi că El este Păstorul cel bun. El a venit să dea viață oilor Sale. Hristos nu S-a referit la viața obișnuită, de aici de pe pământ. Domnul a vorbit despre viața *zoe*. Iată cum definește această viață *Thayer's Greek Lexicon (Dicționarul Biblic al lui Thayer):*

> Starea celui care este plin de vitalitate sau acea energie care însuflețește orice suflet viu. Viața zoe ține de o plinătate absolută a vieții, atât esențială cât și etică, o viață care Îi aparține lui Dumnezeu, și prin El îi aparține atât „logosului" ipostatic, cât și lui Hristos, în care „logosul" s-a îmbrăcat cu natura umană.[21]

Aceasta este viața reală și autentică, o viață activă și plină de putere, devotată lui Dumnezeu, binecuvântată, care este împărtășită chiar şi în lumea aceasta celor care îşi pun încrederea în Hristos, însă care, după înviere, urmează a fi experimentată prin intrarea în stări noi – printre care primirea unui trup desăvârşit – şi care ţine veşnic. Dacă ar fi să înlocuim cuvântul românesc *viaţă* cu cel original grecesc *zoe*, iată cum ar suna Ioan 10:10a: „Eu am venit ca oile să aibă *zoe*, şi să aibă *zoe* din belşug". Nici măcar nu putem începe să discutăm creşterea şi maturitatea spirituale fără a înţelege conceptul vieţii *zoe*.

Nici o persoană despărţită de Hristos nu poate avea acest fel de viaţă. Isus este „calea, adevărul şi viaţa. Nimeni nu vine la Tatăl decât prin Mine" (Ioan 14:6). Acelaşi adevăr este exprimat de apostolul Său iubit, Ioan, aproape de sfârşitul secolului întâi: „Cine are pe Fiul, are viaţa; cine n-ar pe Fiul lui Dumnezeu, n-are viaţa" (1 Ioan 5:12).

Acestea nu sunt argumente pe care le folosesc pentru a-l convinge pe cititor că există undeva o viaţă mai de calitate, o viaţă *zoe*. Cea ce încerc să spun este că fără viaţa *zoe* nu putem nici măcar să începem să vorbim despre procesul creşterii spirituale. Acestea sunt fapte biblice care trebuie încorporate prin credinţă în viaţa credinciosului, dacă acesta doreşte într-adevăr să fie transformat în lăuntrul său, pentru a se asemăna chipului lui Hristos.

2. Duhul lui Dumnezeu

Creşterea spirituală necesită prezenţa Duhului lui Dumnezeu în inima credinciosului, din momentul naşterii spirituale. În timpul slujirii sale pământeşti, Isus are o conversaţie spirituală cu Nicodim. Omul aceasta era un conducător al evreilor, un fariseu care avea o educaţie aleasă în Scripturile Vechiului Testament. Isus i-a spus răspicat: „Adevărat, adevărat îţi spun că, dacă un om nu se naşte din nou, nu poate vedea Împărăţia lui Dumnezeu" (Ioan 3:3). Cu alte cuvinte, religia sau teologia nu pot să lumineze pe cineva, pentru a vedea Împărăţia lui Dumnezeu. Desigur, la fel ca mulţi dintre noi când am citit pentru prima dată Evanghelia după Ioan, şi Nicodim a fost uimit, poate chiar confuz de modul radical şi direct în care i-a vorbit Isus. Bătrânul învăţat al vechii Legi ebraice L-a întrebat: „Cum poate un om să se nască, atunci când este deja bătrân?"

Hristos nu i-a spus: „Du-te înapoi şi studiază *Privire de ansamblu asupra Vechiului Testament,* dă toate examenele de Vechiul Testament din nou, și vei descoperi răspunsul". În schimb, Isus i-a răspuns: „Adevărat, adevărat îți spun că, dacă un om nu se naște din nou, nu poate vedea Împărăția lui Dumnezeu" (Ioan 3:5). Pentru a se asigura că profesorul Nic Îl înțelege, Isus continuă: „Ce este născut din carne, este carne, și ce este născut din Duh, este duh" (Ioan 3:6). Nașterea spirituală, după cum vezi, nu este produsă de o teologie corectă sau de o doctrină sănătoasă. Nașterea spirituală este un act supranatural produs doar de Duhul Sfânt prin Cuvântul viu și neschimbător al lui Dumnezeu, în harul Său uimitor. Pavel explică: „El ne-a mântuit, nu pentru faptele făcute de noi în neprihănire, ci pentru îndurarea Lui, prin spălarea nașterii din nou și prin înnoirea făcută de Duhul Sfânt" (Tit 3:5). Tot astfel, Petru scrie: „Fiindcă ați fost născuți nu dintr-o sămânță care poate putrezi, ci dintr-una care nu poate putrezi, prin Cuvântul lui Dumnezeu, care este viu și rămâne în veac" (1 Petru 1:23). Pavel subliniază acest mesaj foarte bine. El scrie: „Căci, dacă este cineva în Hristos, este o făptură nouă. Cele vechi s-au dus: iată că toate lucrurile s-au făcut noi" (2 Cor. 5:17).

Trebuie să înțelegem bine: creșterea spirituală necesită prezența Duhului Sfânt și a revelației Sale (cf. Ioan 6:63, 16:13). De fapt, a treia persoană a Trinității este Autorul și Agentul transformării spirituale. În 2 Corinteni 3:18, Pavel ne învață: „Noi toți privim cu fața descoperită, ca într-o oglindă, slava Domnului, și suntem schimbați în același chip al Lui, din slavă în slavă, prin Duhul Domnului".

3. Cuvântul lui Dumnezeu

Creșterea și maturizarea spirituală necesită întâlniri zilnice cu Cuvântul lui Dumnezeu. Primii ucenici din biserica din Ierusalim erau dedicați studierii învățăturii apostolilor (vezi Fapte 2:42). Aceasta era o practică nu doar a bisericii din Ierusalim, ci și a bisericilor fondate de Pavel printre neamuri. Ucenicii din aceste biserici „cercetau Scripturile în fiecare zi". Luca scrie: „Iudeii aceștia aveau o inimă mai aleasă decât cei din Tesalonic. Au primit Cuvântul cu toată râvna, și cercetau Scripturile în fiecare zi, ca să vadă dacă ce li se spunea este aşa" (Fapte 11:11).

Creştinul nu poate creşte şi nu poate ajunge cu adevărat la o stare de maturitate spirituală fără a avea o relaţie personală cu Cuvântul viu al lui Dumnezeu. Petru, într-un mod sincer şi direct, scrie: „Şi, ca nişte prunci născuţi de curând, să doriţi laptele duhovnicesc şi curat, pentru ca prin el să creşteţi spre mântuire" (1 Pet. 2:2).

4. Părinţii spirituali

Isus le-a dat celor dintâi ucenici ai Săi modelul pentru creşterea spirituală: *ucenicizarea*. El le-a dat Marea Trimitere, însoţită de o declaraţie de misiune foarte specifică: faceţi ucenici (vezi Mat. 28:19-20). Isus face şi astăzi aceeaşi chemare: „Urmează-Mă!" (Mat. 16:24, Luca 9:23). Creşterea spirituală implică modelarea caracterului. Isus ne spune: „Ucenicul nu este mai presus de învăţătorul lui; dar orice ucenic desăvârşit va fi ca învăţătorul lui" (Luca 6:40). Creşterea şi maturizarea spirituală implică de multe ori o relaţie de tip învăţător – ucenic sau mentor – învăţăcel. Aceasta este o relaţie spirituală profundă. Pavel scrie despre aceasta: „Căci chiar dacă aţi avea zece mii de învăţători în Hristos, totuşi n-aveţi mai mulţi părinţi; pentru că eu v-am născut în Hristos Isus, prin Evanghelie" (1 Cor. 4:15).

Într-unul din studiile mele de creştere spirituală definesc părinţii spirituali în modul următor:

> Un Abba spiritual este o persoană matură din punct de vedere spiritual (cf. Evrei 5:14), care este preocupată de bunăstarea copiilor spirituali (cf. 2 Cor. 11:29 şi Gal. 4:19). Un părinte spiritual nu numai că dă naştere unor copii spirituali prin Evanghelie (cf. 1 Cor. 4:15), însă el se face disponibil şi se cheltuie pe sine pentru bunăstarea copiilor săi spirituali (cf. 2 Cor. 12:15), până când Hristos va lua chip în ei. [22]

Pavel scrie: „Copilaşii mei, pentru care iar simt durerile naşterii, până ce va lua Hristos chip în voi!" (Gal. 4:19).

Părinţii spirituali cunosc acest adevăr dumnezeiesc cu privire la modelarea caracterului. Pentru a fi mai specific, ei ştiu că creşterea spirituală are de-a face cu modelarea și transformarea făcută de Duhul lui Dumnezeu după chipul lui Hristos, atunci când ne angajăm într-o relație spirituală corectă cu Hristos și unii cu alții. Pavel a înțeles și a întruchipat acest principiu. El scrie: „Voi sunteți martori, și Dumnezeu asemenea, că am avut o purtare sfântă, dreaptă și fără prihană față de voi, care credeți. Știți iarăși că am fost pentru fiecare din voi ca un tată pentru copiii lui: vă sfătuiam, vă mângâiam și vă adeveream" (1 Tes. 2:10–11, vezi și 1 Cor. 4:16; 11:1).

Dacă există vreo criză în lumea de astăzi, ea nu este o criză energetică, sau una financiară, ci este criza de părinți spirituali. Într-un eseu complex, intitulat „Probleme de creștere spirituală ale laicului și clerului", Dick Rausher scrie:

Aproape fără nici o excepție, biserica instituțională își concentrează atenția asupra formării intelectuale pentru slujire, *practic ignorând* formarea spirituală a membrilor săi. Avem prea mulți pastori care predică *despre* spiritualitate, dar care nu au avut sprijinul sau încurajarea instituțională să-și dezvolte propria spiritualitate. Ei nu au depus munca necesară pentru creșterea lor spirituală. Ei doar citesc *despre* spiritualitate pe o hartă, însă nu au fost încă sprijiniți și încurajați în *parcurgerea* propriei lor călătorii spirituale.

Rausher continuă spunând:

Noi avem nevoie de învățători maturi spirituali în Biserică, oameni care chiar au făcut această călătorie, pentru ca ei să-i poată călăuzi pe alții prin deșerturile sufletelor lor. [23]

Eu nu sunt singurul care cred că avem o mare lipsă de învățători maturi spirituali în bisericile noastre.

5. Comunitatea

După cum am menționat deja, formarea spirituală se face în contextul comunității, după cum scrie Luca în Fapte 2:42: „Ei stăruiau în învățătura apostolilor". Isus le-a spus ucenicilor că „pe această piatră" – pe Hristos Însuşi – „Îmi voi zidi biserica Mea" (Mat. 16:18). Este evident că Hristos îşi zideşte o biserică formată din persoane, iar aceste persoane frecventează biserica. Cu alte cuvinte, Biserica este Trupul lui Hristos zidit de mulţi membri, şi nu dintr-o mulţime de membri care încearcă să devină cumva Trupul lui Hristos. Formarea spirituală necesită o comunitate autentică, o Biserică de tipul ekklesia[24]. Pavel a înţeles acest lucru foarte bine, de aceea scrie: „Astfel, trupul nu este un singur mădular, ci mai multe" (1 Cor. 12:14); şi: „Prin El şi voi sunteţi zidiţi împreună, ca să fiţi un locaş al lui Dumnezeu, prin Duhul" (Efes. 2:22).

6. Disciplinele spirituale

Practica disciplinelor spirituale (de exemplu: rugăciunea, liniştea şi solitudinea, studiul, postul, meditaţia, supunerea, slujirea, călăuzirea, mărturisirea, închinarea şi sărbătorirea) sunt de neînlocuit în formarea spirituală. Richard Foster scrie: „Disciplinele spirituale sunt, aşadar, mijloace rânduite de Dumnezeu prin care fiecare dintre noi avem posibilitatea de a aduce acel pachet de energie pe care toţi îl avem – trupul uman – depunându-l înaintea lui Dumnezeu ca pe o jertfă vie (Rom. 12:1)"[25]. Aceasta nu este o formă nouă de legalism. Cu alte cuvinte, noi nu suntem chemaţi să încercăm mai mult. Suntem chemaţi să ne antrenăm în mod susţinut în evlavie (1 Tim. 4:7).

Pe scurt, formarea spirituală este un imperativ. Scurta noastră călătorie prin Noul Testament demonstrează în mod clar această concluzie generală: Dumnezeu doreşte ca toţi copiii Săi să reflecte caracterul lui Isus Hristos (cf. 2 Cor. 3:18). Punct!

Următoarele afirmaţii sprijină această concluzie generală:

- Scopul pus în faţa Bisericii este de a ajunge la starea de „*om desăvârşit*", şi chiar la „*plinătatea lui Hristos*" (Efes. 4:13).
- *Formarea spirituală este un proces.* Ideea creşterii spirituale de la un stadiu la altul este evidentă în Noul Testament (2 Pet.1:5–7).

- *Mântuirea autentică implică creştere spirituală* (1 Pet. 2:2). Formarea spirituală face parte din mântuire, nu este un adaos la ea. De la copiii autentici ai lui Dumnezeu, se aşteaptă ca ei să crească (Evr. 5:12–14).
- *Formarea spirituală nu este pentru creştinii de elită.* Elitismul sau favoritismul nu fac parte din metodele de lucru ale lui Dumnezeu. El Se aşteaptă ca toţi copiii Săi să crească, în toate bisericile Sale (Efes. 2:21).
- *A rămâne imatur, a fi creştin şi totuşi carnal este o anomalie.* Spiritualitatea creştină şi trăirea în poftele firii pământeşti sunt incompatibile (1 Cor. 3:1). Dacă suntem mântuiţi prin crucea lui Hristos, noi trebuie să trăim în Duhul (Gal. 5:24).
- *Mântuirea implică creşterea în caracterul lui Hristos* (Efes. 4:15). Creşterea spirituală implică transformarea (metamorphosis) „prin înnoirea minţii noastre" (Rom. 12:2). Ca urmare, creşterea şi maturizarea spirituale, sau formarea spirituală, nu ţine de acumularea de informaţii, ci de transformare (Efes. 4:23).
- *Creşterea spirituală implică suferinţă* (1 Pet. 2:21). Crucea lui Hristos, dragostea cruciformă, este conceptul cheie al formării spirituale (Gal. 2:20, 6:14). În procesul perfecţionării noastre, Dumnezeu foloseşte diferite încercări (Iac. 1:2–4). Totuşi, în cele din urmă, noi suntem făcuţi desăvârşiţi în Cel care este desăvârşit (Evr. 12:2; 1 Tes. 5:23–24; Fil. 1:6).

Tragedia este că mulţi credincioşi nu înţeleg faptul că creşterea sau maturizarea spirituală (sau formarea spirituală) izvorăşte din inima Tatălui.

Haideţi să rezumăm aceste lucruri. Ingredientele principale ale creşterii spirituale sunt:

1. *Viaţa necreată a lui Dumnezeu* (Ioan 10:10, 1 Ioan 5:12)
2. *Duhul lui Dumnezeu* (Ioan 3:3,5; Tit 3:5)
3. *Cuvântul lui Dumnezeu* (Ioan 8:31–32)

4. *Părinții spirituali* (Gal. 4:19, 1 Cor. 4:15)
5. *Comunitatea* (Fapte. 2:42, Mat. 16:18)
6. *Disciplinele spirituale* (1 Cor. 9:25–27, 2 Tim. 1:7)

Mă rog și sper ca, în secolul al XXI-lea, Biserica să se trezească pentru a împlini Marea Trimitere a lui Hristos – aceea de a face ucenici și de a începe să investească în oameni și în dezvoltarea lor spirituală, și nu în clădiri, programe și strategii de marketing. Aminul meu sincer poate fi adăugat după rugăciunea lui Pavel pentru biserica din Efes:

De aceea și eu, de când am auzit despre credința în Domnul Isus care este în voi, și despre dragostea voastră pentru toți sfinții, nu încetez să aduc mulțumiri pentru voi, când vă pomenesc în rugăciunile mele. Și mă rog ca Dumnezeul Domnului nostru Isus Hristos, Tatăl slavei, să vă dea un duh de înțelepciune și de descoperire, în cunoașterea Lui, și să vă lumineze ochii inimii, ca să pricepeți care este nădejdea chemării Lui, care este bogăția slavei moștenirii Lui în sfinți, și care este fată de noi, credincioșii, nemărginita mărime a puterii Sale, după lucrarea puterii tăriei Lui, pe care a desfășurat-o în Hristos, prin faptul că L-a înviat din morți, și L-a pus să șadă la dreapta Sa, în locurile cerești, mai presus de orice domnie, de orice stăpânire, de orice putere, de orice dregătorie și de orice nume, care se poate numi, nu numai în veacul acesta, ci și în cel viitor. El I-a pus totul sub picioare, și L-a dat căpetenie peste toate lucrurile, Bisericii, care este trupul Lui, plinătatea Celui ce împlinește totul în toți. (Efes. 1:15–23).

Aceasta e rugăciunea mea pentru biserica secolului al XXI-lea. Amin.

Întrebări de reflecţie

Te rog să reflectezi la următoarele întrebări, apoi să-ţi împărtăşeşti gândurile cu mentorul tău sau cu grupul de ucenicie creştină.

1. Ce ţi-a plăcut cel mai mult din acest capitol? Te rog să notezi câteva detalii.

2. Ce concepte noi ai învăţat din acest capitol? Te rog să le enumeri şi să le dezvolţi.

3. În propriile tale cuvinte, te rog să explici următoarele concepte teologice:

3.1. Viaţa (Zoe) necreată a lui Dumnezeu. Citeşte cu atenţie definiţia vieţii zoe din *Dicţionarul Biblic* citat mai sus şi apoi explică pe scurt.

3.2. Părinţii spirituali. Citeşte cu atenţie citatul lui Dick Rausher din eseul său intitulat „Probleme de creştere spirituală ale laicului şi clerului", apoi elaborează pe scurt.

4. Citeşte cu atenţie Efeseni 4:11–16, apoi notează o scurtă explicaţie a acestui pasaj.

5. Citeşte cele şapte declaraţii de la pagina 51, apoi detaliază pe scurt gândurile cu privire la acestea.

6. Care dintre adevărurile acestui capitol te-a frapat cel mai mult?

4: Componentele principale pentru creșterea spirituală

[21] Strong #: 2222. *Thayer's Greek Lexicon* Entry for Zoe, 1999.

[22] Valy Vaduva, *Spiritual Mentors* – Audio (Ypsilanti, MI: Upper Room Fellowship Ministry, 2008), CD #9.

[23] Dick Rausher, „Issues of Laity and Clergy Spiritual Growth", accesat pe 19 aprilie 2011, http://www.stonyhill.com/article.

[24] Numărul G1577 în Strong's Greek Lexicon (gr. ἐκκλησία), ekklesia: chemare, respectiv (concret) o adunare populară, în special o congregație religioasă (sinagogă evreiască, sau comunitate creștină de membri pe pământ, sfinți în ceruri, sau ambele). Accesat pe 25 aprilie 2011, http://studybible.info.

[25] Richard Foster, *Life with God: Reading the Bible for Spiritual Transformation* (New York, NY: Harper One, 2008), p. 13.

5. PUTEREA CRUCII

Fiindcă propovăduirea crucii este o nebunie pentru cei ce sunt pe calea pierzării: dar pentru noi, care suntem pe calea mântuirii, este puterea lui Dumnezeu.

1 Corinteni 1:18

Căci n-am avut de gând să știu între voi altceva decât pe Isus Hristos și pe El răstignit.

1 Corinteni 2:2

Acum două mii de ani, Pilat din Pont (26-36 d.Hr.), al cincilea prefect al provinciei romane a Iudeii, a spus mulțimilor care așteptau cu nerăbdare decizia lui: „Iată Omul" (Ioan 19:5). Acel Om nu era altcineva decât Fiul lui Dumnezeu. În acea zi deosebită, El a fost răstignit pe o cruce romană. Însă, în prima zi a săptămânii, „nemărginita mărime a puterii Sale" (cf. Efes. 1:19) L-a înviat pe Hristos din morți. Isus Cel înviat a venit acolo unde erau adunați ucenicii, o încăpere cu ușile închise „de frica iudeilor", și le-a spus: „Pace vouă!" (Ioan 20:19). Ucenicii s-au bucurat! Isus „le-a arătat mâinile și coasta Sa" (Ioan 20:20).

Toma, unul dintre ucenicii lui Isus, nu fusese acolo când Domnul li se arătase celorlalți ucenici. Plini de bucurie și încrezători, aceștia i-au spus că L-au văzut pe Domnul. Totuși, Toma nu putea să creadă. El dorea o dovadă personală. Le-a spus hotărât că nu va crede până când nu va vedea cu proprii săi ochi ce au văzut și ei: „Dacă nu voi vedea în mâinile Lui semnul cuielor, și dacă nu voi pune degetul meu în semnul cuielor, și dacă nu voi pune mâna mea în coasta Lui, nu voi crede" (Ioan 20:25).

Ca să fiu sincer, mă bucur că Toma a avut curajul să-şi declare necredinţa! Dacă aş fi fost în locul lui, probabil că aş fi avut aceeaşi reacţie. Sunt însă fericit că Isus nu l-a criticat pentru aceasta. Scriptura ne spune: „După opt zile, ucenicii lui Isus erau iarăşi în casă; şi era şi Toma împreună cu ei. Pe când erau uşile încuiate, a venit Isus, a stătut în mijloc, şi le-a zis: «Pace vouă!»" (Ioan 20:26).

Te rog să observi că, de data aceasta, Toma era cu ei. Isus Cel omniscient, cunoscând toate lucrurile, inclusiv motivaţia inimii, precum şi cele mai ascunse gânduri, temeri şi sentimente, l-a abordat pe Toma în mod direct, spunându-i: „Adu-ţi degetul încoace şi uite-te la mâinile Mele; şi adu-ţi mâna, şi pune-o în coasta mea; şi nu fi necredincios, ci credincios" (Ioan 20:27).

După ce a primit dovada, Toma a dat un răspuns uimitor: „Domnul meu şi Dumnezeul meu!" (Ioan 20:28). Aceasta este o declaraţie puternică, prin care Toma a spus că el *crede* şi *primeşte* **domnia** şi **divinitatea** lui Isus. Apoi, Isus a explicat importanţa credinţei în Dumnezeu a oamenilor care nu au astfel de dovezi: „Pentru că m-ai văzut, ai crezut. Ferice de cei ce *n-au văzut, şi au crezut*" (Ioan 20:29).

Vezi? Tu şi eu suntem astăzi mai binecuvântaţi dacă, prin credinţă, primim **domnia** şi **divinitatea** lui Isus. Pavel ne îndeamnă: „Dacă mărturiseşti deci cu gura ta pe Isus ca Domn, şi dacă crezi în inima ta că Dumnezeu L-a înviat din morţi, vei fi mântuit" (Rom. 10:9). Permite-mi să explic acest lucru pe scurt. Mântuirea implică două aspecte:

- Mai întâi, *mărturiseşte* cu gura ta **domnia lui Isus**.
- În al doilea rând, *crede* în inima ta în **divinitatea lui Isus** şi în faptul că Dumnezeu L-a înviat din morţi.

Pavel continuă: „Căci prin credinţa din inimă se capătă neprihănirea, şi prin mărturisirea cu gura se ajunge la mântuire" (Rom. 10:10). Îmi place versetul acesta! Este atât de simplu, de clar şi de direct: *Neprihănirea* lui Hristos îi este imputată inimii credincioase, iar declaraţia verbală are ca rezultat *mântuirea*. Aşa se nasc oamenii din nou. Acesta este modul în care cel păcătos intră într-o relaţie personală cu Dumnezeu.

Să ne întoarcem la pasajul din Ioan 20. Acolo Scriptura ne spune clar:

Isus a mai făcut înaintea ucenicilor Săi multe alte semne care nu sunt scrise în cartea aceasta. Dar lucrurile acestea au fost scrise pentru ca voi să credeți că Isus este Hristosul, Fiul lui Dumnezeu; și crezând, să aveți viață în Numele Lui. (Ioan 20:30–31)

Înțelegem de ce a fost foarte important pentru primii ucenici să experimenteze aceste lucruri *înainte* și *după* învierea lui Isus? Pentru ca ei ulterior să comunice, atât *verbal* cât și *în scris*, Evanghelia lui Isus. Nu este de mirare că Ioan, apostolul dragostei, la sfârșitul primului secol, între 85-95 d.Hr., scrie cu atât de multă încredere:

Ce era de la început, ce am *auzit*, ce am *văzut* cu ochii noștri, ce am *privit* și ce am *pipăit* cu mâinile noastre, cu privire la Cuvântul vieții – pentru că viața a fost arătată, și noi am văzut-o, și mărturisim despre ea, și vă vestim viața veșnică, viață care era la Tatăl și care ne-a fost arătată – deci, ce am văzut și am auzit, aceea vă vestim și vouă, ca și voi să aveți părtășie cu noi. Și părtășia noastră este cu Tatăl și cu Fiul Său, Isus Hristos. Și vă scriem aceste lucruri pentru ca bucuria voastră să fie deplină. (1 Ioan 1:1–4)

Îl auzi pe Ioan? El scrie cu privire la tot felul de experiențe supranaturale cu Cuvântul vieții. Poți să-ți închipui aceasta? Tot ceea ce ei au *auzit*, ce au *văzut*, ce au *pipăit*, a fost cu privire la Cuvântul vieții. Apoi, fiind împuterniciți de Duhul Sfânt, au mers mai departe, „vestind viața veșnică". Ce minunat! Care a fost și care este scopul acestui lucru? Scopul a fost și este: să avem „**părtășie cu Tatăl și cu Fiul Său, Isus Hristos**", precum apostolii. Vreau să subliniez: **lucrul acesta este foarte important**. Aceasta face parte din moștenirea noastră spirituală. Cum o realizăm? Foarte simplu – *prin credință*.

Credinţa

Înainte de a continua, doresc să petrecem câteva minute asupra acestui subiect fundamental. Credinţa este principiul spiritual care guvernează mântuirea tuturor fiinţelor umane, din trecut, din prezent şi din viitor. Credinţa este legată în mod organic de Dumnezeu – *obiectul credinţei*. Credinţa este legată direct de Cuvântul lui Dumnezeu: „Astfel, credinţa vine în urma auzirii; iar auzirea *vine* prin Cuvântul lui Dumnezeu" (Rom. 10:17). Isus i-a spus lui Toma: „Pentru că M-ai văzut, ai crezut". Nouă, Hristos ne spune: „Ferice de cei ce n-au văzut, şi au crezut". Scriptura este foarte clară în ceea ce priveşte credinţa mântuitoare: „Şi fără credinţă este cu neputinţă să-i fim plăcuţi Lui! Căci cine se apropie de Dumnezeu, trebuie să creadă că El este, şi că răsplăteşte pe cei ce-L caută" (Evrei 11:6).

Noi trebuie să ştim, aşadar, care este centrul credinţei creştine. Pavel le scrie corintenilor: „Iudeii, într-adevăr, cer minuni, şi grecii caută înţelepciune; dar noi propovăduim pe Hristos cel răstignit, care pentru iudei este o pricină de poticnire, şi pentru neamuri o nebunie; dar pentru cei chemaţi, fie iudei, fie greci, este puterea şi înţelepciunea lui Dumnezeu" (1 Cor. 1:22–24). Nu este nimic rău în a căuta semne şi minuni, după cum nu este nimic rău în a fi înţelept şi în a căuta mai multă înţelepciune. Totuşi semnele, minunile şi înţelepciunea lumească nu trebuie să fie fundamentul credinţei noastre. Pavel scrie cu multă încredere: **„noi propovăduim pe Hristos cel răstignit."** O astfel de propovăduire a fost şi încă este o piatră de poticnire pentru mulţi.

Mai mult de-atât, Pavel face următoarea declaraţie: „Cât despre mine, fraţilor, când am venit la voi, n-am venit să vă vestesc taina lui Dumnezeu cu o vorbire sau înţelepciune strălucită. Căci n-am avut de gând să ştiu între voi altceva decât pe Isus Hristos şi pe El răstignit" (1 Cor. 1:1–2). Ai auzit? Dacă acesta a fost un lucru extrem de important pentru Pavel, ar trebui să fie extrem de important şi pentru noi. Sper că suntem de acord cu toţii cu privire la aceasta. Şi noi trebuie să declarăm: „*Suntem hotărâţi să nu ştim nimic altceva în biserică, decât pe Isus Hristos, şi pe El răstignit*". Este o declaraţie plină de putere, nu-i aşa?

Putem spune cu toată încrederea că, potrivit Cuvântului lui Dumnezeu, răstignirea lui Isus Hristos se află în centrul credinței creștine. Mai mult, ne vom păzi de orice formă de *har ieftin*. Dietrich Bonhoeffer (1906-1945), autorul cărții *Costul uceniciei*, ne-a avertizat cu privire la *harul ieftin*. Iată cum a descris el *harul ieftin*:

Harul ieftin înseamnă predicarea iertării fără pocăință, înseamnă botez fără disciplină bisericească, euharistie, fără mărturisirea păcatelor, absolvirea de păcat, fără spovedanie. Harul ieftin este un har fără ucenicie, un har fără cruce, un har fără Hristos cel întrupat și viu.[26]

Să reținem că harul ieftin este har fără *cruce*. Cu alte cuvinte, putem spune că, de fapt, *crucea lui Hristos* este *mesajul central* al întregii Biblii. Evanghelistul Ioan ne spune: „Fiindcă atât de mult a iubit Dumnezeu lumea, că a dat pe singurul Lui Fiu, pentru ca oricine crede în El să nu piară, ci să aibă viața veșnică" (Ioan 3:16). Credincioșii din toate denominațiunile creștine sunt de acord că acesta este versetul de aur al întregii Biblii. De ce? Pentru că declară că Dumnezeu ni L-a dat pe Isus, pentru că ne iubește. În verbul *a da* se ascunde crucea lui Hristos. Isus este cu adevărat jertfa supremă a lui Dumnezeu pentru toate ființele umane, după cum L-a prezentat Ioan pe Hristos cu aproape două mii de ani în urmă: „Iată mielul lui Dumnezeu!" (Ioan 1:36).

Care este contextul lui Ioan 3:16? Haideți să vedem. Cu doar două versete înainte, în Ioan 3:14–15, avem imaginea șarpelui de bronz, care a fost ridicat pe un stâlp, pentru salvarea israeliților care erau mușcați de șerpi veninoși: „Moise a făcut un șarpe de aramă, și l-a pus într-o prăjină; și oricine era mușcat de un șarpe, și privea spre șarpele de aramă, trăia" (Num. 21:9). Ce întâmplare extraordinară! Ce declarație! Ce profeție minunată! Ioan citează cuvintele lui Isus: „Și după ce voi fi înălțat de pe pământ, voi atrage la Mine pe toți oamenii" (Ioan 12:32). Înțelegi? Hristos vorbește, într-un anume sens, despre răstignirea Sa, și, într-un sens mai adânc, despre învierea și înălțarea Sa la cer. Cu alte cuvinte, Domnul Hristos afirmă: **Crucea este magnetul:** *îi voi atrage la Mine pe toți oamenii*. Acesta este contextul care face din Ioan 3:16 un verset plin de putere!

Dacă punem laolaltă toate aceste concepte, concluzia este simplă: mântuirea este doar prin credință, doar în Hristos, doar darul lui Dumnezeu, și doar pentru slava Sa. O, ce har! Ce dar! Aceasta este ceea ce eu numesc o veste bună! Pavel scrie: „Căci prin har ați fost mântuiți, prin credință. Și aceasta nu vine de la voi; ci este darul lui Dumnezeu. Nu prin fapte, ca să nu se laude nimeni" (Efes. 2:8,9). Aceasta înseamnă că întreg Vechiul Testament, cu simbolurile care, într-un fel sau altul, indică spre Hristos, este o parte integrantă a istoriei răscumpărării. Face parte din Evanghelie, vestea bună pentru întreaga omenire.

Găsim în Vechiul Testament diferite versete care, fie printr-o declarație directă, fie într-un mod mai puțin evident, sunt considerate de mulți prototipuri ale lui Hristos. Iată care sunt unele dintre aceste prototipuri[27][28] ale lui Hristos:

Adam. Credem sau nu, Adam – este un tip puternic al lui Hristos. Vezi Rom. 5:15 și 1 Cor. 15:45.

Pomul Vieții – Citim despre acest pom special în Geneza, în grădina Edenului, înainte de cădere; el Îl simbolizează pe Domnul Vieții. Vezi Ioan 14:6.

Sămânța femeii (cf. Gen. 3:15) – încă în grădina Edenului, dar după cădere. Sămânța aceasta nu reprezintă altceva decât pe Domnul Isus.

Melhisedec (cf. Gen. 14) – este un tip al Fiului lui Dumnezeu. Autorul cărții către Evrei explică: „Fără tată, fără mamă, fără spiță de neam, neavând nici început al zilelor, nici sfârșit al vieții, dar care a fost *asemănat cu Fiul lui Dumnezeu* – rămâne preot în veac" (Evr. 7:3).

Alte simboluri sau prototipuri ale lui Hristos:

Isaac (cf. Gen. 22),
scara lui Iacov (cf. Gen. 28),
Iosif (cf. Gen. 37–48),
sceptrul lui Iuda (Gen. 49).
Moise este, de asemenea, un tip al lui Hristos.

Mielul de paște (cf. Exod 12:13) este considerat de majoritatea creștinilor un tip clar al lui Hristos.

primele roade (cf. Exod 22)
perdeaua despărțitoare din cortul întâlnirii (cf. Exod. 40:21)
perdeaua despărțitoare din templu (cf. 2 Cron. 3:14)

Majoritatea jertfelor din Levitic sunt considerate simboluri ale lui Hristos.

Stânca pe care Moise a lovit-o de două ori (cf. Numeri 20) și *șarpele de aramă* (cf. Numeri 21), pe care l-am menționat mai sus sunt, de asemenea, prototipuri ale lui Hristos.

Lista continuă cu:

Steaua lui Iacov (cf. Num. 24)
Marele profet vestit în Deuteronom 18
Iosua (cf. Iosua 1:5)
Piatra din visul lui Nebucadnețar (cf. Dan. 2:35, 45)
Omul durerii, obișnuit cu suferința (cf. Is. 53) – este probabil cel mai puternic simbol a lui Hristos, fiind și o profeție cu privire la moartea și suferința lui Hristos.
Încă un prototip pe care aș dori să-l includ aici este cel al *Soarelui Neprihănirii* (cf. Mal. 4:2).

Toate aceste simboluri sunt prototipuri ale lui Hristos, care au profețit despre Cel care într-o zi avea să vină pentru a împlini tot ceea ce fusese vestit în Scriptură.

Ca urmare, *mântuirea* celor care au trăit în vremurile Vechiului Testament s-a bazat pe credința lor în Hristos, Cel care avea să vină. Noul Testament vorbește despre mântuirea prin Hristos, care a venit deja. Ioan ne spune: „Dar lucrurile acestea au fost scrise pentru ca voi să credeți că Isus este Hristosul, Fiul lui Dumnezeu; și crezând, să aveți viața în Numele Lui." (Ioan 20:31).

Așadar, putem declara ferm că *mântuirea* (*justificarea*) omului *a fost, este*, și *va fi* prin credință. În trecut (î.Hr.) – *prin credință, privind în viitor spre cruce*; în prezent (d.Hr.) – *prin credință, privind în trecut, la aceeași cruce.*

Diagrama 1

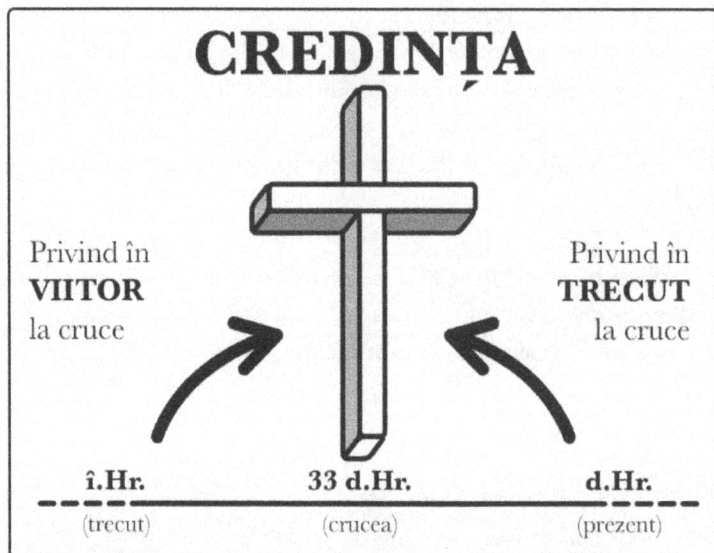

CREDINȚA

Privind în
VIITOR
la cruce

Privind în
TRECUT
la cruce

î.Hr.
(trecut)

33 d.Hr.
(crucea)

d.Hr.
(prezent)

Observi lucrul acesta? Dacă îndepărtăm crucea din Evanghelie, compromitem întreg mesajul de mântuire al lui Dumnezeu pentru lume. Acesta este aspectul în favoarea căruia Pavel argumentează atât de direct în epistola sa către Galateni. El scrie: „Har și pace vouă de la Dumnezeu Tatăl, și de la Domnul nostru Isus Hristos! El S-a dat pe Sine Însuși pentru păcatele noastre, ca să ne smulgă din acest veac rău, după voia Dumnezeului nostru și Tatăl" (Gal. 1:3,4). Apoi scrie: „Mă mir că treceți așa de repede de la Cel ce v-a chemat prin harul lui Hristos la o altă Evanghelie. Nu doar că este o altă Evanghelie; dar sunt unii care vă tulbură și voiesc să răstoarne Evanghelia lui Hristos." (Gal. 1:6,7).

Centralitatea crucii

Crucea lui Hristos este mesajul central al Bibliei. Crucea lui Hristos a fost foarte importantă în predicarea și în scrierile lui Pavel. Așadar, dacă crucea lui Hristos este atât de importantă, întrebi tu, *care este semnificația crucii?* Mă bucur că ai pus această întrebare! Este o întrebare foarte bună! Să începem cu definiția crucii: „Crucea este un instrument al morții, bine cunoscut pe vremea lui Isus"[29]. Mie personal îmi place foarte mult definiția dată de unul dintre scriitorii mei creștini favoriți, A.W. Tozer:

CRUCEA este un simbol al morții. Ea reprezintă moartea subită, violentă a unei ființe umane. Omul care, pe vremea romanilor, își lua crucea și pleca la drum, și-a luat deja rămas bun de la prieteni. El nu se mai întorcea. El pleca să-și găsească sfârșitul. Crucea nu făcea nici un compromis, nu modifica și nu cruța nimic; omora omul, în întregime și pentru totdeauna. Crucea nu încerca să rămână în termeni buni cu victima sa. Lovea cu cruzime și duritate, iar când își termina lucrarea, omul nu mai era.[30]

Semnificația crucii

Cu aproape două mii de ani în urmă, *Fiul lui Dumnezeu* (Ioan 1:34, 1:49, 3:18, 5:25, 11:4, 11:27, 19:7, 8:31), considerat și *Fiul Omului* (Ioan 1:51, 6:27, 8:28, 10:36, 12:23, 1:31), *Omul Desăvârșit* – Isus, ca *Reprezentant al întregii rase adamice* (Luc. 3:38, Ioan 19:5, Rom. 5:13–15; 1 Cor. 15:22), *a murit* pe cruce în vremea lui Pilat din Pont (1 Tim. 6:13).

Este extrem de important să știm că, aproape de fiecare dată când citim cuvântul *cruce* în Noul Testament, el se referă la Isus Hristos, care S-a jertfit pentru întreaga lume printr-o moartea chinuitoare, crudă și grotescă pe cruce (vezi Fil. 2:8). Crucea comunică *semnificația teologică* a lucrării lui Hristos de la Calvar, care este încheiată, *deplină* și *completă*.

Apostolul Ioan scrie: „Când a luat Isus oțetul, a zis: «S-a isprăvit!» Apoi Și-a plecat capul și Și-a dat duhul" (Ioan 19:30). Expresia „S-a isprăvit!", folosită de Isus înainte de a-și da duhul în mâinile Tatălui, conține verbul *tetelestai*[31] din limba greacă. El indică o acțiune care s-a întâmplat în trecut, dar ale cărei beneficii și efecte continuă și în prezent. Este cunoscut faptul că acest cuvânt, *tetelestai*, era imprimat pe *Certificatele de împrumut*, atunci când datoria era complet achitată. Putem spune cu încredere că, înainte de a-Și da duhul, Isus a spus: *Tot ceea ce omenirea Îi datorează Lui Dumnezeu, Tatăl Meu, a fost plătit integral.*

Pavel surprinde în modul cel mai adecvat această semnificație a crucii, atunci când scrie: „Pe voi, care erați morți în greșelile voastre și în firea voastră pământească netăiată împrejur, Dumnezeu v-a adus la viață împreună cu El, după ce ne-a iertat toate greșelile. A șters *certificatul datoriei noastre* cu poruncile Lui, care stătea împotriva noastră și ne era potrivnic, și l-a nimicit, pironindu-l pe cruce" (Col. 2:13, 14). Glorie Domnului! Slavă lui Isus! *Tetelestai! Datoria a fost plătită integral!*

Este clar că, din cauza primului Adam, toți oamenii, fără nici o excepție, au fost *condamnați la moarte.* Ei au devenit cu toții *robi ai păcatului,* au devenit *fii ai neascultării,* ce aparțineau diavolului. De ce? Pentru că „toți au păcătuit, și sunt lipsiți de slava lui Dumnezeu" (Rom. 3:23). De aceea, noi toți am fost născuți morți în păcat și fii ai neascultării, după cum scrie Pavel: „Voi erați morți în greșelile și în păcatele voastre, în care trăiați odinioară, după mersul lumii acesteia, după domnul puterii văzduhului, a duhului care lucrează acum în fiii neascultării. Între ei eram și noi toți odinioară, când trăiam în poftele firii noastre pământești, când făceam voile firii pământești și ale gândurilor noastre, și eram din fire copii ai mâniei, ca și ceilalți" (Efes. 2:1–3).

Noi am fost, și vom fi, **m-â-n-t-u-i-ț-i.** Cum?

- Prin *lucrarea* încheiată a lui Hristos (Fapte. 4:12)
- Prin *jertfa Sa ispășitoare* (1 Ioan 2:2)
- Prin *moartea lui Isus* (Rom. 5:10, 6:10, Fil. 2:8, Col. 1:22, Evr. 2:9, 14–15, 1 Pet. 3:18, Evr. 5)
- Prin *sângele scump* al Mielului
- Prin *Învierea lui Hristos din morți* (Rom. 1:4, 6:5; 1 Cor. 3:21; 2 Tim. 1:10; 1 Pet. 1:3, 3:21).
- Prin *înălțarea Sa* la dreapta lui Dumnezeu (Efeseni 2:6)
- Prin *Duhul Sfânt* (Rom. 5:5; 1 Cor. 2:12, 6:11; Efes. 1:13).

Iată ce scrie Pavel în această privință:

„Dar Dumnezeu, care este bogat în îndurare, pentru dragostea cea mare cu care ne-a iubit, măcar că eram morți în greșelile noastre, ne-a adus la viață împreună cu Hristos (prin har sunteți mântuiți). El ne-a înviat împreună și ne-a pus să ședem împreună în locurile cerești, în Hristos Isus, ca să arate în veacurile viitoare nemărginita bogăție a harului Său, în bunătatea Lui față de noi în Hristos Isus" (Efes. 2:4–7).

Până în acest punct, putem trage concluzia că crucea lui Hristos înseamnă:

- Mai întâi, întreaga lucrare de răscumpărare realizată istorie (legal, teologic și spiritual) în moartea, îngroparea, învierea și înălțarea Domnului Isus Însuși (vezi. Fil. 2:8,9).

- În al doilea rând, într-un sens mai larg, unirea credincioșilor cu Hristos prin har (vezi Rom. 6:4, Efes. 2:5–6).

Aceasta este poziția teologică pe care Watchman Nee o declară în *Viața Creștină Normală*. Cu această poziție sunt de acord mulți oameni mari ai lui Dumnezeu, cum ar fi: Andrew Murray, Amy Carmichael, Oswald Chambers, Paul E. Billheimer, F.J. Huegel, L.E. Maxwell, A.W. Tozer și alții.

Pavel scrie atât de clar:

Căci Dumnezeu a vrut ca toată plinătatea să locuiască în El și să împace totul cu Sine prin El, atât ce este pe pământ cât și ce este în ceruri, *făcând pace, prin sângele crucii Lui*. Și pe voi, care odinioară erați străini și vrăjmași prin gândurile și prin faptele voastre rele, El v-a împăcat acum prin trupul Lui de carne, prin moarte, ca să vă facă să vă înfățișați înaintea Lui sfinți, fără prihană și fără vină (Col. 1:19–22).

Efecte şi beneficii al crucii în viaţa ucenicilor lui Hristos

1. Prin cruce avem acces la viaţa învierii supranaturală a lui Hristos.

Pavel scrie:

Deci, cu atât mai mult acum, când suntem socotiţi neprihăniţi, prin sângele Lui, vom fi mântuiţi prin El de mânia lui Dumnezeu. Căci, dacă atunci când eram *vrăjmaşi, am fost împăcaţi* cu Dumnezeu, prin moartea Fiului Său, cu mult mai mult acum, când suntem împăcaţi cu El, vom fi mântuiţi prin VIAŢA LUI. (Rom. 5:9–10)

Aceste două versete au o mare însemnătate, cel puţin pentru mine. Ele descriu două stadii cruciale din procesul mântuirii omului.

Diagrama 2

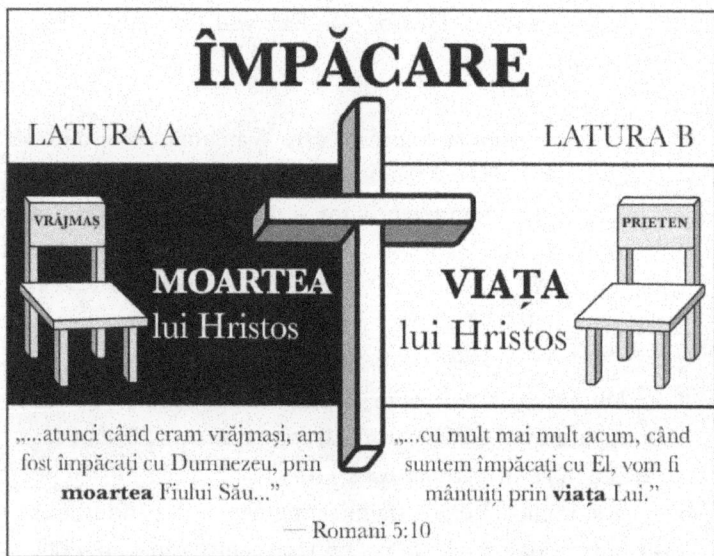

ÎMPĂCARE

LATURA A   LATURA B

VRĂJMAŞ   PRIETEN

MOARTEA lui Hristos   **VIAŢA** lui Hristos

„...atunci când eram vrăjmaşi, am fost împăcaţi cu Dumnezeu, prin **moartea** Fiului Său...”

„...cu mult mai mult acum, când suntem împăcaţi cu El, vom fi mântuiţi prin **viaţa** Lui.”

— Romani 5:10

Partea A a crucii – reprezintă aspectul *reconcilierii* pe care Dumnezeu a făcut-o prin *sângele* lui Hristos, **prin moartea Lui** pe cruce. *Sângele lui Hristos a realizat justificarea noastră.* Biblia spune: „suntem socotiţi neprihăniţi, prin sângele Lui” (v. 9) şi „pe când eram

vrăjmași, am fost împăcați cu Dumnezeu prin moartea Fiului Său"
(v. 10a).

Partea B a crucii – ne vorbește despre **mântuirea prin Viața învierii lui Hristos**. Lucrarea de mântuire nu se încheie cu nașterea din nou. Aceasta este doar începutul. Este adevărat, am fost justificați. Este foarte important să fim împăcați cu Dumnezeu prin sângele lui Hristos. Să ne întoarcem la ilustrația cu cele două scaune. În această poziție, în latura B a crucii, noi nu mai suntem vrăjmași ai lui Dumnezeu, ci stăm pe scaunul prietenilor Lui. De acum încolo, mântuirea continuă, cu procesul de sfințire produs de viața lui Isus Cel Înviat, care lucrează în viețile noastre. Scriptura ne spune: „Cu mult mai mult acum, când suntem împăcați cu El, vom fi *mântuiți* prin *viața* Lui" (Rom. 5:10). Eu numesc aceste două concepte: cele două laturi ale crucii.

2. *Prin crucea lui Hristos am fost transferați din Adam în Hristos.*

Isus a venit pe pământ ca Fiu al lui Dumnezeu – sută la sută Dumnezeu. Hristos a devenit, de asemenea, Fiul Omului – sută la sută om. Știu că este greu să înțelegem aceste concepte teologice profunde cu mințile noastre limitate. Te rog, însă, să ai răbdare. Mă rog și sper ca prin înțelepciunea care vine de la Duhul Sfânt, să te ajut să înțelegi mai bine aceste lucruri. Moartea lui Isus, ca reprezentant al întregii rase umane, este crucială. Învierea lui Hristos prin Duhul Sfânt are o semnificație extraordinară. Gândește-te la aceasta, te rog. Când un om își exprimă o credință sinceră în Domnul Isus Hristos, declarând că Dumnezeu L-a înviat din morți, acea persoană primește mântuirea. Pavel scrie: „Dacă mărturisești deci cu gura ta pe Hristos ca Domn, și dacă crezi în inima ta că Dumnezeu L-a înviat din morți, vei fi mântuit. Căci prin credința din inimă se capătă neprihănirea, și prin mărturisirea cu gura se ajunge la mântuire" (Rom. 10:9,10). Acest moment marchează (cf. Ioan 3:3,5) *nașterea din nou*. În acel moment, Duhul Sfânt așază persoana ce se naște din nou, vorbind din punct de vedere spiritual, în Hristos. În acel moment, prin credința în **moartea** și **învierea** Domnului Isus Hristos, *solidaritatea* și *uniunea* noastră cu Hristos – *identificarea* *spirituală* cu El – devine reală. Pavel explică acest lucru foarte clar:

Nu știți că toți câți am fost botezați în Isus Hristos, am fost botezați în moartea Lui? Noi deci, prin botezul în moartea Lui, am fost îngropați împreună cu El, pentru ca, după cum Hristos a înviat din morți, prin slava Tatălui, tot așa și noi să trăim o viață nouă. În adevăr, dacă ne-am făcut una cu El, printr-o moarte asemănătoare cu a Lui, vom fi una cu El și printr-o înviere asemănătoare cu a Lui. (Rom. 6:3–5)

Acest lucru este foarte logic. Pentru a experimenta învierea, trebuie să experimentezi mai întâi moartea. Trupul lui Hristos pe cruce este legătura noastră eternă cu o viață nouă, ca ființe ale unei rase noi și în calitate de cetățeni ai Împărăției lui Dumnezeu.

Diagrama 3

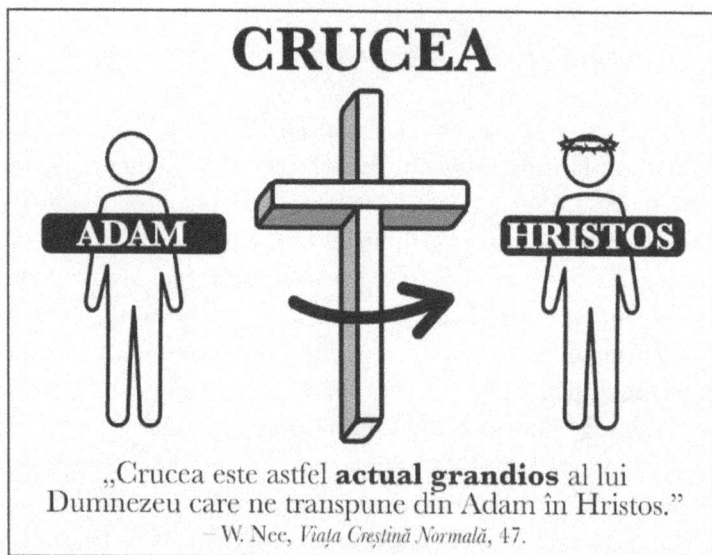

CRUCEA

ADAM

HRISTOS

„Crucea este astfel **actual grandios** al lui Dumnezeu care ne transpune din Adam în Hristos."
— W. Nee, *Viața Creștină Normală*, 47.

Pentru a explica amănunțit aceste lucruri ne-ar trebui mai mult de un singur capitol. Ideea este simplă: pentru a trăi o viață de biruință, credinciosul, ca ucenic al lui Hristos, trebuie să cunoască aceste aspecte și, prin credință, să le experimenteze în lăuntrul său. Îmi place modul în care Watchman Nee explică acest concept: „Crucea este astfel actual grandios al lui Dumnezeu care ne transpune din Adam în Cristos."[32]

3. *Prin crucea lui Hristos avem biruință asupra păcatului.*

Am menționat mai sus că suntem mântuiți doar prin har. Pavel pune o întrebare retorică: „Ce vom zice dar? Să păcătuim mereu, ca să se înmulțească harul?" (Rom. 6:1). Apoi tot el dă răspunsul la această întrebare: „Nicidecum! Noi, care am murit față de păcat, cum să mai trăim în păcat?" (Rom. 6:2). Înțelegi ce spune Pavel aici? Uimitor! Este incredibil! Efectul imediat al crucii este victoria asupra puterii păcatului în viața credinciosului. Slavă Domnului! Păcatul însuși nu este mort, însă noi, credincioșii, prin trupul lui Hristos, am murit față de păcat. John Wesley a explicat acest lucru, afirmând că suntem „eliberați atât de *vina,* cât și de *puterea* lui [a păcatului]"[33].

Pentru a se asigura de faptul că este înțeles foarte bine, Pavel explică mai departe:

Nu știți că toți câți am fost botezați în Isus Hristos, am fost botezați în moartea Lui? Noi deci, prin botezul în moartea Lui, am fost îngropați împreună cu El, pentru ca, după cum Hristos a înviat din morți, prin slava Tatălui, tot așa și noi să trăim o viață nouă. În adevăr, dacă ne-am făcut una cu El, printr-o moarte asemănătoare cu a Lui, vom fi una cu El și printr-o înviere asemănătoare cu a Lui. (Rom. 6:3–5)

Aceasta este o declarație foarte impresionantă! *Nici n-ai putea găsi o explicație mai simplă și mai clară decât aceasta.* Am tratat pe scurt subiectul de mai sus, însă simt că se merită să-l repet, pentru că tocmai aici vine diavolul cu tot felul de interpretări. Se poate ca unele dintre ele să sune foarte evlavios. Totuși, Satana produce confuzie, denaturând teologia corectă, făcându-ne să uităm cine suntem în Hristos.

Astfel, el ne înșală, ispitindu-ne să acționăm independent de Hristos și să încercăm să biruim păcatul prin forțele proprii, ale firii noastre. Tragedia constă în faptul că diavolul reușește să înșele pe mulți dintre noi în felul acesta.

Diagrama 4

MORȚI FAȚĂ DE PĂCAT

„Căci cine a murit, de drept, este **izbăvit** de păcat."
– Romani 6:7

Fiecare ucenic al lui Hristos ar trebui să știe că sunt doar două posibilități. Oamenii sunt fie **în Adam**, adică morți *în* păcat, fie în Hristos, adică morți *față de* păcat. Pavel scrie cu privire la credincioși: „Știm bine că omul nostru cel vechi a fost răstignit împreună cu El, pentru ca trupul păcatului să fie dezbrăcat de puterea lui, în așa fel ca să nu mai fim robi ai păcatului" (Rom. 6:6).

4. *Crucea lui Hristos ne asigură victoria asupra firii pământești.*

Poate că una din bătăliile cele mai teribile cu care se confruntă creștinii este bătălia dintre **firea pământească** și **Duhul lui Dumnezeu**. Pavel scrie: „Căci firea pământească poftește împotriva Duhului, și Duhul împotriva firii pământești: sunt lucruri protivnice unele altora, așa că nu puteți face tot ce voiți" (Gal. 5:17). Trebuie să înțelegem acest lucru și să nu confundăm *firea pământească*[34] cu *trupul uman* sau cu *omul vechi*. Am explicat anterior că „omul nostru cel vechi a fost răstignit împreună cu El" (Rom. 6:6a). Pavel accentuează acest lucru, spunând: „știm bine". Știm ce? „Știm bine că omul nostru cel vechi a fost răstignit împreună cu El" (Rom. 6:6a).

Creștinii au și ei fire pământească. Am încercat cu toții să trăim o viață bazându-ne pe propriile noastre resurse, și nu pe cele ale lui Hristos. Când nu rămânem în Hristos și nu umblăm potrivit Duhului, chiar și noi, creștinii, trăim independent de Dumnezeu, adică potrivit cu firea pământească. De aceea, trebuie să fim foarte atenți la *mentalitatea* noastră și la *sursa de viață* pe care o folosim pentru a ne împlini nevoile de *dragoste, acceptare, valoare* și *siguranță*: **firea pământească** sau **Hristos**. Dacă îi permitem, firea pământească va începe să domine, să controleze, să-și impună perspectivele sale și să ne conducă viețile. În concluzie, firea pământească dorește împlinirea dorințelor trupului. Pavel scrie: „Fiindcă umblarea după lucrurile firii pământești este vrăjmășie împotriva lui Dumnezeu" (Rom. 8:7).

L.E. Maxwell, în cartea sa, *Născut răstignit*, scrie:

Vom descoperi: în slujba noastră pentru Hristos, încrederea în sine și stima de sine; în cea mai mică suferință, autoapărarea și autocompătimirea; în cea mai mică neînțelegere, îndreptățirea și dorința de răzbunare; în situația în care ne aflăm în viață, căutarea propriei satisfacții și concentrare asupra persoanei proprii; în cele mai mici încercări, introspecția și învinovățirea; în rutina zilnică, căutarea propriei plăceri și a propriilor alegeri; în relațiile noastre, afirmarea de sine și mândria; în educația noastră, lauda de sine și afirmarea; în dorințele noastre, răsfățul și satisfacerea propriilor dorințe; în succesele noastre, admirația de sine și lauda de sine; în eșecurile noastre, îndreptățirea și justificarea; în realizările noastre spirituale, fățărnicia și mulțumirea de sine; în slujirea noastră publică, autopromovarea și căutarea propriei glorii; în viață, în general, dragostea de sine și egoismul. Firea pământească este un specialist în *„sine"*.[35]

Citatul de mai sus este un pic mai greu de înțeles, însă se merită să-l citești de câteva ori, pentru a înțelege ideea pe care autorul dorește să o comunice.

Firea pământească are tendința de a se închina propriei „trinități": *Eu, Mie* și cu *Mine*. Ne punem în mare pericol dacă îi permitem firii să coboare din locul în care trebuie să stea – pe cruce. În epistola lui către galateni, după ce descrie faptele cărnii, Pavel trage următoarea concluzie: „Vă spun mai dinainte, cum am mai spus, că cei ce fac astfel de lucruri nu vor moșteni Împărăția lui Dumnezeu" (Gal. 5:21b).

Firea pământească este ca o caracatiță cu multe tentacule; ea nu moare când îi sunt rupte tentaculele, una după alta, ci doar atunci când capul îi este zdrobit. Din acest motiv, Pavel continuă: „Cei ce sunt ai lui Hristos Isus și-au răstignit firea pământească împreună cu patimile și poftele ei" (Gal. 5:24). Trebuie să înțelegi că soluția în lupta împotriva firii nu este religia, sau un program în 12 pași pe care să-l parcurgi, sau chiar o educație teologică mai înaltă. Soluția pentru fire este *crucea* – moartea prin răstignirea cu Hristos. Când Isus a zis: „S-a isprăvit!", El a oferit și soluția pentru firea pământească. Pavel scrie: „Așadar, fraților, noi nu mai datorăm nimic firii pământești, ca să trăim după îndemnurile ei" (Rom. 8: 12). Ce trebuie să facă creștinul? Pavel ne dă soluția în Gal. 5:24: „Cei ce sunt ai lui Hristos Isus și-au răstignit firea pământească împreună cu patimile și poftele ei".

Diagrama 5

EU, MIE ȘI CU MINE

FIREA RĂSTIGNITĂ

„Cei ce sunt ai lui Hristos Isus și-au **răstignit firea pământească** împreună cu patimile și poftele ei."
– Galateni 5:24

Datorită lucrării *complete* și *definitive* săvârșite de Domnul Isus

Hristos la Calvar, prin trupul Său, putem avea biruință asupra firii. Spun *putem,* pentru că această biruință nu va veni automat. Depinde de noi să ne aducem trupurile pe altarul lui Dumnezeu, după cum scrie Pavel: „Vă îndemn, fraților, pentru îndurarea lui Dumnezeu, să aduceți trupurile voastre ca o jertfă vie, sfântă și plăcută lui Dumnezeu: aceasta va fi din partea voastră o slujbă duhovnicească" (Rom. 12:1). Ca urmare, noi trebuie ca, prin Duhul, să omorâm faptele trupului. Această declarație pare a fi atât de crudă; cu toate acestea, ea se află în Biblie.

Permite-mi să te întreb: Cum au fost jertfiți mieii în Vechiul Testament? Au fost omorâți, bineînțeles. Tot astfel și noi: trebuie ca, prin Duhul, să omorâm faptele trupului. Pavel explică: „Dacă trăiți după îndemnurile ei, veți muri; dar dacă, prin Duhul, faceți să moară faptele trupului, veți trăi" (Rom. 8:13). Doar crucea ne oferă o astfel de biruință.

5. *Prin crucea lui Hristos avem biruință asupra lumii.*

Avem nevoie de biruință asupra lumii. Asta este clar. Cum o putem însă obține? Încerc să explic cum ar trebui un creștin să se raporteze la lume, pentru a se asigura că are biruință asupra lumii. Isus ne spune: „V-am spus aceste lucruri ca să aveți pace în Mine. În lume veți avea necazuri; dar îndrăzniți, Eu am biruit lumea" (Ioan 16:33). Adevărul este că, prin crucea lui Hristos, și noi am biruit lumea. De ce? Pentru că suntem în Hristos, iar Hristos este în noi. Ca urmare, orice este adevărat cu privire la Hristos, este adevărat și cu privire la noi.

Trebuie să înțelegem că, după cădere, când Adam și Eva au încălcat porunca lui Dumnezeu, lumea a ajuns să fie condusă de însuși Satan. Ioan scrie: „Acum are loc judecata lumii acesteia, acum stăpânitorul lumii acesteia va fi aruncat afară" (Ioan 12:31). Lumea, ca întreg, este numită de Biblie *domeniul întunericului.* În Efeseni, Pavel explică: „în care trăiați odinioară, după mersul lumii acesteia, după domnul puterii văzduhului, a duhului care lucrează acum în fiii neascultării" (Efes. 2:2). Ambele pasaje se referă la faptul că lumea aceasta este stăpânită de Satan, numit „stăpânitorul lumii acesteia" și „domnul puterii văzduhului".

Biblia ne îndeamnă: „Nu iubiți lumea, nici lucrurile din lume. Dacă iubește cineva lumea, dragostea Tatălui nu este în El" (1 Ioan 2:15). Toată loialitatea noastră trebuie să fie direcționată spre Dumnezeu și spre Împărăția Lui. Noi nu trebuie să facem compromisuri cu lumea, sau să o simpatizăm. Să nu ne lăsăm înșelați. Toată lumea se află sub puterea celui rău, după cum este scris: „Știm că suntem din Dumnezeu și că toată lumea zace în cel rău" (Ioan în 1 Ioan 5:19). Să nu facem confuzia între **lume** – ființele umane care au nevoie de mântuire, și **lumea** – sistem corupt și rău. Dumnezeu iubește lumea, îi iubește pe oamenii din lume. El L-a dat deja pe Fiul Său pentru întreaga lume. Versetul principal al Bibliei ne confirmă acest lucru: „Fiindcă atât de mult a iubit Dumnezeu **lumea**, că a dat pe singurul lui Fiu, pentru ca oricine crede în El să nu piară, ci să aibă viața veșnică" (Ioan 3:16).

Isus a venit să distrugă lucrările diavolului. Ioan scrie: „Fiul lui Dumnezeu S-a arătat ca să nimicească lucrările diavolului" (1 Ioan 3:8). După cum știm, Isus a fost ispitit în toate privințele, și totuși a fost fără păcat. De aceea, Satan nu are niciun fel de capete de acuzare reale împotriva Lui. Biblia ne spune: „Căci vine stăpânitorul lumii acesteia. El n-are nimic în Mine" (Ioan 14:30). Când Isus Și-a dat viața pe cruce, El Însuși l-a învins pe diavol, învingând astfel întregul sistem al lumii. Isus Însuși explică acest lucru:

Cum poate Satana să scoată afară pe Satana? Dacă o împărăție este dezbinată împotriva ei însăși, împărăția aceea nu poate dăinui. Și dacă o casă este dezbinată împotriva ei însăși, casa aceea nu poate dăinui. Tot astfel, dacă Satana se răscoală împotriva lui însuși, este dezbinat, și nu poate dăinui, ci s-a isprăvit cu el. Nimeni nu poate să intre în casa unui om tare și să-i jefuiască gospodăria, decât dacă a legat mai întâi pe omul acela tare; numai atunci îi va jefui casa. (Mar. 3:23–27)

Fariseii L-au acuzat pe Isus că scoate demonii cu ajutorul stăpânului demonilor (vezi Mat. 12:24). Ce acuzație neînțeleaptă și nejustificată! Admir modul clar și simplu în care Isus le-a răspuns celor care L-au acuzat (vezi Mat. 12:29 și Mar. 3:23–27, citat mai sus). Domnul este cel care l-a legat pe „omul tare", adică pe Satan, i-a jefuit casa, și ne-a salvat de sub stăpânirea lui. Isus l-a învins pe diavolul chiar pe teritoriul lui. Pavel explică foarte bine: „A dezbrăcat domniile și stăpânirile, și le-a făcut de ocară înaintea lumii, după ce a ieșit biruitor asupra lor prin cruce" (Col. 2:15). Îmi place modul în care explică acest lucru autorul epistolei către Evrei:

Astfel dar, deoarece copiii sunt părtași sângelui și cărnii, tot așa și El Însuși a fost deopotrivă părtaș la ele, pentru ca, prin moarte, să nimicească pe cel ce are puterea morții, adică pe diavolul, și să izbăvească pe toți cei care, prin frica morții, erau supuși robiei toată viața lor. (Evr. 2:14–15)

Lumea, ca sistem de valori, se află într-o opoziție totală față de Împărăția lui Dumnezeu. Vestea bună este că, prin cruce, Isus a biruit lumea. Mai mult, prin cruce noi suntem separați de lume. Pavel scrie cu mare încredere: „În ce mă privește, departe de mine gândul să mă laud cu altceva decât cu crucea Domnului nostru Isus Hristos, prin care lumea este răstignită față de mine, și eu față de lume!" (Gal. 6:14).

Diagrama 6

RĂSTIGNIT FAȚĂ DE LUME

„În ce mă privește, departe de mine gândul să mă laud cu altceva decât cu crucea Domnului nostru Isus Hristos, prin care lumea este răstignită față de mine, și eu față de lume!"
– Galateni 6:14

De aceea, în calitate de ucenici ai lui Hristos, chiar dacă ne confruntăm cu o mare opoziție din partea lumii care ne înconjoară, trăind o viață răstignită, putem umbla în biruința dată de Dumnezeu prin crucea lui Hristos. Uimitor! Slavă Domnului! Aceasta este o veste extraordinar de bună!

6. Prin Trupul lui Hristos pe cruce am murit față de Lege, pentru a trăi pentru Dumnezeu.

Mulți creștini cred, într-adevăr, că mântuirea este prin credința în Isus Hristos, prin har. Însă, când este vorba de trăirea vieții creștine, ei cred că trebuie să se conformeze Legii Vechiului Testament, sau cel puțin unor porțiuni din acesta, cum ar fi cele zece porunci. Pavel a avut de suferit mult din cauza așa-numiților iudaizatori (care predicau Legea), care nu înțelegeau mesajul Evangheliei și interpretau greșit atât slujirea lui Pavel, cât și scrierile lui.

Mai mult, în zelul lor fără pricepere, aceștia au trecut prin bisericile fondate de curând de Pavel, silindu-i pe credincioșii dintre neamuri să se taie împrejur și îndemnându-i să țină Legea. Luca scrie despre acest lucru: „Câțiva oameni, veniți din Iudeea, învățau pe frați și ziceau: Dacă nu sunteți tăiați împrejur după obiceiul lui Moise, nu puteți fi mântuiți" (Fapte 15:1). Din cauza acestei învățături, care s-a răspândit rapid în bisericile din Galatia, Pavel a scris epistola către Galateni.

Pentru a înțelege mai bine argumentul lui Pavel, trebuie să citești și să studiezi amănunțit întreaga epistolă către Galateni. Pavel accentuează: „Cât despre mine, fraților, dacă mai propovăduiesc tăierea împrejur, de ce mai sunt prigonit? Atunci pricina de poticnire a crucii s-a dus!" (Gal. 5:11). Spre sfârșitul epistolei, Pavel scrie: „Toți cei ce umblă după plăcerea oamenilor vă silesc să primiți tăierea împrejur, numai ca să nu sufere ei prigonire pentru crucea lui Hristos" (Gal. 6:12).

Ascultă cu atenție ce spune Pavel: „Căci nici ei, care au primit tăierea împrejur, nu păzesc Legea; ci voiesc doar ca voi să primiți tăierea împrejur, pentru ca să se laude cu trupul vostru" (Gal. 6:13). Înțelegi acum care a fost motivația lor?

Întrebarea pe care Pavel le-a pus-o credincioșilor din Galatia a fost: „Iată numai ce voiesc să știu de la voi: prin faptele Legii ați primit voi Duhul, sau prin auzirea credinței?" (Gal. 3:2). Sunt sigur că, după această întrebare, care a fost ca un *duș rece* pentru cei cărora le-a fost adresată, cele ce au urmat au durut ca și o rană adâncă în trup: „Sunteți așa de nechibzuiți? După ce ați început prin Duhul, vreți acum să sfârșiți prin firea pământească?" (Gal. 3:3). Înțelegi pericolul cu care se confruntau credincioșii din Galatia? Mulți credincioși din zilele noastre, asemenea lor, nu își concentrează eforturile asupra cultivării unei intimități reale cu Duhul Sfânt. Te rog să nu uiți: *Ceea ce nu ne poate mântui, nu ne poate nici sfinți.* Dacă numai Isus ne poate mântui, atunci tot numai El ne poate sfinți.

Diagrama 7

RĂSTIGNIT FAȚĂ DE LUME

„În ce mă privește, departe de mine gândul să mă laud cu altceva decât **cu crucea** Domnului nostru Isus Hristos, prin care lumea este **răstignită față** de mine, și eu față de lume!"
— Galateni 6:14

Îmi place modul în care explică apostolul Pavel acest concept: „Tot astfel, frații mei, prin trupul lui Hristos, și voi ați murit în ce privește Legea, ca să fiți ai altuia, adică ai Celui ce a înviat din morți; și aceasta, ca să aducem roadă pentru Dumnezeu" (Rom 7:4). El le explică atât de clar galatenilor: „Căci eu, prin Lege, am murit față de Lege, ca să trăiesc pentru Dumnezeu" (Gal. 2:19). Te îndemn să fii atent la acest verset, în special pentru că face parte din contextul versetului din Galateni 2:20, unul din versetele cele mai bine cunoscute și îndrăgite din această epistolă.

7. *Prin crucea lui Hristos noi suntem transferați din domeniul întunericului în Împărăția Luminii.*

Prin crucea lui Hristos, noi am fost transferați din domeniul întunericului în Împărăția Luminii. Domeniul întunericului este condus de prințul întunericului – *Satan*. Împărăția Luminii este condusă de Prințul Luminii – *Isus Hristos*. Acestea sunt cuvintele Domnului Isus: „Eu sunt Lumina lumii; cine Mă urmează pe Mine, nu va umbla în întuneric, ci va avea lumina vieții"(Ioan 8:12). Pavel proclamă cu ardoare acest adevăr: „El ne-a izbăvit de sub puterea întunericului și ne-a strămutat în Împărăția Fiului dragostei Lui" (Col. 1:13).

Dacă înainte trăiam în întuneric, acum situația este complet diferită. Pavel explică: „odinioară erați întunerec" (Efes. 5:8a). Acum noi facem parte din lumină, după cum este scris: „dar acum sunteți lumină în Domnul" (Efes 5:8b). De aceea suntem îndemnați să umblăm și să trăim potrivit acestui lucru, și anume: „Umblați deci ca niște copii ai luminii" (Efes. 5:8c). Această umblare se diferențiază prin roadele luminii, cum ar fi: bunătate, neprihănire și adevăr.

Datorită lucrării minunate săvârșite de Hristos pe crucea Calvarului, ochii noștri, care au fost orbiți odinioară de vrăjmașul sufletelor noastre, au fost luminați de Cuvânt, prin Duhul. Astfel, noi ne-am întors „de la întuneric la lumină, și de sub puterea Satanei la Dumnezeu" (Fapte 26:18). Slavă Domnului! Datorită lucrării minunate a lui Hristos pe cruce, acum „sunteți fii ai luminii și fii ai zilei" (1 Tes. 5:50). Îi îndemn pe toți cititorii să fie atenți la timpul verbului pe care îl folosește Pavel: *sunteți* (timpul prezent), și nu *veți fi* (timpul viitor). Ce privilegiu! Acum îi aparținem lui Dumnezeu. Suntem o seminție aleasă, o preoție împărătească, un neam sfânt, un popor pe care Dumnezeu și L-a câștigat ca să fie al Lui (cf. 1 Pet. 2:9). Ce onoare! Acum, noi suntem chemați să proclamăm „puterile minunate ale Celui ce [ne]-a chemat din întuneric la lumina Sa minunată" (1 Pet. 2:9b).

În calitate de copii ai luminii, suntem în procesul de a ne

dezbrăca de orice lucru care aparține întunericului, pentru a-l pune deoparte, și de a ne pregăti tot mai mult, în fiecare zi, să „ne îmbrăcăm cu armele luminii" (Rom 13:12).

Diagrama 8

ÎMPĂRĂȚIA LUI HRISTOS

DOMENIUL ÎNTUNERICULUI

ÎMPĂRĂȚIA LUI HRISTOS

„El ne-a izbăvit de sub puterea (domeniul) întunericului, și ne-a strămutat în Împărăția Fiului dragostei Lui."
— Coloseni 1:13

De aceea, suntem îndemnați să nu avem nimic de-a face cu „lucrările neroditoare ale întunericului", ba mai degrabă să le osândim (Efes. 5:11).

Pe tot parcursul istoriei Bisericii a existat, desigur, o luptă între domeniul întunericului și Împărăția Luminii, care va continua până la venirea lui Hristos. Totuși, haideți să înțelegem odată pentru totdeauna că această luptă nu este împotriva *cărnii* și a *sângelui*. Biblia ne spune: „Căci noi n-avem de luptat împotriva cărnii și sângelui, ci împotriva căpeteniilor, împotriva domniilor, împotriva stăpânitorilor întunerecului acestui veac, împotriva duhurilor răutății care sunt în locurile cerești" (Efes. 6:12).

Vestea bună este că Hristos a biruit toate aceste forțe spirituale. Datorită crucii, prin El, suntem biruitori. Am menționat acest lucru înainte, însă se merită să-l repet: „A dezbrăcat domniile și stăpânirile, și le-a făcut de ocară înaintea lumii, după ce a ieșit biruitor asupra lor prin cruce" (Col. 2:15).

În concluzie, putem declara cu încredere, în Hristos, în ciuda oricărei opoziții, că suntem mai mult decât biruitori. Îți sugerez să citești următoarele versete cu voce tare:

Totuși, în toate aceste lucruri noi suntem mai mult decât biruitori, prin Acela care ne-a iubit. Căci sunt bine încredințat că nici moartea, nici viața, nici îngerii, nici stăpânirile, nici puterile, nici lucrurile de acum, nici cele viitoare, nici înălțimea, nici adâncimea, nici o altă făptură nu vor fi în stare să ne despartă de dragostea lui Dumnezeu, care este în Isus Hristos, Domnul nostru. (Rom. 8:37–39)

Amin. Așa să ne ajute Dumnezeu pe toți!

Capitolul 5: Puterea Crucii

[26] Dietrich Bonhoeffer, *Costul uceniciei*, traducere de Ligia Taloș, Peregrinul, Cluj-Napoca, 2009, p. 42.

[27] Tip – o definiție simplă ar putea fi: Un tip este o umbră aruncată pe paginile istoriei Vechiului Testament de către un adevăr a cărui întrupare deplină, sau antitip, se găsește în revelația Noului Testament. O explicație simplă: prototipurile au o natură profetică. Prototipurile sunt desemnate a fi o parte integrală a istoriei răscumpărării. Într-un fel sau altul, prototipurile țintesc spre Hristos.

[28] Pentru o listă mai lungă a prototipurilor lui Hristos, poți consulta cartea lui R. A. Torrey, *The New Topical Text Book*, 1897.

[29] Valy Văduva, *Three Kinds of Disciples*, Audio, Ypsilanti, MI: Upper Room Fellowship Ministry, 2007.

[30] A.W. Tozer, *Man, The Dwelling Place of God*, accesat pe 20 mai 2017, https://www.worldinvisible.com/library/tozer/5j00.0010/5j00.0010.10.htm.

[31] Tetelestai. bible.org. Accesat pe 10 octombrie 2022. https://bible.org/question/what-does-greek-word-tetelestai-mean.

[32] Watchman Nee, *Viața creștină normală*, Lampadarul de Aur, Oradea, 2003, p. 32.

[33] Brandon O'Brien, „What does it mean to be dead to sin?" Accesat pe 21 aprilie 2015. http://www.christianitytoday.com/biblestudies/bible-answers/theology/dead-to-sin.html

[34] Pentru mai multe explicații cu privire la termenul *fire*, te rog să consulți capitolul 2.

[35] L.E. Maxwell, *Born Crucified*, Moody Press, Chicago, 1973, p. 86-87.

Întrebări de reflecție

Te rog să reflectezi la următoarele întrebări, apoi să împărtășești gândurile cu mentorul tău sau cu grupul de ucenicie creștină.

1. Ce ți-a plăcut cel mai mult din acest capitol? Te rog să scrii toate detaliile.

2. Ce concepte noi ai învățat din acest capitol? Te rog să le enumeri în mod detaliat.

3. Ce părere ai despre relația dintre credință și crucea Lui Hristos? Dar despre centralitatea și semnificația crucii?

4. Te rog să elaborezi cu privire la efectele și beneficiile crucii:
   4.1. Prin cruce avem acces la viața înviată, supranaturală a lui Hristos

   4.2. Prin crucea lui Hristos am fost strămutați din Adam în Hristos

   4.3. Prin crucea lui Hristos avem biruință asupra păcatului

   4.4. Crucea lui Hristos ne asigură victoria asupra firii pământești

   4.5. Prin crucea lui Hristos avem biruință asupra lumii

   4.6. Prin Trupul lui Hristos pe cruce am murit față de Lege pentru a trăi pentru Dumnezeu

   4.7. Prin crucea lui Hristos noi suntem strămutați din Domeniul Întunericului în Împărăția Luminii

5. Care au fost cele mai mari momente ale tale aha după ce ai citit acest capitol?

6. O INIMĂ NOUĂ

Vă voi da o inimă nouă şi voi pune în voi un duh nou; voi scoate din trupul vostru inima de piatră, şi vă voi da o inimă de carne.
Ezechiel 36:26

Ci iată legământul, pe care-l voi face cu casa lui Israel, după zilele acelea, zice Domnul: Voi pune Legea Mea înlăuntrul lor, o voi scrie în inima lor; şi Eu voi fi Dumnezeul lor, iar ei vor fi poporul Meu.
Ieremia 31:33

Cu ceva timp în urmă, Duhul Sfânt mi-a dat îndemnul de a cerceta atent subiectul *inimii.* Am avut o experienţă minunată studiind şi reflectând la Cuvântul lui Dumnezeu. Domnul mi-a vorbit profund şi clar prin Cuvântul Său! Slavă Lui!

Inima omului

Am fost uimit de faptul că termenul „inima" (*lebab/leb* în ebraică, *kardia* în greacă), apare de peste 750 de ori în Biblie, fiind termenul antropologic cel mai des întâlnit din Scripturi. Acest lucru ar trebui să ne facă pe toţi să înţelegem că Dumnezeu este foarte interesat de inima omului şi de realitatea stării sale spirituale. Trebuie să menţionez faptul că, aproape de fiecare dată şi cu foarte puţine excepţii, atunci când Biblia vorbeşte despre inimă **nu** se referă la *organul intern al sistemului circulator, care asigură circulaţia sângelui.* Când Cuvântul lui Dumnezeu vorbeşte despre inimă se referă la *centrul de comandă al unei persoane, care determină atât activităţile fizice, cât şi cele emoţionale, intelectuale şi morale.* În esenţă, inima este partea cea mai vitală şi lăuntrică a unei fiinţe umane; ceea ce este o persoană în esenţa ei; centrul tuturor emoţiilor, dispoziţiilor, şi atributelor umane. În inimă sunt înmagazinate sentimentele cele mai profunde (dragoste plină de afecţiune, generozitate, compasiune, curaj şi entuziasm), gândurile şi angajamentele omului.[36]

Uneori termenul este folosit la figurat, referindu-se la un lucru de nepătruns, aflat adânc în interiorul fiinţei umane. Când citeşti Biblia, nu pierde din vedere această importantă distincţie. Atunci când ne naştem din nou, Duhul Sfânt locuieşte într-o inimă nouă. Prin acest fel de inimă, copiii lui Dumnezeu pot comunica cu Tatăl lor ceresc.

Te invit să călătorim împreună prin diferitele pasaje biblice ce ne vorbesc despre inimă, pentru a vedea ce vrea Dumnezeu să ne descopere despre ea.

Înainte de a începe această călătorie, aş dori să împărtăşesc cu tine ce mi-a pus Duhul Sfânt pe inimă. El mi-a atras atenţia asupra a trei pasaje din Vechiul Testament:

- Iosua15:13–20
- 1 Cronici 4:9–10
- 1 Cronici 12:32

După ce am citit pasajele de cincizeci de ori, m-am rugat pentru înţelepciune şi înţelegere, ca să pot trăi din toată inima mea ca un ucenic autentic. M-am rugat, de asemenea, pentru cunoştinţă şi discernământ, pentru a înţelege cum se poate pregăti Biserica pentru revenirea lui Hristos, lucrând în acelaşi timp pentru lărgirea Împărăţiei lui Dumnezeu.

O inimă curată

Pasajul din Iosua 14:6–14 mi-a vorbit într-un mod deosebit. Te rog să deschizi Biblia şi să citeşti versetele chiar acum, pentru a te familiariza cu această istorisire.

În versetul 7, Caleb a declarat: „Eram în vârstă de patruzeci de ani când m-a trimis Moise, robul Domnului, din Cades-Barnea, ca să iscodesc ţara, şi i-am adus ştiri aşa cum îmi spunea inima mea curată". Versetul acesta, mai ales partea a doua, mi-a străpuns inima.

- Versiunea NIV în limba engleză redă ultima parte a acestui verset astfel: „potrivit convingerilor mele".
- Traducerea Contemporary English Version (CEV) spune: „Tot ce am spus a fost adevărat".
- În traducerea Good News (GNT), versetul spune: „un raport cinstit".
- Traducerea God's Word (GW) redă: „Un raport cinstit și corect"
- În final, Biblia în limba română traduce aceste cuvinte astfel: „cum îmi spunea inima mea curată."

Aceste detalii mărunte sunt extrem de importante! Inima cinstită (și curată) a lui Caleb l-a salvat de la moarte și a făcut să aibă trecere înaintea lui Dumnezeu. Lucrul acesta a avut niște urmări colosale în decursul istoriei. Gândește-te puțin: dintr-un grup de peste un milion de bărbați, doar Caleb și Iosua au intrat în Țara Promisă. Acest lucru m-a făcut să studiez subiectul inimii omului, mai ales:

1. Ce face ca inima să fie *necurată* și *împietrită* și
2. Cum putem avea o inimă *curată* și *ușor de modelat*

Dacă o inimă cinstită și curată l-a diferențiat pe Caleb atât de clar de restul liderilor Israelului, asta înseamnă că Dumnezeu e extrem de interesat de starea inimilor noastre. Ca urmare, am trecut la lucru. Ceea ce Cuvântul mi-a comunicat e absolut fenomenal!

Dumnezeu dorește să dezvolte lideri: ucenici care să fie în stare să schimbe cursul istoriei. Numeri 13:1–2 ne relatează despre niște bărbați care au fost trimiși să exploreze țara Canaanului. Observă te rog că oamenii aceștia nu erau niște oameni obișnuiți, ci erau lideri în triburile din care făceau parte.

Când Dumnezeu ne trimite pe câmpul de misiune pentru a face lucrarea Sa, El dorește să privim la **roade**, și nu la **obstacole**. Potrivit pasajului din Num. 13:17–20, explorarea țării a avut loc în timpul „când încep să se coacă strugurii.". Duhul Sfânt m-a ajutat să înțeleg că Dumnezeu i-ar fi putut trimite în țara aceea în timpul oricărui alt anotimp, însă Domnul timpului și al veșniciei, care știe sfârșitul de la bun început, a ales în mod intenționat acest anotimp al coacerii. Roadele sunt direct proporționale cu obstacolele (în cazul acesta, uriașii). Biblia ne spune că spionii au urmat poruncile lui Moise, care veneau direct de la Dumnezeu. Te rog să citești cu atenție Num. 13:21–27. Din acest pasaj înțelegem clar că toți liderii Israelului au văzut aceleași lucruri:

a. Uriași (v. 22)
b. Roade foarte mari (v. 23)

Acest lucru m-a impresionat foarte mult. Duhul lui Dumnezeu mi-a deschis ochii pentru a-l înțelege. De fiecare dată când dorim succes (adică *roade mari*) în slujire, sau ne așteptăm să avem succes, trebuie să ne așteptăm și la o opoziție sau la obstacole mari (adică *uriași*). Când liderii au inimi pline de frică și necurăție, ei pot vedea doar *obstacole*, și nu *biruință* în Numele lui Dumnezeu. Ceea ce m-a surprins în mod deosebit a fost raportul dat de acești zece lideri lui Moise și poporului lui Israel: „Dar poporul care locuiește în țara aceasta este puternic, cetățile sunt întărite și foarte mari. Ba încă am văzut acolo și pe fiii lui Anac". Mai mult, bărbații care plecaseră împreună cu Caleb au spus: „Nu putem să ne suim împotriva poporului acestuia, căci este mai tare decât noi" (Num. 13:29, 31). Totuși, ceea ce este chiar mai impresionant este *raportul minorității*. Cei doi lideri ce aveau inimi cinstite (și curate) au crezut că biruința lui Dumnezeu este mai mare decât orice obstacol. Caleb a potolit poporul, care cârtea împotriva lui Moise. El a zis: „Haidem să ne suim, și să punem mâna pe țară, căci vom fi biruitori!" (Num. 13:30). Liderii cu inimi pline de frică (și necurăție) deformează, sucesc și exagerează realitatea, înspăimântând inimile deja slabe ale oamenilor.

Cuvântul lui Dumnezeu ne spune:

Și au înnegrit înaintea copiilor lui Israel tara pe care o iscodiseră. Ei au zis: „Tara pe care am străbătut-o, ca s-o iscodim, este o tara care mănâncă pe locuitorii ei; toți aceia pe cari i-am văzut acolo sunt oameni de statură înaltă. Apoi am mai văzut în ea pe uriași, pe copiii lui Anac, care se trag din neamul uriașilor: înaintea noastră și față de ei parcă eram niște lăcuste. (Num. 13:32–33)

Pe baza raportului negativ pe care l-a dat majoritatea, israeliții și-au dorit mai degrabă *să moară* decât *să trăiască*. Este greu de crezut, nu-i așa?

Toată adunarea a ridicat glasul și a început să țipe. Și poporul a plâns în noaptea aceea. Toți copiii lui Israel au cârtit împotriva lui Moise și lui Aaron, și toată adunarea le-a zis: „De ce n-om fi murit noi în țara Egiptului, sau de ce n-om fi murit în pustia aceasta?" (Num. 14: 1–2)

Uimitor! Ce întâmplare! Oamenii cu inimile copleșite de frică și necurăție își prorocesc singuri soarta – *moarte în pustie.* Să fim atenți! Cuvintele rostite, rapoartele și declarațiile – au putere asupra vieților noastre și ne pot influența viitorul. Iată cuvintele lor: „Pentru ce ne duce Domnul în țara aceasta, în care vom cădea uciși de sabie, iar nevestele noastre și copilașii noștri vor fi de jaf?" (Num. 14:3a). Mai mult, oamenii cu o inimă plină de frică preferă să se întoarcă în Egipt decât să se încreadă în Dumnezeu și să se lupte pentru promisiunile Lui: „Nu este mai bine să ne întoarcem în Egipt?" (Num. 14:3b). Să nu pierdem din vedere modul în care cele de mai sus ni se aplică nouă, celor din ziua de astăzi. Egiptul simbolizează lumea. Dacă nu suntem atenți la ceea ce se întâmplă în inimile noastre, putem fi paralizați de frica de oameni și de necunoscut. Și noi putem fi copleșiți de teama de „uriași" – obstacole mari în calea noastră – și să începem să facem compromisuri cu lumea. Vestea bună este că liderii care au o inimă cinstită și plină de speranță adoptă o poziție radicală de ascultare față de Dumnezeu și evitare a compromisului, în ciuda opoziției mulțimilor. Scriptura ne spune: „Iosua, fiul lui Nun, și Caleb, fiul lui Iefune, și-au rupt hainele, și au vorbit astfel întregii adunări a copiilor lui Israel: «Țara pe care am străbătut-o noi ca s-o iscodim este o țară foarte bună, minunată»" (Num. 14:6). Mai mult de-atât, în situații critice, liderii vizionari fac tot ce pot mai bine pentru a direcționa inimile oamenilor spre ascultare și o încredere radicală în Dumnezeu. Ascultă cuvintele ce urmează: „Numai nu vă răzvrătiți împotriva Domnului, și nu vă temeți de oamenii din țara aceea, căci îi vom mânca. Ei nu mai au nici un sprijin: Domnul este cu noi, nu vă temeți de ei!" (Num. 14:9).

Atunci când procedează astfel, cei cu intenții bune sunt întotdeauna în pericol din partea mulțimilor: „Toată adunarea vorbea să-i ucidă cu pietre" (Num. 14:10a). Totuși, liderii cu o inimă cinstită sunt salvați de gloria lui Dumnezeu: „slava Domnului s-a arătat peste cortul întâlnirii, înaintea tuturor copiilor lui Israel" (Num. 14:10b).

Am descoperit ceva foarte interesant și, în același timp, înfricoșător: oamenii cu o inimă necurată și-au profețit singuri nimicirea. Într-adevăr, aceasta este ceea ce s-a întâmplat cu ei. Cei care au urmat liderii cu o inimă necurată nu au văzut biruința Domnului și au murit în deșert.

Biblia ne spune:

Spune-le: „Pe viața Mea! – zice Domnul – că vă voi face întocmai cum ați vorbit în auzul urechilor Mele. Trupurile voastre moarte vor cădea în pustia aceasta. Voi toți, a căror numărătoare s-a făcut, numărându-vă de la vârsta de douăzeci de ani în sus, și care ați cârtit împotriva Mea, nu veți intra în țara pe care jurasem că vă voi da-o s-o locuiți, afară de Caleb, fiul lui Iefune, și Iosua, fiul lui Nun." (Num. 14:28–30)

În plus, liderii care au dus mulțimii raportul negativ, un raport care se împotrivea promisiunilor lui Dumnezeu, au sfârșit printr-o moarte năprasnică.

Iosua scrie:

Bărbații pe care îi trimisese Moise să iscodească țara, și care, la întoarcerea lor, făcuseră ca toată adunarea să cârtească împotriva lui, înnegrind țara; oamenii aceștia, care înnegriseră țara, au murit acolo înaintea Domnului, loviți de o moarte năprasnică. (Num. 14:36–37)

Găsim, pe tot parcursul Bibliei, mărturie după mărturie despre credincioşia şi bunătatea lui Dumnezeu. El cunoaşte oamenii cu tot ce este înlăuntrul lor. Dumnezeu îi răsplăteşte pe cei cu o inimă curată. În Numeri este scris: „Numai Iosua, fiul lui Nun, şi Caleb, fiul lui Iefune, au rămas cu viaţă dintre oamenii aceia care se duseseră să iscodească ţara" (Num. 14:38). De aici putem trage concluzia că o inimă curată reprezintă o garanţie a binecuvântării lui Dumnezeu. Isus declară: „Ferice de cei cu inima curată, căci ei vor vedea pe Dumnezeu!" (Mat. 5:8).

O inimă bolnavă

Pe baza celor descrise în capitolele 14 şi 15 din Numeri, vedem că inima creează mari probleme. Avem de a face, de fapt, cu o *boală*. Dacă nu ne-am convins încă de aceasta, să privim la alte pasaje. Cartea Genezei relatează că, după ce Adam şi Eva au căzut în păcat, inima omului a ajuns să fie înclinată spre rău. Moise scrie: „Domnul a văzut că răutatea omului era mare pe pământ, şi că toate întocmirile gândurilor din inima lui erau îndreptate în fiecare zi numai spre rău" (Gen. 6:5). Însuşi Dumnezeu declară că oamenii au o înclinaţie spre rău, încă din tinereţea lor. Aceasta înseamnă că inima bolnavă este ereditară. Biblia ne spune: „Domnul a mirosit un miros plăcut; şi Domnul a zis în inima Lui: «Nu voi mai blestema pământul, din pricina omului, pentru că întocmirile gândurilor din inima omului sunt rele din tinereţea lui; şi nu voi mai lovi tot ce este viu, cum am făcut»" (Gen. 8:21).

Avem multe alte versete biblice care indică faptul că oamenii suferă de o *„boală a inimii"*, cum ar fi: Prov. 6:14, 11:20, Ier. 17:9; Ezec. 11:21; Osea 5:4, 7:2; Mat. 12:34, 15:18–19; Mar. 7:6, 21; Rom. 2:5, Efes. 4:18 şi Evr. 3:10 şi altele.

O boală fatală

De la cădere şi până în ziua de astăzi, toţi oamenii suferă de o boală a inimii. Ceva dinlăuntrul omului *a putrezit* şi nu a mai putut fi reparat cu ajutorul propriilor resurse sau eforturi. După cum este scris: „Răscumpărarea sufletului lor este aşa de scumpă, că nu se va face niciodată" (Ps. 49:8). Chiar dacă acest lucru a fost deja menționat în altă parte, este important să-l repetăm aici; teologii numesc această stare *moarte spirituală*.

Apostolul Pavel explică acest concept foarte clar în epistola către Efeseni. El scrie:

> Voi erați morți în greșelile și în păcatele voastre, în care trăiați odinioară, după mersul lumii acesteia, după domnul puterii văzduhului, a duhului care lucrează acum în fiii neascultării. Între ei eram și noi toți odinioară, când trăiam în poftele firii noastre pământești, când făceam voile firii pământești și ale gândurilor noastre, și eram din fire copii ai mâniei, ca și ceilalți. (Efes. 2:1–3)

Legea Vechiului Testament nu a putut să ofere nicio soluție la o astfel de boală. Ca urmare, omenirea era cu totul pierdută. Pavel explică: „Totuși, fiindcă știm că omul nu este socotit neprihănit prin faptele Legii... pentru că nimeni nu va fi socotit neprihănit prin faptele Legii" (Gal. 2:16). Un alt scriitor din Noul Testament ne spune: „Nu ca legământul, pe care l-am făcut cu părinții lor, în ziua când i-am apucat de mână, ca să-i scot din țara Egiptului. Pentru că n-au rămas în legământul Meu, și nici Mie nu Mi-a păsat de ei, zice Domnul" (Evr. 8:9).

După cum poate că ai observat, problema a fost și este încă extrem de serioasă. Această „boală a inimii" afectează milioane de oameni și, dacă nu este tratată adecvat, le va fi fatală!

Marea soluție

După căderea în păcat, Creatorul a privit îndeaproape la starea omenirii și a declarat că o astfel de suferință spirituală nu poate continua la nesfârșit. În cartea Genezei ni se spun următoarele: „Atunci Domnul a zis: «Duhul Meu nu va rămânea pururea în om, căci și omul nu este decât carne păcătoasă»" (Gen. 6:3).

Îmi pot imagina că și Marele Medic, Isus Hristos, a privit la condiția omenirii și, plin de o dragoste nemărginită, a spus: *Există o soluție!* Toți îngerii au întrebat: *Ce soluție, ce soluție?* Marele Medic a răspuns: *Un transplant de inimă! Trebuie doar să găsim un donator care să salveze omenirea.* Îmi închipui că, atunci când conversația a ajuns la acest moment, în cer s-a făcut o mare tăcere. Nimeni nu s-a oferit ca *donator!* Îmi închipui că inima lui Dumnezeu Tatăl a întrebat, cu durere: *Pe cine să trimit, și cine va merge pentru Noi?* În acest moment, Marele Medic a rostit cuvintele memorabile: „Eu am răspuns: «*Iată-mă, trimite-mă!*»" (Is. 6:8). Soluția pentru „vindecarea" omenirii L-a costat pe Creator Însuși viața unicului Său Fiu. Iată inima lui Dumnezeu, și mesajul central spiritual al întregii Biblii: „Fiindcă atât de mult a iubit Dumnezeu lumea, că a dat pe singurul Lui Fiu, pentru ca oricine crede în El, să nu piară, ci să aibă viață veșnică" (Ioan 3:16).

Un transplant de inimă

Profeții Vechiului Testament au prezis acest *transplant de inimă* fenomenal, pe care Dumnezeu l-a avut în minte. Iată una dintre profețiile cele mai clare în această privință:

> Vă voi da *o inimă nouă*, și voi pune în voi *un duh nou*; <u>voi scoate din trupul vostru *inima de piatră*, și vă voi da o inimă de carne</u>. Voi pune Duhul Meu în voi, și vă voi face să urmați poruncile Mele și să păziți și să împliniți legile Mele. (Ezec. 36:26–27)

Am subliniat fraza folosită de profet pentru a descrie actul extraordinar al lui Dumnezeu, ca să pun accentul pe conceptul spiritual de *transplant de inimă.* Ezechiel nu este singurul care a profețit despre acest fenomen; și Ieremia a vorbit despre aceasta în 31:31–34:

> Iată, vin zile, zice Domnul, când voi face cu casa lui Israel și cu casa lui Iuda un legământ nou. Nu ca legământul, pe care l-am încheiat cu părinții lor, în ziua când i-am apucat de mână, să-i scot din tara Egiptului, legământ pe care l-au călcat, măcar că aveam drepturi de soț asupra lor, zice Domnul. Ci iată legământul, pe care-l voi face cu casa lui

Israel, după zilele acelea, zice Domnul: <u>Voi pune Legea Mea</u> <u>înlăuntrul lor, o voi scrie în inima lor; și Eu voi fi Dumnezeul</u> <u>lor, iar ei vor fi poporul Meu.</u> Niciunul nu va mai învăța pe aproapele, sau pe fratele său, zicând: Cunoaște pe Domnul! Ci toți Mă vor cunoaște, de la cel mai mic până la cel mai mare, zice Domnul; căci le voi ierta nelegiuirea, și nu-Mi voi mai aduce aminte de păcatul lor.

Aceste adevăruri sunt afirmate din nou în Noul Testament de autorul cărții către Evrei, care le citează:

„Iată legământul pe care-l voi face cu ei după acele zile, zice Domnul: voi pune legile Mele în inimile lor, și le voi scrie în mintea lor", adaugă: „Și nu-Mi voi mai aduce aminte de păcatele lor, nici de fărădelegile lor." (Evr. 10:16–17)

Nu este ceva extraordinar? Desigur că este! Slavă Domnului! Numai Dumnezeu poate face așa ceva.

O făptură nouă

Cel care Îl întâlnește pe Dumnezeu prin credință și intră într-o relație de legământ cu El, prin Isus Hristos, devine o *făptură nouă*. Legea Vechiului Testament nu a fost în stare să facă acest lucru. Religia, indiferent care ar fi ea, nu poate face aceasta. Evoluția, indiferent de câte miliarde de ani îi acordăm, nu poate realiza acest lucru. Niciun efort uman, indiferent de cât de inteligent ar fi direcționat, nu poate aduce perfecțiunea condiției umane. Numai Dumnezeu o poate face! El a făcut-o deja. A făcut-o prin darul minunat pe care l-a oferit în persoana Fiului Său – Isus Hristos. Noi nu putem dobândi acest dar prin eforturile noastre. Nu putem lucra pentru el. Tot ceea ce putem face este să-l primim prin credință, fiind de acord cu Cuvântul lui Dumnezeu, care spune că Isus Și-a încheiat lucrarea la Calvar; El a finalizat lucrarea cu două mii de ani în urmă. Cum putem dobândi darul Lui? Acest lucru se poate obține pe baza unei pocăințe adevărate, recunoscând că am fost născuți în păcat (Ps. 51:5) și că suntem păcătoși (Luca 5:8b).

Pavel scrie: „Căci prin har ați fost mântuiți, prin credință. Și aceasta nu vine de la voi; ci este darul lui Dumnezeu. Nu prin fapte, ca să nu se laude nimeni" (Efes. 2:8,9). Cu alte cuvinte, datorită relației noastre cu Isus Hristos, noi experimentăm această transformare fenomenală. El este Singurul care ne înnoiește complet ființa, după cum este scris: „Căci dacă este cineva în Hristos, este o făptură nouă. Cele vechi s-au dus: iată că toate lucrurile s-au făcut noi" (2 Cor. 5:17). De fapt, în lumina acestui verset, putem spune că Dumnezeu ne-a re-creat.

Concluzii

1. A fi o făptură nouă în Hristos înseamnă mai mult decât că toate păcatele ți-au fost iertate.

Iertarea de păcate este importantă. Promisiunea că vom ajunge în cer când vom muri este ceva bun, însă a fi o făptură nouă este minunat, adevăr pe care trebuie să-l scoatem în evidență.

Îmi place ce scrie David Needham în această privință:

Spre deosebire de multe învățături populare, să devii creștin înseamnă mai mult decât că ți se ia ceva (ți se iartă păcatele) sau ți se dă ceva (o natură nouă, plus asistența Duhului Sfânt); înseamnă că devii o făptură nouă, ceva ce n-ai fost înainte. Când devii creștin ești justificat + împăcat cu Dumnezeu și regenerat.[37]

2. Inima nouă determină ceea ce facem.

Evanghelia lui Hristos nu are de-a face cu modificarea comportamentului. Isus nu a venit să întărească Legea lui Moise; El a venit să ne dea o viață nouă, o direcție nouă și un destin nou. Lucrarea lui Dumnezeu, prin Duhul Sfânt, este una de transformare totală a lăuntrului omului.

Neil T. Anderson scrie:

Înțelegerea identității tale în Cristos este esențială pentru a

91

trăi o viaţă creştină. Oameni nu se pot comporta în mod consecvent într-un fel care este incompatibil cu propria imagine despre sine. Nu te schimbi prin percepţia pe care o ai. Percepţia despre tine însuţi se schimbă prin credinţa în adevăr. Dacă imaginea pe cer o ai despre tine este falsă vei trăi o viaţă falsă, întrucât ceea ce crezi nu este adevărat. Dacă te gândeşti că eşti un trântor bun de nimic, vei duce, probabil, o viaţă de trântor bun de nimic. Însă dacă te vezi ca pe un copil al lui Dumnezeu, care este viu spiritual în Cristos, vei începe să trăieşti ca atare. Pe lângă o cunoaştere a lui Dumnezeu, o cunoaştere a ceea ce eşti tu de fapt, este de departe cel mai important adevăr pe care îl poţi deţine.[38]

Mă rog ca toţi credincioşii născuţi din nou să-şi cunoască identitatea spirituală şi să trăiască conform cu aceasta.

Întrebări de reflecţie

Te rog să reflectezi la următoarele întrebări, apoi să-ţi împărtăşeşti gândurile cu mentorul tău sau cu grupul de ucenicie creştină.

1. Ce ţi-a plăcut cel mai mult din acest capitol? Te rog să dai câteva detalii.

2. Ce concepte noi ai învăţat din acest capitol? Te rog să le enumeri şi să le dezvolţi.

3. Ce înseamnă să te naşti cu „inima bolnavă"? Care este cauza principală pentru această „boală fatală"?

4. În cuvintele tale, te rog să explici următoarele concepte teologice:
   4.1. Ce înseamnă să primeşti un transplant de inimă spiritual? Te rog să detaliezi pe scurt.

   4.2. Ce înseamnă să fii o nouă creaţie? Explică pe scurt.

5. Care adevăruri din acest capitol te-au frapat cel mai mult? Te rog să le enumeri şi să explici pe scurt.

6: O inimă nouă

[36] Inima. Notă: definiţia lui Webster este adaptată de autor. Sursa: www.merriam-webster.com. Accesat pe 27 februarie 2018. https://www.merriam-webster.com/dictionary/heart.

[37] David Needham, *Alive for the First Time*, Sisters, OR: Questar Publishers, 1995, p. 72-73.

[38] Neil T. Anderson, *Biruinţă asupra întunericului*, Aqua Forte, Cluj-Napoca, 2008, p. 34.

7. CEL MAI MARE SCHIMB CARE A AVUT LOC VREODATĂ

Dar cei ce se încred în Domnul își înnoiesc puterea, ei zboară ca
vulturii; aleargă și nu obosesc, umblă și nu ostenesc.
Isaia 40:31

Am fost răstignit împreună cu Hristos, și trăiesc... dar nu mai trăiesc
eu, ci Hristos trăiește în mine. Și viața, pe care o trăiesc acum în trup,
o trăiesc în credința în Fiul lui Dumnezeu, care m-a iubit și S-a dat pe
Sine însuși pentru mine.
Galateni 2:20

Viața schimbată este rezultatul *marelui schimb* care a avut loc la cruce.
În Hristos, odată cu răstignirea Fiului lui Dumnezeu, întreaga rasă
adamică a fost răstignită. Orice persoană care-L acceptă pe Isus
Hristos ca fiind viața sa, experimentează o *viață schimbată* – un
schimb de la viața centrată pe sine la suficiența lui Hristos.

Pavel ating esența *vieții schimbate* atunci când scrie: „Am fost
răstignit împreună cu Hristos, și trăiesc... dar nu mai trăiesc eu, ci
Hristos trăiește în mine. Și viața, pe care o trăiesc acum în trup, o
trăiesc în credința în Fiul lui Dumnezeu, care m-a iubit și S-a dat pe
Sine Însuși pentru mine" (Gal. 2:20). Aceasta este o declarație
fenomenală! Pavel ne spune că a fost unit cu Hristos pe cruce, în
toate aspectele: *moarte, îngropare, înviere* și *înălțare*. Aceasta nu este
o metaforă, ci un adevăr spiritual profund.

Îmi place, de asemenea, modul în care Richard F. Hall exprimă
acest lucru:

Viaţa schimbată este schimbul (cu Hristos pe cruce) unei vieţi centrate pe sine – trăită de creştin prin propriile lui resurse, ca şi cum el s-ar afla încă în Adam – cu o viaţă centrată pe Hristos, trăită prin resursele lui Hristos, datorită faptului că el (creştinul) este în Hristos.[39]

Pe scurt, aceasta este viaţa schimbată.

Viaţa schimbată

Termenul „viaţă schimbată" este preluat din pasajul bine-cunoscut din Isaia 40:31. Traducerile în limba engleză fac referire la cei care Îl aşteaptă pe Domnul, sau nădăjduiesc în El, pentru a-şi înnoi puterea. Unele comentarii şi Biblii de studiu care analizează acest verset evidenţiază faptul că traducerea literală a cuvântului ebraic pentru *înnoire* este *schimb*. Cei care Îl aşteaptă pe Domnul vor *schima* tăria lor cu tăria Lui, după cum scrie în versetele 25–30... J. Hudson Taylor a popularizat termenul „viaţă schimbată" mărturisind, în capitolul 14 al cărţii *Secretul spiritual al lui Hudson Taylor*, modul în care Dumnezeu l-a făcut un om nou.[40]

Alţi autori creştini care abordat subiectul vieţii schimbate, o numesc după cum urmează:

- Watchman Nee o numeşte *viaţa creştină normală*.
- Andrew Murray, un autor bine-cunoscut, o numeşte *viaţă mai profundă*.
- Hanna Whitall Smith, care a scris la sfârşitul secolului al XIX-lea şi începutul secolului al XX-lea, numeşte *viaţa fericită a creştinului*.
- Gene Edwards o numeşte *viaţa mai înaltă*.
- Major Ian Thomas se referă la ea ca fiind *viaţa mântuitoare a lui Hristos*.
- Dr. Charles Solomon a inventat, la mijlocul anilor '60 şi începutul anilor '70, termenul *spirito-terapie*, care a

devenit cunoscut sub numele de *consilierea vieții schimbate.*

* Alții o numesc *viața care dăinuie, viața victorioasă* sau *viața din abundență.*

Indiferent de numele, titlul sau descrierea pe care dorești să o folosești pentru *viața schimbată*, o astfel de viață este a fiecărui credincios născut din nou. Viața aceasta nu este pentru un grup special de creștini de elită. Fiecare copil autentic al lui Dumnezeu este destinat să experimenteze și să trăiască „în Hristos" aici pe pământ și exponențial mai mult în veșnicie.

După cum am menționat mai sus, prima întrezărire profetică a acestui fel de viață poate fi găsită în Vechiul Testament, în cartea Isaia: „Dar cei ce Îl așteaptă pe Domnul [care Îl caută și speră în El] își schimbă și înnoiesc [primesc în schimb] tăria și puterea; ei își vor ridica aripile și vor zbura [aproape de Dumnezeu] precum vulturii [zboară aproape de soare]; ei vor alerga și nu vor obosi, vor umbla și nu vor osteni. (Is. 40:31, versiunea amplificată).

Pavel explică *viața schimbată* în Gal. 2:20: „Am fost răstignit împreună cu Hristos, și trăiesc... dar nu mai trăiesc eu, ci Hristos trăiește în mine. Și viața, pe care o trăiesc acum în trup, o trăiesc în credința în Fiul lui Dumnezeu, care m-a iubit și S-a dat pe Sine Însuși pentru mine."

Când Pavel spune „am fost răstignit", el se referă la „vechiul Saul", cel care fusese înainte, pe când era în Adam. Acel „Saul vechi" a murit odată cu Hristos. Aceasta implică o adevărată răstignire a inimii și a voinței. Dar Hristos nu a rămas în mormânt. Oricine știe acest lucru! El a fost înviat din morți. Deci, la înviere, Pavel, care era în Hristos, a venit și el la viață. „În adevăr, dacă ne-am făcut una cu El, printr-o moarte asemănătoare cu a Lui, vom fi una cu El și printr-o înviere asemănătoare cu a Lui" (Rom. 6:5). Mai mult, acum el se bucură de o viață cu totul nouă: „După cum Hristos a înviat din morți, prin slava Tatălui, tot așa și noi să trăim o viață nouă" (Rom. 6:4). Pe baza acestui fapt, Pavel declară: „Hristos trăiește în mine".

Această viață nouă nu este ca cea veche, depinzând de eforturile personale, prin care omul se luptă să se apropie de Dumnezeu, printr-o neprihănire proprie. Aceasta este o viață cu totul nouă, care își are sursa în Adevărata Viță – Hristos, după cum este scris: „Eu sunt Vița, voi sunteți mlădițele" (Ioan 15:5). Pavel continuă: „Și viața pe care *Eu* o trăiesc acum în trup, *Eu* o trăiesc prin credință în Fiul lui Dumnezeu, care m-a iubit și S-a dat pe Sine Însuși pentru mine". Când Pavel vorbește a doua oară la persoana întâia, se referă la „Pavel cel nou", nu la un „Pavel îmbunătățit", sau un Pavel care acum „s-a convertit, trecând la noua Cale", nu. Al doilea *Eu* este o nouă creație în Hristos – „Pavel cel nou" care, vorbind din punct de vedere spiritual, nu a existat înainte. „Căci, dacă este cineva în Hristos, este o făptură nouă. Cele vechi s-au dus: iată că toate lucrurile s-au făcut noi" (2 Cor. 5:17). Acestea sunt realități care trebuie să fie cunoscute de toți creștinii. Ele fac parte din noua „tranzacție" care a fost înregistrată în „registrele de contabilitate cerești", după cum este scris: „Știm bine că omul nostru cel vechi a fost răstignit împreună cu El" (Rom. 6:6).

Frumusețea pasajului din Galateni 2:20 este că adevărurile minunate ascunse în acest verset sunt valabile și pentru noi. Aș dori să ilustrez acest adevăr spiritual, dându-mă pe mine ca exemplu:

Eu, *Valy cel vechi*, am fost răstignit împreună cu Hristos. *Valy cel vechi* este mort. Eu, *Valy cel nou*, Îl am pe Hristos ca sursă de viață, și acum trăiesc prin credința în Fiul lui Dumnezeu.

Nu aceasta este ce spune Pavel?

Căci dragostea lui Hristos ne strânge; fiindcă socotim că, dacă Unul singur a murit pentru toți, toți deci au murit. Și El a murit pentru toți, pentru ca cei ce trăiesc, să nu mai trăiască pentru ei înșiși, ci pentru Cel ce a murit și a înviat pentru ei. (2 Cor. 5:14–15)

După cum am menționat anterior, J. Hudson Taylor este cel care, într-un fel, a consacrat termenul de *viață schimbată*. Într-o scrisoare trimisă din Chinkiang, China, pe 17 Octombrie 1869, îi scrie sorei sale, Amelia, următoarele cuvinte:

Nu sunt mai bun ca înainte (nu pot să spun, într-un fel, că nu doresc să fiu mai bun ca înainte, sau că nu încerc să fiu); însă sunt mort și îngropat cu Hristos... într-adevăr, și înviat

98

și înălțat; iar acum Hristos trăiește în mine, iar *viața, pe care o trăiesc acum în trup, o trăiesc în credința în Fiul lui Dumnezeu, care m-a iubit și S-a dat pe Sine Însuși pentru mine".* Cred acum că sunt mort față de păcat. Dumnezeu mă socotește astfel, și îmi spune că trebuie să mă socotesc și eu astfel. El știe mai bine.[41]

Cei care studiază *viața schimbată* își dau seama că sunt câteva etape importante care duc la această viață mai profundă în Hristos. În urma studiilor mele și a modului în care am primit călăuzirea Duhului Sfânt pentru înțelegerea acestei realități spirituale, etapele sunt cele de mai jos.

Prima etapă – este cea în care există o realizare personală a eșecului (sau falimentului) propriu. Cu alte cuvinte, creștinii care avansează spre o viață mai profundă și mai abundentă trebuie să-și dea seama mai întâi de eșecul și falimentul propriei firi pământești. Pavel descrie această agonie în epistola lui către Romani. El scrie: „Știu, în adevăr, că nimic bun nu locuiește în mine, adică în firea mea pământească, pentru că, ce-i drept, am voința să fac binele, dar n-am puterea să-l fac" (Rom. 7:18). Atunci când creștinul își dă seama că, indiferent de cât s-ar strădui, el nu poate împlini așteptările lui Dumnezeu privind sfințenia și nu poate deveni tot ceea ce ar trebui să fie înaintea Domnului, el este gata pentru etapa următoare a vieții lui în Hristos.

A doua etapă – este cea în care vorbim despre disponibilitatea de a se supune și dorința de a îmbrățișa crucea. Creștinul care este copleșit de acest „sentiment de inadecvare" înaintea lui Dumnezeu este gata, în cele din urmă, să se întâlnească cu Mântuitorul Cel Înviat cu o inimă supusă, la piciorul crucii. Pavel exprimă foarte bine această agonie a sufletului: „O, nenorocitul de mine! Cine mă va izbăvi de acest trup de moarte?" (Rom. 7:24).

Iată cuvintele pe care Taylor le-a rostit înainte de a experimenta viața schimbată:

În fiecare zi, aproape în fiecare ceas, eram apăsat de conștiința păcatului. Știam că doar dacă aș fi reușit să rămân în Hristos, totul avea să fie bine, însă nu puteam... simțeam ură față de mine însumi; îmi uram păcatul; cu toate acestea, nu dobândeam nici o putere asupra lui.[42]

Aceste cuvinte sună foarte asemănător cu cele ale lui Pavel din Rom. 7, nu-i aşa? A treia etapă – este cea în care are loc însuşirea vieţii înviate a lui Isus. În acest punct, prin prezenţa continuă a Duhului Sfânt, creştinul îşi însuşeşte, prin credinţă, viaţa înviată a lui Hristos. Pavel scrie: „Şi să-L cunosc pe El şi puterea învierii Lui şi părtăşia suferinţelor Lui, şi să mă fac asemenea cu moartea Lui" (Fil. 3:10). În această etapă a umblării cu Hristos, creştinul experimentează promisiunea lui Isus din Ioan 7:37–39. Acum, „din inima lui vor curge râuri de apă vie". Aceasta este viaţa schimbată, viaţa mai profundă; aceasta este viaţa creştină normală, pe care au experimentat-o acei autori îndrăgiţi, şi despre care au scris ei. Aceasta este exact genul de viaţă pe care Isus ar vrea ca eu şi cu tine să o experimentăm aici şi acum. Hristos a plătit pentru ea: „Eu am venit ca oile să aibă viaţă, şi s-o aibă din belşug" (Ioan 10:10b). De ce să nu o trăim şi noi?

A patra etapă – este cea în care simţim nevoia de prieteni sau mentori spirituali, care să fie rânduiţi de Dumnezeu. De multe ori, oamenii obişnuiţi ca mine şi ca tine au nevoie de un mentor sau de un prieten spiritual, care să ne arate calea spre această viaţă mai profundă.

În cazul lui Hudson Taylor, Dumnezeu s-a folosit de John McCarthy, pentru a-l ajuta să treacă la o etapă a odihnei în Hristos, în ciuda vieţii marcate de lupte şi necazuri.

Iată ce scrie Taylor cu privire la această experienţă:

Când agonia sufletului meu ajunsese la apogeu, o propoziţie – „rămânere, nu străduinţe sau lupte" – dintr-o scrisoare a prietenului meu drag McCarthy a fost folosită pentru a îndepărta solzii de pe ochii mei, iar Duhul lui Dumnezeu mi-a revelat adevărul unirii noastre cu Isus, aşa cum nu l-am cunoscut niciodată înainte.[43]

Secretul se află *în rămânere*, nu în luptă; *în încredere* şi *în odihnă* în Hristos. Toată puterea de a-L sluji pe El şi de a te bucura în El curge în fiinţa ta, atunci când rămâi în Hristos, încrezându-te în El.

După ce Hudson a experimentat această *schimbare radicală*, ceilalţi colegi misionari au spus despre el: „Taylor a plecat, un om nou într-o lume nouă, pentru a spune ceea ce Domnul a făcut pentru sufletul lui". O declaraţie impresionantă, nu-i aşa? Acesta este lucrul pe care adevărata unire cu Hristos îl produce în ucenicul care experimentează Galateni 2:20 pentru prima dată din această perspectivă. Există o odihnă specială care vine din identificarea deplină cu Hristos în moartea, îngroparea, învierea şi înălţarea Lui. Aceasta este viaţa noastră reală – viaţa lui Hristos.

Pavel scrie:

Căci voi aţi murit, şi viaţa voastră este ascunsă cu Hristos în Dumnezeu. Când se va arăta Hristos, viaţa voastră, atunci vă veţi arăta şi voi împreună cu El în slavă. (Col. 3:3–4).

Taylor scrie:

Partea cea mai dulce, dacă se poate vorbi despre o parte care e mai dulce decât alta, este odihna pe care o aduce identificarea deplină cu Hristos. Nu mă mai neliniştesc cu privire la nimic, atunci când îmi dau seama de acest lucru; întrucât ştiu că El poate să-Şi ducă la îndeplinire voia, iar voia Sa este voia mea[44].

Aceasta este o predare deplină a gândurilor şi emoţiilor noastre lui Hristos. Este o supunere totală faţă de El a întregii fiinţe. Aceasta înseamnă a privi la El în mod constant pentru har. Este viaţa schimbată, viaţa de rămânere în Hristos, o viaţă roditoare în El. Aceasta este viaţa din abundenţă pe care Hristos ne-o promite în Ioan 10:10. Doreşti să o primeşti şi tu?

Taylor scrie:

Şi mai departe, umblând mai mult în lumină, conştiinţa mea a devenit mai sensibilă; păcatul a fost văzut, mărturisit şi iertat instantaneu, iar pacea şi bucuria (cu smerenie) au fost imediat restabilite[45].

Hudson Taylor a experimentat acest lucru prin credință acum peste o sută de ani, în China. De ce să nu avem și noi parte de această experiență, prin credință? Rugăciunea mea fierbinte este ca toți cititorii, la momentul rânduit de Dumnezeu, să experimenteze acest fel de viață schimbată, o viață de rămânere în Hristos, o viață roditoare. Nu uita, acesta este dreptul din naștere al fiecărui copil al lui Dumnezeu.

Întrebări de reflecţie

Te rog să reflectezi la următoarele întrebări, apoi să-ţi împărtăşeşti gândurile cu mentorul tău sau cu grupul de ucenicie creştină.

1. Ce ţi-a plăcut cel mai mult din acest capitol? Te rog să notezi câteva detalii.

2. Ce concepte noi ai învăţat din acest capitol? Te rog să le enumeri şi să le dezvolţi.

3. Bazat pe Galateni 2:20 şi pe explicaţiile autorului, te rog să explici în cuvinte proprii conceptul de viaţă schimbată.

4. Te rog să reciteşti cu atenţie mărturia lui Hudson Taylor, apoi să-ţi împărtăşeşti gândurile şi impresiile inimii despre experienţa lui Taylor.

5. Care au fost lucrurile care te-au frapat cel mai mult în acest capitol? Te rog să dai detalii şi să explici.

7: Cel mai mare schimb care a avut loc vreodată

[39] Richard F. Hall, *Foundations of Exchanged Life Counseling*, Aurora, CO: Cross-Life Expressions, 1993, p. 57.

[40] „Grace Life Conference Manual", Aurora, CO: Cross-Life Expressions, 2000, p. 45.

[41] Dr. & Mrs. Howard Taylor, *Hudson Taylor's Spiritual Secret*, Chicago, IL: Moody Press, 1989, p. 163.

[42] *Hudson Taylor's Spiritual Secret*, op.cit., p. 159.

[43] V. Raymond Edman, *They Found the Secret*, Grand Rapids, MI: Zondervan, 1984, p. 19.

Tot pasajul:

Pentru a permite Mântuitorului meu drag să lucreze voia Sa în mine, voi trăi urmărind sfințirea mea, prin harul Său. Rămânere, nu străduințe sau lupte; privind la El; încrezându-mă în El pentru puterea Sa prezentă; încrezându-mă în El să supună tot ce este putred înlăuntrul meu; odihnindu-mă în dragostea unui Mântuitor puternic, în bucuria conștientă a unei mântuiri complete, o mântuire „de orice păcat" (acesta este Cuvântul Său); dorind ca voia Sa să fie cu adevărat supremă – acest lucru nu este ceva nou, și totuși este nou pentru mine. Simt că sunt părtaș al primelor raze de răsărit al unei zile glorioase. Îi spun bun venit tremurând, însă cu încredere. Par să fi ajuns doar la marginea ei, însă la o mare nesfârșită; doar să fi sorbit din ea, însă din ceva care te hrănește pe deplin. În mod literal, Hristos pare să fie pentru mine puterea, singura putere pentru slujire; singurul motiv pentru o bucurie neschimbătoare. Fie ca El să ne conducă spre realizarea acestei plinătăți insondabile." Pasaj din V. Raymond Edman, *They Found the Secret*, Grand Rapids, MI: Zondervan, 1984, p. 19.

[44] *Hudson Taylor's Spiritual Secret*, op.cit., p. 162, 163.

[45] Ibid. p. 163.

8. ANTROPOLOGIE BIBLICĂ

*Când privesc cerurile–lucrarea mâinilor Tale–luna și stelele pe care le-
ai făcut, îmi zic: „Ce este omul, ca să te gândești la El? Și fiul omului,
ca să-l bagi în seamă?"*
Psalmi 8:3–4

Cum a început viața? Această întrebare a dat naștere la multe
dezbateri. Nu voi intra în niciuna dintre aceste dezbateri
controversate, însă, înainte de a intra subiect, permite-mi să încep cu
o glumă: Un om de știință l-a provocat pe Dumnezeu la un concurs
cu tema: **„Cine face cea mai bună ființă umană"**. Dumnezeu a
acceptat această provocare. Omul de știință, foarte încântat, s-a
aplecat să ia țărână, pentru a întocmi o ființă umană. Atunci
Dumnezeu i-a zis: „Nu, nu... tu fă-ți țărâna ta". De fiecare dată când
îmi amintesc de ea, această glumă mă amuză.

Originea vieții

Eu am o perspectivă biblică asupra lumii, și nu cred că
Dumnezeu are nevoie ca eu să-L apăr. Când luăm în considerare
originea vieții, ne stau la dispoziție doar două opțiuni principale:

- Fie viața a fost creată de o ființă inteligentă (Dumnezeu)
- Fie viața a început prin procese naturale

O întrebare importantă rămâne, totuși, fără răspuns: De unde
vine materia? Toate teoriile referitoare la aceasta presupun că materia
a existat din eternitate, sub formă de ou cosmic, atom primordial,

masă condensată, sau supă primordială[46]. Credinţa mea nu este suficient de mare ca să cred astfel de afirmaţii fără sens. Relatarea biblică este mai logică. Cred că întreg universul (toată materia) şi întreaga viaţă (toate formele de viaţă) au fost create de Dumnezeu. De unde vine materia şi viaţa? Însuşi Dumnezeu le-a creat: „La început, Dumnezeu a făcut cerurile şi pământul" (Gen. 1:1). Profetul Isaia scrie: „Pe toţi cei ce poartă Numele Meu şi pe care i-am făcut spre slava Mea, pe care i-am întocmit şi i-am alcătuit" (Is. 43:7). Ioan scrie şi mai maiestuos:

La început era Cuvântul, şi Cuvântul era cu Dumnezeu, şi Cuvântul era Dumnezeu. El era la început cu Dumnezeu. Toate lucrurile au fost făcute prin El; şi nimic din ce a fost făcut, n-a fost făcut fără El. (Ioan 1:1–3)

Ce se poate spune despre univers, în toată complexitatea lui? Biblia răspunde şi la această întrebare. Isaia scrie: „Ridicaţi-vă ochii în sus, şi priviţi! Cine a făcut aceste lucruri? Cine a făcut să meargă după număr, în şir, oştirea lor? El le cheamă pe toate pe nume; aşa de mare e puterea şi tăria Lui, că una nu lipseşte" (Is. 40:26).

Nu numai că întreg universul este creat de Dumnezeu; dar eu cred şi că tot cosmosul este susţinut de Isus Hristos.

Pavel scrie:

Pentru că prin El au fost făcute toate lucrurile care sunt în ceruri şi pe pământ, cele văzute şi cele nevăzute: fie scaune de domnii, fie dregătorii, fie domnii, fie stăpâniri. Toate au fost făcute prin El şi pentru El. El este mai înainte de toate lucrurile, şi toate se ţin prin El. (Col. 1:16–17)

După cum am spus, nu am suficientă credinţă pentru a crede în *big bang*[47] sau în *teoria evoluţiei*[48]. Nu pot să accept că viaţa s-a generat pe sine însăşi dintr-o materie anorganică. Privind în jur, noi toţi suntem fermecaţi de complexitatea vieţii. Toate elementele naturii prezintă un grad mare de organizare şi vorbesc cu glas tare despre Creatorul, Cel care le-a creat şi le susţine.

Biblia declară: „În adevăr, însuşirile nevăzute ale Lui, puterea Lui veșnică și dumnezeirea Lui se văd lămurit, de la facerea lumii, când te uiți cu băgare de seamă la ele în lucrurile făcute de El. Așa că nu se pot dezvinovăți" (Rom. 1:20).

Este extrem de dificil să accepți că universul, în toată splendoarea, viața și frumusețea lui, este rezultatul unui accident cosmic. Totuși, este exact ceea ce proclamă teoria evoluției: viața organică a apărut din materie anorganică, prin intermediul unor procese naturale. Apoi, după miliarde și miliarde de ani, prin mutații apărute la întâmplare și printr-o selecție naturală, am ajuns unde suntem astăzi. Pentru mine, așa ceva nu are nicio logică. Ca inginer, am mare respect și apreciere pentru știință; dar sunt uimit că o astfel de teorie precum cea de mai sus este numită „știință".

Nu este de mirare că Pavel l-a prevenit pe Timotei să se păzească de așa ceva:

Timotee, păzește ce ti s-a încredințat; ferește-te de flecăriile lumești și de împotrivirile științei, pe nedrept numite astfel, pe care au mărturisit-o unii și au rătăcit cu privire la credință. Harul să fie cu voi! Amin (1 Tim. 6:20–21)

Antropologie biblică

Termenul *antropologie* este un cuvânt compus, ce provine din limba greacă. *Antropos* înseamnă „om", iar *logos* înseamnă „cuvânt, materie sau lucru." Dacă punem cele două cuvinte împreună, obținem *antropologie*. În dicționarul *Merriam Webster* găsim următoarea definiție:

a. Știința ființelor umane; în special: studiul ființei umane și al strămoșilor săi în timp și spațiu și în relație cu caracterul fizic, relațiile cu mediul înconjurător și cele sociale, și cultura
b. Teologia ce se ocupă cu originea, natura și destinul ființei umane.[49]

Antropologia biblică este studiul omului din punctul de vedere al Scripturii.

Ce este omul?

Pentru a da un răspuns complet la această întrebare ar fi nevoie de volume întregi. Eu vă voi împărtăși doar câteva caracteristici ale cununii creației lui Dumnezeu. Crearea omului este atât de minunată, încât Duhul Sfânt l-a inspirat pe David să scrie: „Ce este omul, ca să Te gândești la el? Și fiul omului, ca să-l bagi în seamă?" (Ps. 8:4).

Îmi aduc aminte de un curs de metalurgie feroasă, pe care l-am avut la facultate. În acest curs am învățat despre compoziția internă a unor aliaje[50]. Partea de laborator a fost interesantă: noi, studenții, am primit bucăți mici de diferite aliaje. Am lustruit un capăt al barei din aliaj, am aplicat o soluție specială pe suprafața lucioasă, iar apoi am pus mostra sub un microscop special. Spre uimirea noastră, am putut vedea componentele principale și alcătuirea internă a aliajului respectiv.

Cuvântul lui Dumnezeu este acel microscop special care ne arată structura internă a unei ființe umane. Biblia ne spune: „Căci Cuvântul lui Dumnezeu este viu și lucrător, mai tăietor decât orice sabie cu două tăișuri: pătrunde până acolo că desparte sufletul și duhul, încheieturile și măduva, judecă simțirile și gândurile inimii" (Evr. 4:12). Numai în acest pasaj observăm elementele distincte care formează ființa umană: duhul, sufletul – *gândurile* și *simțirile* – și trupul – *încheieturile,* care indică legăturile dintre structurile osoase, și *măduva,* ce se referă la sistemul nostru nervos.

Făcut după chipul lui Dumnezeu

Să ne întoarcem la relatarea despre creație din Geneza. Dumnezeu a chemat la existență întregul univers prin cuvânt. Scriptura ne spune că, timp de cinci zile la rând, „Dumnezeu a zis", urmat de „și așa a fost": lumina, cerul, uscatul, vegetația, stelele (inclusiv soarele și luna), animalele și păsările – toate au fost chemate la existență de Dumnezeu Cel Atotputernic. Totuși, în ziua a șasea, când a ajuns la crearea lui Adam, Dumnezeu a spus: „Să facem om după chipul Nostru, după asemănarea Noastră" (Gen. 1:26).

De data aceasta, Dumnezeul Triunic (Tatăl, Fiul și Duhul Sfânt) nu a zis: „Să fie om!", ci S-a folosit de țărâna pământului, pe care o crease cu două zile mai devreme. El a modelat cu mâinile Sale această făptură deosebită, numită *om*. Figura de lut, mai frumoasă decât orice statuie sculptată de renumitul Michelangelo, era întinsă pe pământ, lipsită de viață. Dumnezeu S-a aplecat și a suflat suflare de viață în nările lui Adam. Dintr-o dată, boțul neînsuflețit de pământ *a devenit un suflet viu*. Biblia relatează: „Domnul Dumnezeu a făcut pe om din țărâna pământului, i-a suflat în nări suflare de viață, și omul s-a făcut astfel un suflet viu" (Gen. 2:7).

Interacțiunea dintre Duhul lui Dumnezeu și figura de lut a dat naștere unei ființe umane adulte, pe deplin funcțională, înzestrată cu toate facultățile de care avea nevoie: spirituale, volitive, emoționale și fizice (incluzând cele cinci simțuri). Nu este de mirare că omul este considerat cununa creației lui Dumnezeu.

Sunt conștient că subiectul devine mai greoi, de aceea am ales o altă glumă, care ne-ar putea destinde puțin. Când am auzit această glumă, am râs cu atâta poftă!

O fetiță a întrebat-o pe mama ei: „Cum a apărut rasa umană?" Mama i-a răspuns: „Dumnezeu i-a făcut pe Adam și pe Eva, iar aceștia au avut copii, și așa au apărut toți oamenii". După două zile, fetița i-a pus tatălui aceeași întrebare. Tatăl i-a răspuns: „Cu mulți ani în urmă existau maimuțe, iar rasa umană a evoluat din acestea". Fetița, într-o stare de confuzie, s-a întors la mama ei și i-a spus: „Mamă, cum este posibil: tu mi-ai spus că rasa umană a fost creată de Dumnezeu, iar tata mi-a spus că oamenii au evoluat din maimuțe?" Mama i-a răspuns: „Ei bine, dragă, este foarte simplu. Eu ți-am spus cum au stat lucrurile cu familia mea, iar tatăl tău ți-a spus ce s-a întâmplat cu familia lui". Ha, ha, ha!

Omul este o ființă trihotomică

Dumnezeu există în trei persoane: Dumnezeu Tatăl, Dumnezeu Fiul și Dumnezeu Duhul Sfânt. Întrucât El l-a creat pe om după chipul Său, noi suntem persoane alcătuite din trei elemente: *trup, suflet* și *duh*. Apostolul Pavel scrie: „Dumnezeul păcii să vă sfințească El Însuși pe deplin; și *duhul* vostru, *sufletul* vostru și *trupul* vostru să fie păzite întregi, fără prihană, la venirea Domnului nostru Isus

Hristos." (1 Tes. 5:23).

Cuvântul *duh* a fost tradus din cuvântul grecesc *pneuma*. În limba originală, acest cuvânt înseamnă *vânt, suflare* sau *duh*. Din cuvântul *pneuma* derivă cuvântul *pneumatologie*, o disciplină care studiază doctrina biblică a Duhului Sfânt, şi *pneumatică*, parte a fizicii care studiază proprietăţile aerului şi ale altor gaze.

Cuvântul *suflet* provine din cuvântul grecesc *psuche*. Majoritatea gânditorilor creştini cred că partea sufletească a fiinţelor umane include *mintea, emoţiile* şi *voinţa*. De la cuvântul *psuche* avem cuvântul psihologie. *Psihologia*[51] este ştiinţa care se ocupă cu studiul psihicului, al legilor proceselor psihice (cognitive, afective şi volitive) şi al însuşirilor psihice ale persoanei (caracter, temperament etc.); ştiinţa minţii, a comportamentului, şi a caracteristicilor unei persoane.

În cele din urmă, expresia *fire pământească*, din cele mai multe traduceri biblice, vine de la cuvântul grecesc *sarx*. Acesta face referire la dorinţele trupeşti, nu la trup în sine. Firea pământească are în general o conotaţie negativă.

Cuvântul grecesc pentru trup este *soma*. El se găseşte în versete cum ar fi: „Dumnezeul păcii să vă sfinţească El Însuşi pe deplin; şi duhul vostru, sufletul vostru şi *trupul* vostru, să fie păzite întregi, fără prihană, la venirea Domnului nostru Isus Hristos" (1 Tes. 5:23). Petru scrie: „El a purtat păcatele noastre în *trupul* Său, pe lemn, pentru ca noi, fiind morţi faţă de păcate, să trăim pentru neprihănire; prin rănile Lui aţi fost vindecaţi" (1 Pet. 2:24). De asemenea, în Faptele Apostolilor: „Petru a scos pe toată lumea afară, a îngenuncheat şi s-a rugat; apoi, s-a întors spre *trup* şi a zis: «Tabita, scoală-te!» Ea a deschis ochii şi, când a văzut pe Petru, a stătut în capul oaselor" (Fapte 9:40).

Tertulian, unul dintre Părinţii Bisericii care a scris în primele secole ale erei creştine, numeşte *carnea* – sau partea fizică a persoanei – *trupul sufletului,* iar sufletul – *vasul duhului.* „Comunicarea directă dintre duh şi trup este imposibilă; comunicarea dintre ele are loc doar cu ajutorul unui intermediar – iar acel intermediar este sufletul"[52].

Andrew Murray spune, de asemenea:

Duhul este locul unde sălăşluieşte conştiinţa lui Dumnezeu;

sufletul este locul unde sălăşluieşte conştiinţa noastră de sine, trupul este locul unde sălăşluieşte conştiinţa lumii. În duh locuieşte Dumnezeu; în suflet, sinele; în trup, simţămintele.[53]

Îmi place, de asemenea, perspectiva lui Watchman Nee. El scrie:

Potrivit cu învăţătura Bibliei şi experienţa credincioşilor, duhul uman are trei funcţii principale. Acestea sunt conştiinţa, intuiţia şi comuniunea (sau închinarea).[54]

Omul este o fiinţă spirituală chemată să I se închine lui Dumnezeu

„Dumnezeu este Duh" (Ioan 4:24a). Dumnezeu l-a creat pe om după chipul Său. Ca urmare, omul este o fiinţă spirituală care are capacitatea de a I se închina lui Dumnezeu. Omul a fost creat pentru o părtăşie intimă cu El. Nimeni nu se poate raporta la Dumnezeu sau comunica cu El fără a avea această dimensiune spirituală. Isus explică: „Şi cine se închină Lui, trebuie să I se închine în duh şi în adevăr" (Ioan 4:24b).

Omul este creat pentru muncă şi creativitate

Omul este chemat nu doar să I se închine lui Dumnezeu, dar şi să lucreze pentru El şi să aibă grijă de creaţia Sa. Cartea Genezei ne spune: „Domnul Dumnezeu a luat pe om şi l-a aşezat în grădina Edenului, ca s-o lucreze şi s-o păzească" (Gen. 2:15). Când fiinţele umane muncesc şi creează, ele experimentează un sentiment de împlinire. Capacitatea de a lucra şi de a fi creativ este darul special al lui Dumnezeu pentru omenire.

Omul este creat pentru comunitate

La sfârşitul fiecărui act de creaţie, Dumnezeu a declarat că ce făcuse *este bun*, chiar *foarte bun*. Biblia ne spune: „Şi Dumnezeu S-a uitat la tot ce făcuse; şi iată că erau foarte bune. Astfel a fost o seară, şi apoi a fost o dimineaţă: aceasta a fost ziua a şasea." (Gen. 1:31).

Totuși, când a ajuns la Adam, Dumnezeu a spus: „Nu este bine ca omul să fie singur" (Gen. 2:18a).

Având în minte acest lucru, Dumnezeu a fondat instituția căsătoriei. Căsătoria, familia și comunitatea sunt ideile lui Dumnezeu, nu ale omenirii. Creatorul a zis: „Am să-i fac un ajutor potrivit pentru el" (Gen. 2:18b).

Dumnezeu întemeiază căsătoria ca primă instituție

Din coasta pe care o luase din om, Domnul Dumnezeu a făcut o femeie și a adus-o la om. Când a văzut-o pe Eva, Adam a zis:

Iată în sfârșit aceea care este os din oasele mele și carne din carnea mea! Ea se va numi femeie, pentru că a fost luată din om. De aceea va lăsa omul pe tatăl său și pe mama sa, și se va lipi de nevasta sa și se vor face un singur trup. Omul și nevasta lui erau amândoi goi și nu le era rușine. (Gen. 2:22–25).

Situația prezentă a omenirii

Pentru o înțelegere corectă a situației prezente a omenirii, trebuie să ne întoarcem la cartea Genezei, la căderea lui Adam și a Evei. Ei au fost creați pentru Dumnezeu și unul pentru celălalt. Au fost creați ca persoane cu o voință liberă. La nivelul sufletului, ei și-au putut exercita capacitatea de a alege:

1. Să asculte de Dumnezeu, să-L iubească și să aibă comuniune cu El.
2. Să asculte și să urmeze vocea vrăjmașului.

Nu voi intra în toate detaliile referitoare la căderea în păcat, la diavol și la motivul pentru care aceste lucruri au fost îngăduite, însă voi prezenta pe scurt contextul căderii.

Pentru prima familie, Dumnezeu a plănuit și a plantat cea mai frumoasă grădină pe care ne-o putem închipui. În acel mediu perfect, Dumnezeu i-a pus lui Adam doar o singură restricție:

Poți să mănânci după plăcere din orice pom din grădină; dar din pomul cunoștinței binelui și răului să nu mănânci, căci în ziua în care vei mânca din el, vei muri negreșit. (Gen. 2:16–17)

În loc să aleagă dragostea și comuniunea cu Dumnezeu, Adam și-a exercitat libertatea de alegere pentru a se răzvrăti împotriva Lui. Adam și Eva au murit în momentul în care au mâncat din pomul oprit. Prin însuși acest act de neascultare voluntară, Adam a permis păcatului să intre în lume și, împreună cu el, morții și distrugerii. Pavel explică: „De aceea, după cum printr-un singur om a intrat păcatul în lume, și prin păcat a intrat moartea, și astfel moartea a trecut asupra tuturor oamenilor, din pricină că toți au păcătuit..." (Rom. 5:12).

Întrebarea este: Ce a murit, mai exact? Întrucât omul este o persoană trihotomică (duh, suflet și trup) și întrucât Adam și Eva au continuat să trăiască timp de sute de ani după ce au păcătuit, putem trage concluzia că ceva s-a întâmplat cu duhul lor. Teologii ne spun că ei au murit din punct de vedere spiritual. Cum să ilustrez acest adevăr complex în termeni simpli? M-am rugat, și mi-a venit în minte ilustrația de mai jos:

Imaginează-ți o lumânare frumoasă, făurită cu măiestrie, care este pusă într-un sfeșnic de însuși Maestrul Lumânărar. Fitilul lumânării, aflat în plinătatea puterii sale, este luminat pe de-a întregul. Lumina pe care o produce este absolut magnifică, glorificându-l pe Marele Artist. Ceara are nevoie de suportul în care este pusă pentru a rămâne dreaptă. Fitilul are nevoie, la rândul lui, de ceara care îl înconjoară. Totul lucrează atât de armonios! Suportul lumânării strălucește; nu se învechește și nu își pierde din strălucire. Ceara, chiar dacă este topită de căldura flăcării, se reface. Fitilul arde, însă nu se consumă. Maestrul Lumânărar le-a construit astfel. Ce capodoperă unică! După un timp, un fals meșteșugar se strecoară în încăpere și suflă în ea, stingând lumânarea. În încăpere stăpânește acum întunericul. Lumânarea se urâțește pe zi ce trece, devenind doar un boț de ceară. Suportul se învechește și își pierde din strălucire. Acum totul este ruinat.

Moartea spirituală se aseamănă cu stingerea unei lumânări. În termeni simpli, moartea spirituală i-a înstrăinat pe Adam și Eva de Dumnezeu. Ei au pierdut părtășia cu Creatorul lor. Ei au fost despărțiți de adevărata sursă a vieții – Duhul lui Dumnezeu. La nivelul sufletului, au devenit niște răzvrătiți. Trupurile lor și-au pierdut scopul divin de a fi locașuri ale Duhului Sfânt. Trupurile lor au început să se descompună, și să se umple de tot felul de pofte: „pofta cărnii", „pofta ochilor" și „lăudăroșia vieții" (vezi 1 Ioan 2:16). Din acel moment, Adam și Eva, împreună cu toți urmașii lor, printre care ne numărăm și noi, au trăit doar la nivelul sufletului și au devenit robiți spiritual de vrăjmașul lui Dumnezeu – Satan. Biblia spune: „Voi erați morți în greșelile și păcatele voastre, în care trăiați odinioară, după mersul lumii acesteia, după domnul puterii văzduhului, a duhului care lucrează acum în fiii neascultării" (Efes. 2:1).

Planul minunat al lui Dumnezeu

În ciuda stării de răzvrătire a creației Sale, Dumnezeu a continuat să o iubească și să Se îngrijească de ea. El nu a fost surprins de neascultarea lui Adam. Înainte de crearea universului, Dumnezeul Triunic a știut că aceasta avea să fie o experiență dureroasă pentru toți. Înainte de timp și spațiu, Crucea a fost în mintea Trinității. Noi, niște fii răzvrătiți ai lui Adam, suntem împăcați prin Hristos pe cruce. Potrivit Bibliei, la cruce „Dumnezeu era în Hristos, împăcând lumea cu Sine" (2 Cor. 5:19).

Uimitor! Ce dragoste minunată, uimitoare și de nedescris! Ce Tată minunat avem! Ce Frate mai mare avem, care a fost dispus să-Și dea viața pentru noi!

O nouă creație

Fiecare ființă umană poate beneficia de o restaurare totală, datorită lucrării uimitoare care a avut loc la cruce. Păcatul a fost și este un lucru groaznic săvârșit împotriva lui Dumnezeu, care are consecințe oribile. Vestea bună este că Fiul lui Dumnezeu este ispășitorul păcatelor noastre. Ioan scrie: „El este jertfa de ispășire pentru păcatele noastre; și nu numai pentru ale noastre, ci pentru ale întregii lumi" (1 Ioan 2:2). Oricine răspunde cu credință la mesajul mântuirii are posibilitatea de a se împăca cu Dumnezeu. Pavel ne învață: „Căci, dacă atunci când eram vrăjmași, am fost împăcați cu Dumnezeu, prin moartea Fiului Său, cu mult mai mult acum, când suntem împăcați cu El, vom fi mântuiți prin viața Lui" (Rom. 5:10). Prin Hristos noi nu suntem doar împăcați, suntem și declarați neprihăniți. Biblia ne descoperă acest lucru: „Căci, după cum prin neascultarea unui singur om, cei mulți au fost făcuți păcătoși, tot așa, prin ascultarea unui singur om, cei mulți vor fi făcuți neprihăniți" (Rom. 5:10).

Mai mult, prin puterea Duhului Sfânt, oricine primește soluția lui Dumnezeu pentru mântuire devine o făptură nouă. Această realitate spirituală este declarată în 2 Cor. 5:17: „Căci, dacă este cineva în Hristos, este o *făptură nouă*. Cele vechi s-au dus: iată că toate lucrurile s-au făcut noi". A fi născut din nou înseamnă a deveni o făptură nouă. Este ca și cum Maestrul Lumânărar aprinde fitilul din nou, reface ceara și promite să proiecteze un nou suport de lumânări, care nu se va strica niciodată.

Voi explica pe scurt înțelesul noii făpturi sau creații. Când l-ai primit pe Isus Hristos ca Mântuitor personal prin credință (Rom. 10:9–10), au avut loc câteva schimbări majore:

1. Duhul Sfânt te-a regenerat – a creat în tine un *duh nou*. (Ioan 3:3; Tit 3:5).
2. El te-a *botezat* în Hristos. (Rom. 6:3).
3. Duhul lui Dumnezeu te-a *integrat* prin botez în Biserica lui Dumnezeu. (1 Cor. 12:13).
4. El te-a *unit* cu Dumnezeu. (1 Cor. 6:17).

După ce te-ai născut din nou, Dumnezeu S-a angajat să te sfințească în întregime, să-ți sfințească duhul, sufletul și trupul (1 Tes. 5:23–24). Desigur, aspectul acesta necesită colaborarea noastră. În calitate de noi făpturi în Hristos, noi ne putem exercita libertatea de alegere și Îl putem invita pe Dumnezeu să ne sfințească, treptat, întreaga ființă. În timp ce acest proces uimitor se desfășoară adânc înlăuntrul ființei noastre, noi experimentăm lucruri noi, pe care nu le-a experimentat nici măcar Adam, în starea lui de nevinovăție. Nu este un lucru minunat? Fără îndoială că este!

Întrebări de reflecție

Te rog să reflectezi la următoarele întrebări, apoi să-ți împărtășești gândurile cu mentorul tău sau cu grupul de ucenicie creștină.

1. Ce ți-a plăcut cel mai mult din acest capitol? Te rog să notezi câteva detalii.

2. Ce concepte noi ai învățat din acest capitol? Te rog să le enumeri și să dezvolți ideile.

3. Ce înseamnă să fii creat după „chipul lui Dumnezeu"? Te rog să dezvolți.

4. În propriile tale cuvinte, te rog să explici afirmația: „omul este o ființă trihotomică".

5. Care dintre adevărurile acestui capitol te-au frapat cel mai mult?

8. Antropologie biblică

[46] „Supa primordială, sau supa prebiotică, este o stare ipotetică a atmosferei pământului înainte de apariția vieții. Este un mediu chimic în care primele molecule biologice (compuși organici) s-au format prin intermediul unor forțe naturale. Potrivit teoriei, compușii organici simpli au fost creați din molecule anorganice (abiogeneză) prin reacții fizice și chimice care au avut loc pe suprafața pământului. Moleculele organice astfel formate sunt acumulate într-un ocean organic bogat, sau „supă". În această supă, moleculele organice simple au reacționat unele cu altele (prin polimerizare) pentru a forma niște molecule mai complexe, incluzând acizi nucleici și proteine, care sunt componentele structurale și funcționale centrale ale tuturor organismelor. Aceste molecule au fost apoi agregate pentru a deveni primele forme de viață." Sursa: https://en.wikipedia.org/wiki/Primordial soup.

„Una dintre întrebările vitale la care fizicienii se străduie să găsească răspuns este ce s-a întâmplat în momentele ce au urmat imediat după Big Bang. Modul în care universul, așa cum îl știm acum, a evoluat, este o problemă complexă ce implică studii făcute de ramuri foarte diferite al fizicii, inclusiv fizica particulelor, fizica nucleară și cosmologia. La câteva secunde după Big Bang, universul era compus dintr-o supă cosmică groasă, cu o temperatură de 10 miliarde de grade, alcătuită din particule subatomice. Pe măsură ce universul fierbinte s-a extins, interacțiunile dintre aceste particule au făcut ca universul să se comporte ca un reactor termonuclear de răcire. Acest reactor a produs nuclee ușoare, cum ar fi hidrogen, heliu și litiu, care se găsesc în univers astăzi." Sursa: www.dailymail.co.uk Accesat pe 27 februarie 2018. http://www.dailymail.co.uk/sciencetech/article-3554010/Capturing-universe-looked-seconds-Big-Bang-Model-simulates-conditions-cosmic-soup-particles.html.

[47] „Teoria Big Bang-ului este explicația de bază a modului în care a început universul. În forma ei cea mai simplă, ea spune că universul așa cum îl știm a început cu o mică singularitate, iar apoi s-a extins pe parcursul următorilor 13.8 miliarde de ani, devenind universul pe care îl cunoaștem astăzi." www.space.com Accesat pe 27 februarie 2018. https://www.space.com/25126-big-bang-theory.html.

„În 1927, un astronom pe nume Georges Lemaître a avut o idee strălucită. El a afirmat că universal a început ca un singur punct, cu mult timp în urmă. El a susținut că universul s-a extins și s-a lărgit, pentru a ajunge la mărimea pe care o are acum, și că încă s-ar extinde." spaceplace.nasa.gov. Accesat pe 27 februarie 2018. https://spaceplace.nasa.gov/big-bang/en/.

„Un preot din Belgia, pe nume Georges Lemaître, a sugerat pentru prima dată teoria big-bang-ului în anul 1920, când a susținut că universal a început de la un singur atom primordial." Accesat pe 27 februarie 2018. Sursa: https://www.nationalgeographic.com/science/space/universe/origins-of-the-universe/

[48] „În 1858, când naturalistul englez Charles Darwin (1809–1882) a propus teoria evoluției prin selecție naturală, cea mai mare parte a lumii științifice a crezut că relatarea despre crearea lumii așa cum este scrisă în cartea biblică Geneza era adevărată." Accesat pe 27 februarie 2018. https://www.encyclopedia.com/social-sciences/applied-and-social-sciences-magazines/evolutionary-theory.

„Teoria evoluției prin selecție naturală, formulată pentru prima dată în cartea lui Darwin *Despre originea speciilor* în 1859, este procesul prin care organismele se schimbă în timp, ca urmare a modificărilor trăsăturilor fizice sau comportamentale moștenite. Schimbările care permit unui organism să se adapteze mai bine la mediul său îl vor ajuta să supraviețuiască și să aibă mai mulți descendenți." Accesat pe 27 februarie 2018. https://www.livescience.com/474-controversy-evolution-works.html.

„Evoluția, teoria în biologie care postulează că diferitele tipuri de plante, animale și alte viețuitoare de pe Pământ își au originea în alte tipuri preexistente și că diferențele distinse se datorează modificărilor în generații succesive. Teoria evoluției este una dintre cheile fundamentale ale teoriei biologice moderne." Accesat pe 27 februarie 2018. https://www.britannica.com/science/evolution-scientific-theory.

[49] Anthropology. Accesat pe 26 februarie, 2018. https://www.merriam-webster.com/dictionary/anthropology.

[50] Un aliaj este un amestec de metale sau un amestec de un metal și un alt element... Exemple de aliaje sunt oțelul, aliaj de lipit, alama, cositor, aluminiul, bronzul și amalgamurile. www.en.wikipedia.org. Accesat pe 26 decembrie 2017. https://en.wikipedia.org/wiki/Alloy.

[51] Psihologie. www. dexonline.ro. Accesat pe 22 iulie 2022. https://dexonline.ro/definitie/psihologie.)

[52] Citat de Jessie Penn-Lewis, în cartea sa *Soul & Spirit*, Christian Literature Crusade, Fort Washington, PA, 1992-93, p. 11-12.

[53] Penn-Lewis, p. 11-12.

[54] Watchman Nee, *The Spiritual Man,* www.biblesnet.com, p. 35. Accesat pe 26 februarie 2018.

9. NOUA TA IDENTITATE

Vedeți ce dragoste ne-a arătat Tatăl, să ne numim copii ai lui Dumnezeu! Şi suntem. Lumea nu ne cunoaşte, pentru că nu L-a cunoscut nici pe El. Prea iubiţilor, acum suntem copii ai lui Dumnezeu. Şi ce vom fi, nu s-a arătat încă. Dar ştim că atunci când Se va arăta El, vom fi ca El; pentru că Îl vom vedea aşa cum este.
1 Ioan 3:2

În 1994, Disney a lansat un film de desene animate, numit „The Lion King". Cu această ocazie, eu şi soţia mea i-am dus pe copii la cinematograf. În el este vorba despre Simba, un pui de leu care este moştenitor al tronului. Simba a fost înşelat şi făcut să creadă că şi-a omorât tatăl. Ca rezultat al acestei tragedii din viaţa lui, Simba şi-a abandonat identitatea de viitor rege şi a fugit departe.

Ai uitat cine eşti!

O maimuţă înţeleaptă, Rafiki, îl convinge mai târziu pe Simba, care acum este un leu adult, să-şi confrunte trecutul. Ea îi spune lui Simba: *„Într-adevăr, trecutul poate fi dureros. Totuşi, după cum văd eu, tu nu poţi fugi de el, şi... nici nu poţi învăţa din el".* După o conversaţie misterioasă cu tatăl lui decedat, în inima lui Simba are loc o schimbare radicală. Dialogul dintre tată şi fiu aduce o schimbare de perspectivă radicală pentru Simba. Tatăl lui, Mufasa, i-a spus: *„Simba, tu m-ai uitat".* Simba a încercat să se apere: *„Nu! Cum aş putea să te uit?"* Apoi, tatăl i-a spus fiului aceste cuvinte pătrunzătoare: *„Tu ai uitat cine eşti, şi m-ai uitat şi pe mine. Priveşte înlăuntrul tău, Simba. Tu eşti mai mult decât ceea ce ai devenit".*

De cele mai multe ori noi, creştinii, nu ne cunoaştem adevărata identitate. Suntem într-o mare goană şi uităm de chemarea şi destinul nostru. După cum Simba a fost provocat să-şi confrunte trecutul, în ciuda rănii sufleteşti, şi noi suntem provocaţi să privim în interiorul nostru şi să ne redescoperim identitatea.

Cine eşti tu? Cine sunt eu?

Acestea sunt întrebări simple dar, când este vorba de identitatea spirituală, ele nu mai sunt atât de simple. Permite-mi să te întreb din nou: *Cine eşti tu?* Ori mă pot întreba pe mine însumi: *Cine sunt eu?* Pot da imediat un răspuns bazat pe rădăcinile mele familiale şi culturale:

– Sunt fiul lui Dumitru şi al Paraschivei.
– Sunt soţul Elenei.
– Sunt tatăl Evelinei, al lui Timotei, Dorian şi al Cristinei.
– Sunt un fost inginer.
– Sunt un slujitor ordinat şi scriitor creştin.

Înţelegi ce am făcut? Am răspuns la întrebarea despre identitatea mea folosindu-mă de diferite roluri ale existenţei mele pământeşti, definite de cultura în care trăiesc: familia din care mă trag, educaţia şi profesia etc.

Tu cum ai răspunde la această întrebare? Dar ce ai putea spune despre identitatea ta spirituală? Ce aş putea eu spune despre identitatea mea spirituală? Cu alte cuvinte: *Cine sunt eu în Hristos?* Este o întrebare grea, nu-i aşa? Sigur că este. Sper că acest capitol va face lumină în această privinţă.

Dacă privim cu atenţie la 1 Ioan 3:1–2, vedem clar că, mai întâi de toate, suntem copiii lui Dumnezeu. Acest lucru înseamnă extrem de mult. Mai important decât atât, el ne indică faptul că suntem copiii lui Dumnezeu chiar acum, şi nu că vom deveni cândva în viitor. Iată cuvintele lui Ioan: „Prea iubiţilor, acum suntem copii ai lui Dumnezeu". Acest adevăr, această realitate spirituală, trebuie să fie punctul de plecare al noii noastre identităţi, care începe cu dragostea lui Dumnezeu, cu inima lui Isus şi cu mărturia Duhului

121

Sfânt. Slavă Domnului!

Autorul cărţii către Evrei ne spune:

Căci Cel ce sfinţeşte şi cei ce sunt sfinţiţi sunt dintr-unul. De aceea, Lui nu-i este ruşine să-i numească „fraţi", când zice: „Voi vesti Numele Tău fraţilor mei; Îţi voi cânta laudă în mijlocul adunării". Şi iarăşi: „Îmi voi pune încrederea în El". Şi în alt loc: „Iată-Mă, Eu şi copiii, pe care Mi i-a dat Dumnezeu". (Evrei 2:11–13)

Uimitor! Ai înţeles? Hristos a suferit pentru noi pentru a ne aduce – pe noi, foştii păcătoşi – la slavă. Care este opusul slavei? Opusul slavei este ruşinea. Isus a dispreţuit ruşinea şi a suferit crucea, pentru a ne aduce la slava Sa. Isus ne numeşte fraţii Săi. Tot ceea ce putem face este să primim ce spune Biblia, în smerenie.

De ce a trebuit să sufere o fiinţă umană nevinovată, desăvârşită, fără de păcat? Este o taină! Doar în cer vom înţelege acest lucru. Un lucru este însă clar: Dumnezeu „L-a făcut (pe Hristos) păcat pentru noi, ca noi să fim neprihănirea lui Dumnezeu în El" (2 Cor. 5:21). Declaraţia aceasta are nişte implicaţii profunde! Simplu vorbind, datorită lui Hristos, noi suntem părtaşi ai neprihănirii Lui. Când este vorba de a ne înţelege identitatea spirituală, trebuie să avem în centrul atenţiei neprihănirea lui Hristos.

Dacă dorim să-L experimentăm pe Dumnezeu, trebuie să ieşim din zona noastră de confort. Acesta este singurul mod în care putem învăţa mai mult despre identitatea noastră adevărată. Trebuie să părăsim modurile noastre vechi, lumeşti de a privi la identitatea noastră şi de a ne gândi la ea. Trebuie să permitem Scripturii să ne comunice în moduri în care numai ele pot să o facă. Trebuie să-L chemăm pe Duhul Sfânt să fie adevăratul nostru Sfătuitor şi să ne arate cine suntem noi cu adevărat.

Să examinăm îndeaproape Col. 3:3–4: „Căci voi aţi murit, şi viaţa voastră este ascunsă cu Hristos în Dumnezeu. Când se va arăta Hristos, viaţa voastră, atunci vă veţi arăta şi voi împreună cu El în slavă". O, ce-ar fi dacă oamenii lui Dumnezeu şi-ar da seama că ei au acces la însăşi viaţa lui Hristos! Hristos şi-a dat propria viaţă pentru tine şi pentru mine. Sper să vezi acest lucru în Biblie. Te provoc să te rogi pentru o înțelegere mai profundă a implicațiilor acestui adevăr! Înțelegi de ce ne este greu să abordăm chestiunea identității? Când ni se pune întrebarea: *Cine ești tu?*, noi ne gândim la tot felul de răspunsuri, dintr-o perspectivă pământească. Ca în dialogul de mai jos:

– Ei bine, eu sunt Valy Văduva.

– Nu, acesta este doar numele tău. *Cine ești?*

– Sunt român american.

– Nu, România este țara ta de origine, iar America este țara în care locuiești acum. *Cine ești, frate Valy?*

– Ei bine, în trecut am lucrat ca inginer, iar acum sunt un slujitor ordinat și scriitor creștin.

– Aceasta este ocupația ta. Frate Valy, eu nu te-am întrebat ce ai făcut, sau ce faci acum. De aceea, dă-mi voie să te întreb din nou: *Cine ești?*

– Ei bine, locuiesc în Livonia.

– Nu, Livonia este doar orașul unde stai.

Înțelegi? Noi încercăm să ne definim prin tot felul de lucruri. *Cine ești tu?* Este întrebarea cea mai grea. Probabil că nu ne-am făcut niciodată timp pentru a ne analiza identitatea doar prin prisma Scripturii. Ca urmare, tendința noastră naturală este de a ne defini și întemeia identitatea, imaginea personală și stima de sine pe baza profesiei, originii, posesiunilor, reputației, educației și a titlurilor pe care le-am adunat.

Pentru a ne înțelege noua noastră identitate, trebuie să învățăm și să cunoaștem parametrii adecvați, care vin din afara noastră. Dragul meu prieten, aspectul identității spirituale în viața credinciosului este de o importanță majoră pentru problema victoriei noastre. Fiecare credincios dorește să aibă victorie spirituală în viața sa. Fiecare credincios trebuie să-și cunoască identitatea sa în Hristos.

Dacă noi, creștinii, privim la noi înșine doar ca la niște păcătoși iertați, vom considera comportamentul păcătos ca pe ceva normal și de așteptat. David Needham argumentează că, pentru un creștin autentic, a continua să păcătuiască înseamnă „a alege să acționeze ca

123

o persoană *temporar ieșită din minți*"[55]. Dacă așa stau lucrurile, vom continua să păcătuim și să cerem iertare. Totuși, pe baza învățăturii Noului Testament, acesta este un punct de vedere greșit. Ca rezultat al acestei perspective greșite, noi ne învârtim în cercul vicios al **păcătuirii, mărturisirii, pocăinței și încercării de a obține din nou biruința, dându-ne mai mult silința.**

Hristos dorește ca noi să-L cunoaștem prin intermediul revelației Sale. Însă El nu-și va impune voința asupra noastră. Noi trebuie să fim cei care să manifestăm dorința de a clădi o intimitate adevărată cu El. Pentru aceasta, noi trebuie să umblăm prin credință și să privim la El, nu la împrejurările în care ne aflăm. Conceptele spirituale în care credem au o mare influență în viețile noastre. Este atât de important să cunoaștem și să conștientizăm identitatea pe care o avem în Hristos! După ce îmbrățișăm pe deplin identitatea pe care o avem în Hristos, în timp, comportamentul nostru se va alinia cu cine suntem noi cu adevărat. Nu vom ajunge la desăvârșire, însă vom trăi o viață creștină mai împlinită și mai victorioasă.

Stima de sine

Noțiunea de „stimă de sine" a devenit populară odată cu proeminența pe care a dobândit-o în psihologie în anii 1960. Atât școlile, cât și bisericile au dezvoltat programe școlare care să se ocupe de problema stimei de sine. O definiție simplă a stimei de sine spune că ea este: „o încredere și satisfacție în propria persoană"[56].

Doctorul Maurice, un consilier creștin profesionist, în excelenta sa carte *The Sensation of Being Somebody*, a explicat că sunt trei componente esențiale ale unei imagini de sine sănătoase.
Aceste elemente sunt:

1. *Apartenența* – Un sentiment de apartenență, siguranța că ești iubit.
2. *Destoinicia* – Un sentiment al destoiniciei și al valorii personale. Aceasta formează crezul lăuntric că viața contează și că avem valoare.

3. *Competenţa* – Încrederea în faptul că eşti competent. Acesta ne dă convingerea că putem realiza sarcinile care ne sunt încredinţate, că suntem bine echipaţi pentru a răspunde cerinţelor vieţii.

Când le pui pe toate laolaltă, spune doctor Wagner, ai o triadă de sentimente care te definesc: cel de apartenenţă, destoinicie şi competenţă.[57]

Trăim într-o lume a reţelelor sociale – Facebook, Instagram, Snapchat şi multe alte platforme sociale – care se concentrează asupra pozelor *selfie*.[58] Având în vedere toate aceste circumstanţe, cum ar trebui să se raporteze la subiectul stimei de sine un ucenic devotat al lui Hristos? Nu va fi suficient doar să-şi facă o poză selfie şi să şi-o pună pe o platformă socială, cu titlul: *„Priveşte la mine: sunt un creştin de rând".* Există ceva ce poate fi numit stimă de sine biblică? Să privim, mai întâi, la unele dintre metodele folosite de lumea seculară pentru a defini stima de sine. Lista de mai jos nu este nicidecum exhaustivă.

1. Atitudinea părinţilor faţă de copii

Nu oricine are privilegiul de a se naşte într-o familie creştină, plină de dragoste. Dumnezeu ştie toate aceste detalii ale vieţii tale. Adevărul este că părinţii îşi pot influenţa copiii prin cuvintele, atitudinile şi comportamentul lor. Dacă sunt mereu criticaţi de părinţi, copiii au şanse reduse de a se împotrivi lumii. Cel mai probabil este că ei vor avea tendinţa de a se conforma celorlalţi din jur, sau de a eşua atunci când sunt sub presiune. Dacă biserica îi umileşte pe copii şi pe adolescenţi, criticându-i, judecându-i şi exprimându-şi dezaprobarea faţă de ei, şansele lor de a avea succes ca cetăţeni creştini sunt reduse. Cel mai probabil este că, în timpul facultăţii, nu vor reuşi să-şi păstreze şi apere credinţa.

2. Succese sau eşecuri în îndeplinirea sarcinilor

Eşecurile pe care le avem în viaţă ne pot paraliza. Succesul ne poate duce la mândrie sau egocentrism. Unii oameni pot tolera eşecul şi, perseverând, să ajungă la succes. Henry Ford, fondatorul companiei Ford, a suferit multe eşecuri financiare. El spunea cândva: „Eşecul este pur şi simplu ocazia de a începe din nou, de data aceasta într-un mod mai inteligent"[59]. Însă realitatea este că nu oricine are această atitudine.

Alţii pot considera eşecul ca pe o treaptă care îi ajută să se apropie de rezultatul dorit. Să-l luăm ca exemplu pe Thomas Edison, inventatorul becului de care ne bucurăm cu toţii. Am citit undeva că Edison a făcut 1000 de încercări nereuşite de a obţine lumina electrică. Când un reporter l-a întrebat: „Ce sentiment ai avut după 1000 de eşecuri?", Edison a răspuns: „Eu nu am eşuat de o mie de ori. Becul electric a fost o invenţie ce a necesitat 1000 de paşi"[60]. În ciuda eşecurilor lui, Edison a persistat până când a ajuns la rezultatul dorit, care i-a adus succesul economic. Subliniez, din nou: nu oricine este un inventator, ca Edison.

În funcţie de personalitate şi mentalitate, succesele sau eşecurile au un impact major asupra modului în care ne vedem pe noi înşine.

3. Percepţia individuală a atitudinii lui Dumnezeu faţă de propria persoană

Atunci când este vorba de conceptul stimei de sine, percepţia pe care o avem cu privire la atitudinea lui Dumnezeu faţă de noi este crucială. Îmi place modul în care A.W. Tozer leagă conceptul imaginii de sine de percepţia lui Dumnezeu.

El scrie:

> Ceea ce ne vine în minte atunci când ne gândim la Dumnezeu este lucrul cel mai important din vieţile noastre. Din acest motiv, întrebarea cea mai serioasă ce se află în faţa Bisericii este întotdeauna privitoare la Dumnezeu Însuşi, iar lucrul care spune cel mai mult despre un om nu are de-a face cu ceea ce el spune sau face la un moment dat, ci cu modul în care Îl concepe pe Dumnezeu în străfundurile inimii sale.[61]

Dacă avem o concepţie despre Dumnezeu care nu este corectă din punct de vedere biblic, atunci şi percepţia noastră despre atitudinea lui Dumnezeu faţă de noi va fi greşită. Ca urmare, imaginea de sine pe care ne-o formăm este deformată.

4. Aprobarea sau respingerea din partea prietenilor

În procesul creşterii, a existat o perioadă în vieţile noastre când opinia prietenilor a însemnat totul. Dacă prietenii noştri ne spuneau ceva, îi credeam. Dacă părinţii şi profesorii noştri ne spuneau altceva, eram gata să ne certăm cu ei şi să ne apărăm prietenii. Totuşi, ca adulţi, dacă noi încă mai suntem influenţaţi de prietenii noştri mai mult decât de Dumnezeu, suntem într-o situaţie foarte periculoasă. Gândirea noastră este înceţoşată, iar perspectiva pe care o avem despre ceilalţi şi despre noi înşine nu este biblică.

5. Minciuni venite din partea lui Satan, vrăjmaşul sufletului nostru

În decursul vieţii noastre, am acumulat multe minciuni despre noi înşine, despre alţii şi despre Dumnezeu. Aceste minciuni ne-au influenţat perspectiva pe care o avem despre Dumnezeu, despre ceilalţi şi despre noi înşine. Lucrurile pe care le-am crezut fac parte acum din lentilele noastre mentale şi emoţionale, cu ajutorul cărora interpretăm realitatea.

Potrivit lui Robert S. McGee, există patru crezuri false majore care contaminează inimile şi minţile oamenilor. Acestea sunt:

1. Pentru a mă simţi bine în pielea mea, trebuie să mă ridic la nivelul anumitor standarde.
2. Pentru a mă simţi bine în pielea mea, trebuie să am aprobarea celorlalţi.
3. Cei care au parte de eşecuri (inclusiv eu) nu sunt vrednici de dragoste şi merită să fie pedepsiţi.
4. Eu sunt ceea ce sunt. Nu mă pot schimba. Nu mai am nicio speranţă.[62]

Ca rezultat al acestor crezuri false, spune McGee, oamenii sunt prinşi în tot felul de comportamente distrugătoare, cum ar fi: capcana performanţei, dependenţa de aprobarea altora, auto-învinovăţirea şi ruşinea.

Vestea bună este că Dumnezeu are răspuns pentru fiecare crez fals pe care noi l-am putea avea!

- Pentru *capcana performanţei*, răspunsul lui Dumnezeu este *justificarea* doar prin Hristos.
- Pentru cel ce este dependent de *aprobarea altora*, răspunsul lui Dumnezeu este împăcarea prin sângele lui Hristos.
- Pentru *auto-învinovăţire*, Dumnezeu oferă *ispăşire* prin Fiul Său, Isus Hristos.
- Pentru *ruşine*, Dumnezeu oferă *regenerare* prin puterea Duhului Sfânt.

Acestea sunt doar câteva dintre metodele prin care sistemul lumii formează stima de sine a oamenilor. Problema este că, de cele mai multe ori, creştinii folosesc aceleaşi metode pentru a-şi fundamenta imaginea lor personală şi stima de sine. Acest lucru duce la un conflict emoţional şi la eşecuri spirituale în vieţile lor.

Valoarea nepreţuită a sufletului tău

Care este valoarea sufletului tău? Pentru a răspunde acestei întrebări, voi folosi o ilustraţie. Potrivit revistei CNN Money, Yusaku Maezawa – un miliardar japonez, fondator al celui mai mare magazin de modă online din Japonia – a plătit 1105 milioane de dolari pentru pictura *Untitled* a lui Jean-Michel Basquiat[63], care înfăţişează un cap ce seamănă cu un craniu. Acesta este preţul cel mai mare care a fost plătit vreodată la o licitaţie pentru pictura unui artist american. Îţi poţi închipui aşa ceva? O sută zece milioane de dolari pentru o pictură? Eu nu pot. Colecţia lui Maezawa include deja picturi de Pablo Picasso, Alberto Giacometti şi Jeff Koons. Într-un interviu luat acasă la el, miliardarul a fost întrebat: „De ce ai cheltuit 110 milioane de dolari pentru o pictură a lui Basquiat?" El a răspuns: „M-am hotărât să o cumpăr".

Înţelegi ce spune el? Valoarea picturii este mai mult decât pur şi simplu prețul pânzei, al pensulelor și al vopselelor folosite în procesul pictării, timpul pe care artistul l-a petrecut pentru a o crea și rama pe care a folosit-o pentru a înrăma produsul final. Valoarea picturii la licitație este prețul pe care un cumpărător anume este dispus să-l plătească pentru ea. Închipuie-ți că aș picta și eu o lucrare asemănătoare. Sunt sigur că nimeni nu ar plăti nici măcar costul materialelor, sau timpul meu, dacă numele meu n-ar fi Leonardo da Vinci, Vincent van Gogh, Rembrandt, Michelangelo, Claude Monet sau Pablo Picasso.

Așadar, să ne întoarcem la întrebarea noastră: *Care este valoarea sufletului tău?* Valoarea sufletelor noastre este determinată de prețul pe care Cumpărătorul este dispus să-l plătească pentru el. Dumnezeu este Cumpărătorul care ne-a răscumpărat sufletele, iar prețul pe care l-a plătit a fost Isus Hristos. Eu și cu tine suntem extrem de prețioși! În dragostea sa, Tatăl a plătit prețul cel mai mare posibil: *singurul Său Fiu.* Tocmai din acest motiv Ioan 3:16 este versetul de aur al întregii Biblii: „Fiindcă atât de mult a iubit Dumnezeu lumea, că a dat pe singurul Lui Fiu, pentru ca oricine crede în El să nu piară, ci să aibă viața veșnică".

Răscumpărarea noastră a costat sângele Fiului lui Dumnezeu. Autorul epistolei către Evrei spune, referitor la modul în care a fost realizată răscumpărarea noastră: „și a intrat, o dată pentru totdeauna, în Locul Preasfânt, nu cu sânge de țapi și de viței, ci cu însuși sângele Său, după ce a căpătat o răscumpărare veșnică" (Evr. 9:12). Dragii mei, noi am fost răscumpărați cu sângele scump al Mielului. Această răscumpărare nu este pentru o zi, sau chiar pentru un an; această răscumpărare este pentru veșnicie.

Stima de sine biblică

Atunci când este vorba de stima de sine sau de identitatea spirituală biblică, aspectul cel mai important are de-a face cu doctrina neprihănirii. (Pentru mai multe informații despre subiectul neprihănirii, consultă, te rog, secțiunea intitulată: „Ignoranța cu privire la identitatea spirituală", din Anexa: „Pericolele imaturității spirituale".)

După cum am menționat anterior, experiențele pe care le-am

trăit în decursul anilor ne-au colorat ochelarii spirituali, în funcție de mediul religios în care am crescut. De fiecare dată când citim Biblia și ascultăm predici, noi interpretăm mesajele prin intermediul *lentilelor* noastre proprii. Ca urmare, am acumulat o serie de așteptări deformate cu privire la Dumnezeu. De-a lungul timpului, aceste percepții au devenit pentru noi standarde sau legi potrivit cărora trăim.

Dacă identitatea noastră este doar cea de păcătoși iertați, vom duce o luptă continuă cu conceptul de neprihănire. Vom continua să trăim sub presiunea de a împlini anumite așteptări, standarde, și de a ne conforma unor legi întocmite de noi înșine pentru a dobândi sau a păstra neprihănirea. Aceasta nu este viața creștină pe care Isus o dorește pentru ucenicii Săi.

Dacă eșuăm în mod repetat, cel mai probabil că ne vom simți inferiori. Întrucât nu vedem prea mult progres în viețile noastre, începem să ne simțim nesiguri și să dezvoltăm o atitudine critică. Dacă vedem că alții au o performanță mai bună decât a noastră, devenim invidioși. Începem să ne concentrăm asupra obstacolelor din viețile noastre, care ne împiedică să avem succes. Ca urmare, depunem mai multe eforturi și în același timp căutăm să avem tot mai mult control. În conformitate cu perspectiva noastră deformată, aceste lucruri sunt menite să ne aducă succes și să ne facă să ne simțim împliniți. Totuși, se întâmplă tocmai contrariul: ele devin niște obstacole majore, care ne împiedică să obținem biruința lui Dumnezeu.

Este greu să renunțăm la controlul pe care îl deținem, și să începem să umblăm prin credință. Ne este frică să mergem pe o cărare necunoscută; însă, de cele mai multe ori, cărarea necunoscută este singurul mod de a ajunge la libertate și biruință.

Pia Melody explică:

Stima de sine sănătoasă constă în experiența internă a propriei tale valori. Când nu poți experimenta o stimă de sine sănătoasă, tu ai o stimă de sine neadecvată, aflată între două extreme. La un capăt al spectrului se află o stimă de sine redusă, sau inexistentă. La celălalt capăt se află aroganța și grandomania, sentimentul că ești mai bun decât ceilalți. [64]

Dacă ești părinte, te rog să-i încurajezi pe copiii tăi prin Cuvântului lui Dumnezeu. Fii la dispoziția lor când au nevoie de ajutor. Când nu văd nimic bun în ei înșiși, fii cel care să le afirme valoarea. Caută ceva bun în ei și spune-le acel lucru. Încurajează-i: „Ești atât de talentat!", „Văd că ești disciplinat", „Văd că îți place să citești, continuă tot așa".

Părinții au o mare influență asupra dezvoltării copiilor lor. Potrivit eseului „Influența parentală asupra dezvoltării emoționale a copiilor", de Bethel Moges și Kristi Weber, iată cum stau lucrurile:

Părinții au o influență semnificativă asupra modului în care copiii se dezvoltă, inclusiv asupra personalității, dezvoltării emoționale și obiceiurilor comportamentale, precum și asupra unei serii întregi de alți factori.[65]

Scriptura ne învață că părinții își sfințesc copiii (1 Cor. 7:14). Referitor la educarea lor, Scriptura ne spune: „Să le întipărești în mintea copiilor tăi, și să vorbești de ele când vei fi acasă, când vei pleca în călătorie, când te vei culca și când te vei scula" (Deut. 6:7). Un verset mult mai clar se găsește în cartea Proverbelor: „Învață pe copil calea pe care trebuie s-o urmeze, și când va îmbătrâni, nu se va abate de la ea " (Prov. 22:6).

Dacă părinții biologici nu ne-au zidit sufletește, atunci avem nevoie de părinți spirituali, care știu cum să ne învețe și să ne încurajeze din Scripturi. În Cuvântul lui Dumnezeu găsim putere, mai ales în învățătura despre noua noastră identitate în Hristos. Credința este puternică, pentru că Dumnezeu este puternic. Ca urmare, oricine crede în Dumnezeu are acces la puterea lui Dumnezeu.

Îmi place modul în care Robert S. McGee vede stima de sine:

Imaginea de sine corectă biblic conține atât tărie, cât și umilință; atât mâhnire pentru păcat, cât și bucuria iertării; un sentiment adânc al nevoii noastre de harul lui Dumnezeu, și un sentiment adânc al realității harului lui Dumnezeu.[66]

Mai presus de toate, apreciez simplitatea și claritatea cuvântului

lui Dumnezeu. În Romani, Pavel scrie: „Prin harul care mi-a fost dat, eu spun fiecăruia dintre voi să nu aibă despre sine o părere mai înaltă decât se cuvine; ci să aibă simţiri cumpătate despre sine, potrivit cu măsura de credinţă pe care a împărţit-o Dumnezeu fiecăruia" (Rom. 12:3).

Eşti lebădă, nu raţă

Vorbind despre noua noastră identitate, permite-mi să folosesc o ilustraţie. Nu-mi aduc aminte exact unde am citit-o, însă este o ilustraţie potrivită.

Odată, pe când oamenii înţelepţi vorbeau cu păsările şi cu animalele, s-a întâmplat ceva mai neobişnuit. O lebădă, care zbura grăbită spre sud, unde urma să ierneze, şi-a lăsat oul în cuibul unei raţe domestice. Raţele domestice nu zboară spre ţările calde. Raţa mamă a clocit oul acesta împreună cu ouăle ei. Puii de raţă au ieşit, unul după altul, din ouăle sparte, şi la fel a făcut şi puiul de lebădă. Un timp, lucrurile au arătat bine. Aproape că nu era nici o diferenţă între ei. Au fost acoperiţi, cu toţii, cu o pătură pufoasă. Au mâncat împreună, fără nici o problemă. Toate bune, până când au început să crească şi să se maturizeze. La un moment dat, puiul de lebădă crescuse mai înalt şi mai puternic. Avea nişte pene frumoase, un gât lung, un cioc mai mare şi nişte aripi mai largi decât puii de raţă. Însă, din cauză că era atât de diferit de fraţii şi surorile lui, a devenit foarte deprimat. Toţi cei despre care credea că fac parte din „familia" lui erau mai scunzi, aveau picioarele, ciocurile şi gâturile mai scurte, pene colorate, şi aripi mai mici. Tânăra lebădă dorea atât de mult să semene cu raţele. Ea chiar a încercat să umble în genunchi, pentru a se integra mai bine printre ele.

Lebăda a ajuns într-o situaţie fără ieşire – depresia de care suferea aproape că a adus-o în pragul sinuciderii. Anotimpul rece trecuse deja, în acea parte de lume. A venit primăvara, apoi a trecut şi aceasta. Într-o zi, s-a întâmplat că un înţelept călătorea pe acolo. El a văzut puiul de lebădă în mijlocul familiei de raţe, şi i-a zis:

– Am observat că arăţi necăjită şi deprimată, şi mă întreb din ce cauză.

Tânăra lebădă s-a destăinuit, pe un ton scăzut şi trist:

– Ceva nu este în regulă cu mine, şi nu ştiu ce anume. Nu mă integrez. Am încercat în repetate rânduri să fiu ca fraţii şi surorile mele, însă în zadar. Sunt atât de deprimată. Am încercat chiar, de mai multe ori, să imit comportamentul fraţilor mei, însă nu am reuşit. Toată această situaţie nu mi se potriveşte. M-am născut în această familie, însă se pare că sunt total diferită de restul membrilor ei. Toţi râd de mine. Ei râd de eforturile mele, când încerc să mă integrez printre ei. Este evident că nu sunt acceptată. Nu ştiu ce să fac! Sunt confuză! Ştii ce se întâmplă? Poţi să-mi spui, te rog?

Înţeleptul i-a răspuns:

– Draga mea, tu nu eşti raţă. Eşti lebădă.

Tânăra lebădă a rămas confuză:

– La ce te referi? Ce vrei să spui cu asta?

Înţeleptul a continuat, arătând cu degetul spre cer:

– Vezi aceste păsări mari şi frumoase, care zboară sus pe cer, cu aripile larg desfăcute? Tu faci parte din familia lor.

Lebăda i-a spus:

– Sunt confuză. Nu înţeleg! Ce mi s-a întâmplat?

Înţeleptul i-a explicat:

– Se pare că mama ta nu a avut timp să aştepte să clocească oul din care ai ieşit, şi te-a lăsat să te naşti într-o familie de raţe. Ei te-au adoptat, însă tu nu eşti raţă; eşti lebădă. Întinde-ţi aripile cât poţi de tare, şi zboară împreună cu cei care sunt rudele tale adevărate.

Lebăda a început să alerge, şi-a întins aripile ei albe, largi, şi a început să bată din ele. Apoi a zburat tot mai sus. După un timp, şi-a întâlnit familia. Ce uşurare! Ce libertate! Ce primire în familie! Ce bucurie!

Dragul meu prieten, morala acestei istorioare este simplă şi directă: În zadar încercăm să ne întemeiem identitatea pe baza a ceea ce ne spun lumea sau prietenii. Identitatea noastră trebuie să fie întemeiată pe Cuvântul lui Dumnezeu şi pe ceea ce ne spune Tatăl nostru ceresc. Identitatea noastră, a credincioşilor, este extrem de importantă pentru închinarea, viziunea şi victoria noastră. Faptul că nu înţelegem complet şi nu experimentăm aceste realităţi ne determină să avem rezerve şi să nu ne bucurăm pe deplin de relaţia pe care o avem cu Domnul Isus Hristos şi cu Duhul Sfânt. Să ne rugăm în mod consecvent ca Dumnezeu să ne ajute să înţelegem adevărata noastră identitate.

Concluzii

1. Eşti capodopera lui Dumnezeu! Eşti cununa creaţiei Sale! Eşti lumina ochilor Săi! Eşti extrem de valoros! Dumnezeu Tatăl nu-şi poate închipui eternitatea fără tine! De aceea, într-un consens cât se poate de armonios, Trinitatea S-a hotărât să-L trimită pe Fiul, pentru a plăti preţul de răscumpărare al rasei adamice. Mai mult decât atât, Dumnezeu va crea o rasă cu totul nouă, a cărei căpetenii este Hristos.

2. Fiind o făptură nouă în Hristos, „acum tu ai o identitate nouă, o natură şi o viaţă noi şi eşti înzestrat cu lucruri noi: resurse, putere, trăsături, familie, moştenire, siguranţă, poziţie, scop şi destin"[67].

3. De acum înainte, lucrul cel mai umil pe care îl poţi face este să fii de acord cu Cuvântul lui Dumnezeu cu privire la identitatea ta.

În calitate de ucenici ai lui Hristos, să afirmăm şi să declarăm aceste 12 adevăruri de neclintit:

1. Sunt o făptură nouă în Hristos (2 Cor. 5:17).
2. Sunt lucrarea lui Dumnezeu (o poezie, operă de artă unică) (Efes. 2:10).
3. Sunt părtaş al firii Lui dumnezeieşti (2 Pet. 1:3–4).
4. Sunt copilul lui Dumnezeu, născut din sămânţa care nu putrezeşte a Cuvântului lui Dumnezeu (1 Pet. 1:23).
5. Sunt născut din Dumnezeu, iar cel rău nu mă atinge (1 Ioan 5:18).
6. Am neprihănirea lui Hristos (Fil. 3:9).
7. Sunt viu în Hristos (Efes. 2:5).
8. Sunt sfânt şi fără vină înaintea Lui, în dragoste (Efes. 1:4; 1 Pet. 1:16).
9. Sunt templul Duhului Sfânt; nu sunt al meu (1 Cor. 6:19).
10. Pot toate lucrurile prin Hristos Isus (Fil. 4:13).
11. Sunt un ambasador al lui Hristos (2 Cor. 5:20).
12. Când El se va întoarce, voi fi ca El (1 Ioan 3:1–3).

Aceasta este noua ta IDENTITATE. Când vrăjmașul îți șoptește în urechi: „Nu poți avea încredere în Cuvântul lui Dumnezeu", spune-i cu voce tare: „Depărtează-te de la mine, Satan, eu sunt un copil scump al lui Dumnezeu și nu există nimic care să mă poată despărți de dragostea Tatălui" (Vezi Rom. 8:39).

Întrebări de reflecţie

Te rog să reflectezi la următoarele întrebări, apoi să-ţi împărtăşeşti gândurile cu mentorul tău sau cu grupul de ucenicie creştină.

1. Ce ţi-a plăcut cel mai mult din acest capitol? Te rog să notezi câteva detalii.

2. Ce concepte noi ai învăţat din acest capitol? Te rog să le enumeri în mod detaliat.

3. Notează ideile principale din secţiunea „Stima de sine".

4. Notează ideile principale din secţiunea intitulată „Stima de sine biblică".

5. Ce te-a frapat cel mai mult în acest capitol?

9. Noua ta identitate

[55] David Needham, *Alive for the First Time*, Sisters, OR: Questar Publishers, 1995, p. 92.

[56] Self-esteem, www. merriam-webster.com. Accesat pe 12 februarie 2018, https://www. merriam-webster.com/dictionary/self-esteem.

[57] Citat de Dr. D. Seamands în *Healing for Damaged Emotions*, David C Cook, Colorado Springs, CO, 1981, 2015, p. 85.

[58] Selfie – Potrivit cu BBC News, „*selfie*" a fost numit de Oxford Dictionaries cuvântul anului 2013.Sursa: www.bbc.com. Accesat pe 19 februarie 2018. http://www.bbc.com/news/uk-24992393.

Selfie – Potrivit cu Wikipedia: „Un selfie este o fotografie gen autoportret, realizată de obicei cu un smartphone care poate fi ținut în mână sau susținut de un stick selfie. Selfie-urile sunt adesea publicate pe servicii de rețele sociale, cum ar fi Facebook, Instagram și Snapchat. Sunt, de obicei, auto-măgulitoare și făcute să pară cazuale". Sursa: www.en.wikipedia.org. Accesat pe 19 februarie 2018. https://en.wikipedia.org/wiki/Selfie.

[59] www.quotespedia.org. Accesat pe 20 februarie 2018. https://bit.ly/3srgwgk.

[60] www.medium.com. Accesat pe 19 februarie 2018. https://bit.ly/3sttBFP https://medium.com/cry-mag/thomas-edisons-theorem-for-success-b96591bf7dd1).

[61] A. W. Tozer, *The Knowledge of the Holy*, New York: Harper & Row, 1961, p. 9.

[62] Robert Sp.. McGee, *The Search for Significance*, Thomas Nelson, Nashville, 1998, 2003, p. 26.

[63] Untitled painting auction record. Sursa: www.money.cnn.com. Accesat pe 23 ianuarie 2018. http://money.cnn.com/2017/05/18/luxury/jean-michel- basquiat-untitled-painting-auction-record/index.html.

[64] Pia Mellody, *Breaking Free*, New York: Harper & Row, 1989, 29, 30, citat de David Seamands în *Healing for Damaged Emotions: Workbook*, David C Cook, Colorado Springs, CO, 1981, 2015.

[65] Bethel Moges și Kristi Weber, „Parental influence on the emotional development of children", Sursa: www.vanderbilt.edu. Accesat pe 13 februarie 2018. https://my.vanderbilt.edu/developmentalpsychologyblog/2014/05/parental-influence-on-the-emotional-development-of- children/.

[66] Robert S. McGee, *The Search for Significance*, Thomas Nelson, Nashville, 1998, 2003, p. 10, 11.

[67] Dr. Lewis Gregory, *Introducing the New You*, Source Ministry International, Snellville, GA, 2005, p. 151.

10. PUTEREA IERTĂRII

Dimpotrivă, fiți buni unii cu alții, miloși, și iertați-vă unul pe altul,
cum v-a iertat și Dumnezeu pe voi în Hristos.
Efeseni 4:32

Cu mulți ani în urmă mă aflam într-o călătorie misionară, în care urma să predic pe tema creșterii spirituale. Familia care m-a găzduit m-a invitat să merg la biserica lor. Pastorul local m-a invitat la amvon, să predic. În timp ce îmi așteptam rândul, am simțit în inima mea că Duhul Sfânt voia să vorbesc pe subiectul iertării, nu pe cel al creșterii spirituale, așa cum îmi planificasem anterior. Ca ucenic al lui Hristos, am învățat de timpuriu în viață să urmez călăuzirea Duhului Sfânt. Textul care mi-a venit în minte a fost cel din Matei 18:21–35. În timp ce îmi rosteam mesajul, în biserică s-a lăsat o tăcere adâncă. Pe drum spre casă, gazdele m-au întrebat:

— Știi ce s-a întâmplat în timpul serviciului?

Am spus:

— N-am nici o idee. Ce s-a întâmplat?

Gazdele mi-au răspuns:

— Mesajul tău ne-a atins inimile într-un mod profund.

Frații au continuat:

— Acum câțiva ani, noi am fost răniți de unii dintre conducătorii acestei biserici. Ne-au fost aduse multe acuzații neîntemeiate și nedrepte. Am fost umiliți și înjosiți, și nu am mai fost lăsați să slujim în biserică prin cântări. A fost foarte greu pentru întreaga familie. Duhul Sfânt ne-a cercetat azi, și ne-am luat angajamentul să urmăm pașii pe care i-ai menționat în predică.

În ziua următoare, am mers să predic într-un alt oraș. Când m-am întors la familia care mă găzduia, frații mi-au spus că au fost deja acasă la unul dintre lideri. Ei s-au smerit și chiar dacă, în situația aceea, erau victime, s-au oferit să-i ierte pe cei care le greșiseră pentru tot. Bineînțeles că, la fel ca în multe alte situații asemănătoare, aceștia nu au recunoscut nimic din ceea ce făcuseră. Ca urmare, nu a existat nicio împăcare, însă Duhul Sfânt a fost prezent și a făcut ceea ce numai Dumnezeu poate face: a eliberat și a vindecat aceste victime. Ei s-au întors acasă foarte fericiți.

L-am lăudat pe Dumnezeu pentru aceasta. Ne-am rugat și i-am mulțumit Domnului pentru bunătatea și credincioșia Lui. La sfârșit, sora, care fusese rănită profund, a spus:

– Mă simt atât de ușurată! Sunt atât de fericită și de liberă! De când a avut loc acest necaz, cu ani în urmă, n-am mai fost în stare să mă rog și să mă bucur în Duhul ca acum. Îi dau slavă Domnului pentru toate!

M-am întors în Statele Unite. După puțin timp, am primit un mesaj de la această familie. Iată ce mi-au scris:

Dumnezeu a trebuit să trimită oameni de peste ocean care să ne învețe și să ne ajute să înțelegem voia Sa pentru viețile noastre? Se pare că da.

De ceva timp încoace, am trecut prin diferite încercări. Uneori ne este imposibil să înțelegem școala lui Dumnezeu. Deseori am fost trântiți la pământ. Am fost călcați în picioare. Am fost defăimați și vorbiți de rău de multe ori de așa-zișii oameni ai lui Dumnezeu. Am avut inima zdrobită de fățărnicia și lipsa de compasiune care există în Casa lui Dumnezeu. Toate acestea s-au întâmplat din cauză că nu am înțeles pe deplin învățătura despre iertare din Mat. 28:21– 35 – pilda robului nemilostiv. Dumnezeu însă, care este plin de îndurare și de har, ne-a vorbit, în special soției mele. Prin mesajul pe care l-ați predicat aici, Domnul a făcut o minune în familia noastră. O mare povară, care ne apăsa foarte greu de mulți ani, a fost ridicată.

Să ne amintim că trăim într-o cultură infestată de păcat. Provenim din diferite subculturi, familii, medii bisericești și comunități. Să fim sinceri: Suntem oameni imperfecți, și trăim în mijlocul altor oameni imperfecți. De aceea, este imposibil să nu ne confruntăm cu ofense. Isus le-a spus ucenicilor: „Este cu neputință să nu vină prilejuri de păcătuire; dar vai de acela prin care vin!" (Luc. 17:1; vezi și Mat. 18:7). În ciuda tuturor acestor lucruri, atitudinea noastră trebuie să fie totdeauna fermă: *„Nu mă voi lăsa ofensat de aceasta. Voi ierta imediat. Pentru mine, iertarea este un stil de viață"*.

Deseori este mult mai ușor să-i aducem jertfe Domnului, decât să arătăm și să practicăm mila. Totuși, Dumnezeu ne spune clar: „Milă voiesc, iar nu jertfă" (Mat. 9:13). Chiar și în Vechiul Testament citim: „Ți s-a arătat, omule, ce este bine, și ce alta cere Domnul de la tine, decât să faci dreptate, să iubești mila, și să umbli smerit cu Dumnezeul tău?" (Mica 6:8). Pare atât de simplu, însă ceva ne împiedică să avem milă. Este posibil să considerăm mila și iertarea ca pe niște semne ale slăbiciunii, însă este tocmai invers: Isus a venit în lumea noastră nu pentru că am meritat acest lucru, ci pentru că a avut milă de noi. Dumnezeu ne-a iubit atât de mult, încât L-a jertfit pe Singurul Său Fiu pentru noi, ca să putem fi eliberați.

Pilda robului nemilostiv, din Matei capitolul 18, ne spune că regele i-a iertat robului o datorie de zece mii de talanți de aur[68] doar din cauză că i s-a făcut milă de el: „Stăpânul robului aceluia, făcându-i-se milă de el, i-a dat drumul, și i-a iertat datoria" (Mat. 18:27). Acest rege îl reprezintă pe Dumnezeu. Robul i-a datorat regelui o sumă mare de bani, pe care îi era imposibil să o plătească. Indiferent de cât de mult și de cât de greu ar fi lucrat, întreaga lui familie nu ar fi putut economisi zece mii de talanți într-o viață întreagă. Această datorie imensă, pe care nu o putem plăti, se referă la păcătoșenia noastră. Pilda aceasta ne arată, de asemenea, cât de plină de rău, cât de înșelătoare și de nerecunoscătoare poate fi inima omului față de ceilalți și față de Dumnezeu, și cât de lipsită de respect și de considerație față de iertarea Lui.

Robul căruia i s-a iertat datoria imposibil de plătit are o dispută cu un alt rob, cu privire la o sumă neînsemnată de bani. Colegul lui îi datora o sută de dinari[69]. Această sumă este echivalentul salariului pentru o sută de zile de muncă. Este o sumă derizorie, în comparație cu suma imensă pentru care l-a iertat regele. Robul iertat nu a fost dispus să-l ierte pe tovarășul său. Matei scrie:

Robul acela, când a ieşit afară, a întâlnit pe unul din tovarăşii lui de slujbă, care-i era dator o sută de lei (dinari). A pus mâna pe el, şi-l strângea de gât, zicând: „Plăteşte-mi ce-mi eşti dator". Tovarăşul lui s-a aruncat la pământ, îl ruga, şi zicea: „Mai îngăduieşte-mă, şi-ţi voi plăti". Dar el n-a vrut, ci s-a dus şi l-a aruncat în temniţă, până va plăti datoria. (Mat. 18:28–30)

Această scenă pare de necrezut! Din nefericire, însă, asta se întâmplă în viaţă aproape tot timpul: familii ruinate, rude nemulţumite de alte rude, biserici în conflict, adunări care se află în stare de haos şi de dezbinare. De ce? Din cauza lipsei de milă, compasiune şi iertare, care au fost înlocuite de încăpăţânare, inimi rele şi spirite neiertătoare.

Îmi place faptul că pilda robului nemilostiv este interpretată de Însuşi Isus. Matei scrie:

Atunci stăpânul a chemat la el pe robul acesta şi i-a zis: „Rob viclean! Eu ţi-am iertat toată datoria, fiindcă m-ai rugat. Oare nu se cădea să ai şi tu milă de tovarăşul tău, cum am avut eu milă de tine?" Şi stăpânul s-a mâniat şi l-a dat pe mâna chinuitorilor, până va plăti tot ce datora. Tot aşa vă va face şi Tatăl Meu cel ceresc, dacă fiecare din voi nu iartă din toată inima pe fratele său. (Mat. 18:32–35)

Bazându-se pe experienţa de mulţi ani în consiliere pastorală, dr. Charles Stanley explică faptul că există anumite etape[70] prin care oamenii ajung să aibă un spirit neiertător, şi oferă câţiva paşi spre eliberare. Secţiunea de mai jos este adaptarea mea, bazată pe cartea *Darul Iertării*, scrisă de dr. Stanley.

Suntem răniţi. Când suntem răniţi, în noi începe să se dezvolte un spirit neiertător. Toată rănile noastre sunt de fapt o formă de respingere. Când trecem printr-un eveniment în care experimentăm respingerea, în noi sunt plantate seminţele unui spirit neiertător. Deseori, acest lucru se întâmplă la o vârstă foarte fragedă. De obicei, oamenii din jurul nostru, care ar trebui să ne iubească, să se îngrijească de noi şi să ne educe, ne rănesc, fie că îşi dau seama de asta sau nu. Acest lucru poate lăsa cicatrici pentru tot restul vieţii. *Devenim confuzi.* Nu suntem chiar siguri cu privire la ce s-a întâmplat şi nu ştim cum să reacţionăm. În mintea noastră raţionalizăm, cu naivitate: „Lucrul acesta nu s-a întâmplat cu adevărat".

Căutăm căi de ieşire. Căutăm ocolişuri mentale şi fizice. Dorinţa noastră este de a evita durerea, cu orice preţ. Ca urmare, evităm să abordăm subiectul, sau evităm să ne întâlnim cu persoana în cauză. Unii oameni se mută în alt cartier sau în alt oraş, îşi schimbă locul de muncă sau biserica, unii chiar divorţează de soţiile sau soţii lor.

Săpăm o groapă. Suntem atât de răniţi, încât ne îngropăm durerea, astfel că nu vorbim şi nu ne gândim niciodată la cele întâmplate. Credem că acest lucru va rezolva problema. Sperăm că, în felul acesta, durerea cauzată de respingere pur şi simplu va dispărea, însă nu se întâmplă aşa.

Negăm cele întâmplate. Negăm faptul că aşa ceva a avut loc, sau că ne-a afectat. Ne ascundem rănile în spatele unui zâmbet, justificându-ne: „Ei bine, asta s-a întâmplat cu atât de mult timp în urmă, că am şi uitat". Sau: „M-am ocupat de asta în trecut, nu mă mai afectează". Totuşi, negarea nu este soluţia la astfel de probleme.

Suntem înfrânţi. Putem nega faptul că suntem afectaţi, însă acest lucru începe să se vadă în vieţile noastre. Devenim iritaţi, exagerat de sensibili, timizi, geloşi sau dobândim un spirit critic. Aceste tipare fireşti sunt indicii clare că nu ne-am rezolvat problema. Încă purtăm povara, iar acest lucru ne trage în jos.

Devenim descurajaţi. Acesta este stadiul critic. În acest moment, este posibil ca unii dintre noi să căutăm ajutorul unui consilier profesionist, iar aceasta poate să ducă la un final fericit. Din nefericire, mulţi oameni consideră acest lucru prea dificil, le este prea greu să se ocupe de problema lor şi, ca urmare, încearcă să-şi calmeze durerea cu alcool şi cu medicamente. Soţii îşi lasă soţiile iar unii, în mod tragic, îşi pun capăt vieţii.

Descoperim adevărul. Cu ajutorul lui Dumnezeu şi al unui profesionist, descoperim rădăcina amărăciunii. Pentru aceasta, este nevoie de intervenţia Duhului Sfânt (vezi 2 Tim. 2:24–26).

Ne asumăm responsabilitatea. Ajungem la stadiul în care nu-i mai învinovățim pe alții. Ne asumăm răspunderea pentru acțiunile noastre. Indiferent de costul pe care trebuie să-l plătim, suntem gata să ne deschidem inimile față de Dumnezeu, pentru ca El să se ocupe de rănile noastre și de durerea emoțională pe care am purtat-o înlăuntru, atât de mult timp.

Suntem eliberați. Când suntem gata să ne ocupăm de spiritul de neiertare, suntem eliberați. Da, Dumnezeu încă eliberează. Isus Hristos a promis că ne va elibera (vezi Ioan 8:31, 32–36).

Nu ne putem permite să ne *jucăm* cu spiritul de neiertare! Joaca aceasta este extrem de periculoasă! Spiritul de neiertare produce o rădăcină adâncă de amărăciune. Noi, credincioșii, trebuie să practicăm iertarea ca pe un stil de viață. Petru a întrebat: „Doamne, de câte ori să iert pe fratele meu când va păcătui împotriva mea? Până la șapte ori?" (Mat. 18:21). Rabinii din vremea lui predicau că oamenii trebuie să ierte până la trei ori. Petru, dorind să se arate super-spiritual, a vrut să dea dovadă de mai multă generozitate. De trei ori, înmulțit cu doi, plus unu... de șapte ori! Aceasta depășea practica din zilele lui! Răspunsul pe care l-a primit de la Domnul este uluitor: „Eu nu-ți zic până la șapte ori, ci până la șaptezeci de ori câte șapte" (Mat. 18:22).

Dacă dorim să ne jucăm cu numerele, deși nu aceasta a fost intenția lui Isus, aceasta înseamnă de patru sute nouăzeci de ori pe zi. Gândește-te puțin! Aceasta înseamnă că, o dată la fiecare trei minute, cineva greșește față de noi, iar noi trebuie să-l iertăm. Ceea ce Isus a vrut să comunice este că, pentru noi, iertarea trebuie să fie un stil de viață. Cu alte cuvinte, nu ne vom lăsa ofensați de nimeni și de nimic.

Trebuie să prindem înțelesul adevărat al iertării dintr-o perspectivă biblică. De multe ori, este mai ușor să înțelegem un concept anume prin contrariul său. Voi explica pe scurt ce NU este iertarea.

(a) Iertarea nu înseamnă împăcare.

Împăcarea este un pas mai departe decât iertarea. Iertarea este o schimbare în noi înșine. Reconcilierea implică o schimbare și în celălalt. Iertarea este un pas unilateral spre împăcare, însă împăcarea trebuie să fie bilaterală și reciprocă. Cu alte cuvinte: împăcarea cere ca ambele părți să fie de acord cu privire la faptele săvârșite, la durerea cauzată celeilalte părți, la motivația avută. Apoi, necesită ca fiecare parte implicată în conflict să înțeleagă punctul de vedere al celeilalte părți. Împăcarea cere ca ambele părți să înțeleagă lucrurile petrecute, precum și consecințele lor.

Împăcarea necesită începerea unui dialog prietenesc, descoperirea adevărului, precum și o atitudine de empatie față de celălalt. Pentru stabilirea adevărului, fiecărei părți trebuie să i se permită să relateze cele petrecute. Trecerea peste durerea cauzată de ofensă necesită asumarea responsabilității personale, pentru a restaura încrederea. În unele cazuri, ea necesită inversarea rolurilor. Este absolut esențial, în decursul acestui proces, ca persoanele implicate să manifeste, în mod sincer, părere de rău. Apoi, pentru ca într-o relație să aibă loc cu adevărat o transformare semnificativă, trebuie ca ofensatorul să-și ceară iertare din inimă.

De la caz la caz, s-ar putea ca reconcilierea să necesite despăgubiri sau anumite compensări pentru pierderile cauzate victimei (sau victimelor). Scopul este de a împiedica repetarea vreunui comportament distructiv, de a asigura vindecarea și de a promova în continuare o relație sănătoasă. Adevărata împăcare,˙dacă este făcută corect, aduce beneficii reciproce.[71]

(b) Iertarea nu înseamnă toleranță.

Iertarea nu înseamnă că suntem de acord cu abuzul făcut în mod intenționat și cu un tratament greșit. Abuzul nu poate fi tolerat, dimpotrivă: orice formă de abuz trebuie împiedicat și oprit. A trece cu vederea o ofensă înseamnă a desconsidera o acțiune dăunătoare, fără a protesta și a-ți exprima dezaprobarea. Iertarea nu înseamnă a scuza un delict sau a tolera un act ilegal. Iertarea nu înseamnă a accepta ceea ce este inacceptabil.

Totuși, iertarea este absolut necesară pentru vindecare și pentru a fi eliberați de emoțiile noastre destructive și de trecutul nostru dureros. Trebuie să avem în vedere acest mare adevăr: „Crucea face iertarea dreaptă din punct de vedere legal și moral. Isus a murit, odată pentru totdeauna, pentru păcatele noastre. Noi trebuie să iertăm, precum și Hristos ne-a iertat"[72]. Avem puterea de a-i ierta pe cei care ne-au greșit fără ca ei să-și ceară iertare.

(c) A ierta nu înseamnă a uita.

Nu putem uita durerea din trecut. Iertându-i pe ceilalți, îi permitem lui Hristos să ne vindece rănile. Dumnezeu nu are amnezie cu privire la păcatele noastre. El a decis, pentru El Însuși: „Nu-Mi voi mai aduce aminte de păcatele tale" (Is. 43:25). Cu alte cuvinte, El nu folosește trecutul nostru împotriva noastră. „Uitarea este un produs secundar și pe termen lung al iertării, însă nu este niciodată un mijloc pentru a ajunge la ea... noi nu ne vindecăm pentru a ierta; noi iertăm pentru a ne vindeca"[73]. Este foarte probabil că nu vom uita niciodată unele dintre rănile trecutului, însă cu ajutorul iertării noi nu vom fi robii lor.

(d) Iertarea nu este ușoară.

Doctorul Tim Clinton scrie:

Iertarea nu este ușoară, însă este întotdeauna necesară. Este nevoie doar de o singură persoană pentru a ierta. Atunci când ajungem la esența acestui lucru, ne dăm seama că abilitatea noastră de a ierta este înrădăcinată în faptul că am fost iertați de Hristos, în Dumnezeu (2 Cor. 5:18–20).[74]

De fapt, a ierta este extrem de dureros și de dificil din punct de vedere emoțional. De ce? Într-un fel, iertarea înseamnă a trăi cu consecințele păcatului altcuiva. Noi toți suntem deja în această situație, din cauza păcatului lui Adam. Totuși, să nu uităm niciodată că Domnul Hristos a plătit pentru toate nedreptățile, de la cele ale primului om până la cele ale ultimei ființe umane care se va naște pe pământul acesta. Shakespeare a scris: „Nu pocăința răufăcătorului este cea care produce iertarea, ci iertarea victimei este cea care ce produce pocăința"[75]. O declarație mișcătoare, nu-i așa?

Biblia ne învață clar: „Prea iubiților, nu vă răzbunați singuri; ci

145

lăsaţi să se răzbune mânia lui Dumnezeu, căci este scris: «Răzbunarea este a Mea; Eu voi răsplăti», zice Domnul" (Rom. 12:19–20).

(e) Iertarea este spre binele nostru.

Augustin a spus: „Resentimentul este ca şi cum ai lua otravă, sperând ca persoana cealaltă să moară"[76]. Opreşte-te un moment. Gândeşte-te profund la aceste cuvinte. Înţelege că iertarea este calea de a ajunge la bunăstarea spirituală, emoţională şi fizică. Iertarea nu are de-a face în primul rând cu cel care ne-a ofensat, ci are de-a face cu noi. Noi suntem primii beneficiari ai iertării.

Într-un articol intitulat „Iertarea: Viaţa ta depinde de ea", publicat de revista *Family Therapy*, psihiatrul Loren Olson a făcut următoarea observaţie:

> S-a descoperit că persoanele care sunt mai înclinate să ierte greşelile altora au o presiune a sângelui mai scăzută, mai puţine simptome de depresie, iar atunci când ajung la vârsta mijlocie, sunt mai sănătoşi mental şi fizic decât cei care nu iartă uşor.[77]

(f) Iertarea dă un alt înţeles trecutului.

Paul Boese spune: „Iertarea nu schimbă trecutul, însă lărgeşte viitorul"[78]. Prin iertare dobândim eliberarea de trecutul nostru şi de cei care ne-au abuzat. A ierta este asemenea eliberării unui prizonier, însă vei descoperi că prizonierul eşti tu[79]. Chiar mai important este faptul că nu putem schimba cele petrecute, însă putem schimba semnificaţia lor.

După mulţi ani de consiliere, David A. Seamands şi-a dat seama că există două cauze majore ale afecţiunilor psihologice şi ale problemelor emoţionale, pe care le experimentează mulţi creştin evanghelici. Aceste cauze sunt: „Eşecul de a înţelege, a primi şi a trăi practic harul necondiţional al lui Dumnezeu şi iertarea Sa. Eşecul de a dărui altora dragoste, iertare şi har într-un mod necondiţionat"[80].

Să privim pe scurt la aceste două cauze:

(1) Eșecul de a înțelege, a primi și a trăi practic harul necondiționat al lui Dumnezeu și iertarea Sa

Înțelegerea greșită a harului necondiționat al lui Dumnezeu și a modului în care operează el duce la incapacitatea de a-l primi pe deplin. Această înțelegere greșită îi duce pe mulți creștini la o acceptare bazată pe performanță. Seamands scrie: „Mulți dintre noi suntem așa. Citim o teologie bună a harului, și o credem. Însă nu acesta este modul în care trăim. Noi credem în har în mintea noastră, însă nu și la nivelul instinctiv al emoțiilor noastre, sau în relațiile noastre"[81]. Ca urmare, cunoașterea prin experiență a Trinității este aspectul cel mai important din viețile noastre de ucenici ai lui Isus. Chiar dacă am mai menționat lucrul acesta, se potrivește și aici ceea ce a scris A.W. Tozer:

Ceea ce ne vine în minte atunci când ne gândim la Dumnezeu este lucrul cel mai important din viețile noastre. Din acest motiv, întrebarea cea mai serioasă ce se află în fața Bisericii este întotdeauna privitoare la Dumnezeu Însuși, iar lucrul care spune cel mai mult despre un om nu are de-a face cu ceea ce el spune sau face la un moment dat, ci cu modul în care Îl concepe pe Dumnezeu în străfundurile inimii sale.[82]

(2) Eșecul de a dărui altora dragoste, iertare și har într-un mod necondiționat

Mulți dintre noi cred că putem merita harul și iertarea lui Dumnezeu. Aceasta este o minciună venită din fundul iadului. Ca rezultat al acestei concepții greșite, nu reușim să acceptăm și să primim dragostea, iertarea și harul minunat al lui Dumnezeu. Când eșuăm în acest domeniu important, nu reușim să-i iertăm pe ceilalți și să le oferim har. David Seamands scrie:

Aceasta duce la ruinarea relațiilor noastre interpersonale; duce la conflicte emoționale cu ceilalți. Cei neiertați sunt neiertători, intrând în acest cerc vicios, pentru că ei nu pot fi iertați... Astfel, cercul vicios devine și mai vicios. Cei ce nu au parte de acceptare sunt cei care nu-i acceptă pe alții. Cei neiertați sunt neiertători. Cei cărora nu li se oferă har nu oferă har altora. De fapt, comportamentul lor este de-a dreptul scandalos uneori, ducând la conflicte emoționale și la relații rupte.[83]

Haideți acum să explorăm ce înseamnă cu adevărat iertarea.

1. Iertarea de păcate

Aphesis, termenul grecesc tradus prin „a ierta" în Noul Testament, înseamnă literal „a trimite". Vezi exemplele din Noul Testament, din Matei 26:28 și Fapte 2:38, care sunt asociate cu iertarea păcatelor.

2. A arăta bunătate

Charizomai înseamnă „a acorda un favor", sau „a arăta bunătate" (vezi Rom. 8:32). Charizomai este tradus prin „a da fără plată".

3. A spăla (păcatele noastre)

Apolouo înseamnă „a spăla". Vezi Fapte 22:16: „Și acum, ce zăbovești? Scoală-te, primește botezul, și fii spălat de păcatele tale, chemând Numele Domnului".

4. A elibera sau a răscumpăra

Apolutrosis înseamnă răscumpărare. Biblia folosește cuvântul răscumpărare ca echivalent pentru iertare. În Efeseni 1, versetul 7, citim: „În El avem răscumpărarea, prin sângele Lui, iertarea păcatelor, după bogățiile harului Său". Mai mult, Domnul Isus Și-a început slujirea declarând:

Duhul Domnului este peste Mine, pentru că M-a uns să vestesc săracilor Evanghelia; M-a trimis să tămăduiesc pe cei cu inima zdrobită, să propovăduiesc robilor de război slobozirea, și orbilor căpătarea vederii; să dau drumul celor apăsați și să vestesc anul de îndurare al Domnului. (Luca 4:18–19)

Definiția iertării

1. Definiția teologică

Iertarea biblică este acțiunea și atitudinea lui Dumnezeu Cel Sfânt și Neprihănit, potrivit cu bogăția și plinătatea harului Său. Acest fel de iertare este bazată pe jertfa sfântă și fără prihană a lui Isus Hristos pe crucea Calvarului. Dumnezeu a hotărât să plătească pentru toate păcatele omenirii: trecute, prezente și viitoare, și să dea viață veșnică tuturor celor care vin la El prin credința în Isus Hristos. Mai mult, El acoperă toți sfinții iertați cu neprihănirea lui Hristos și le acordă privilegiul de neînchipuit de a trăi în prezența lui Dumnezeu, în eternitate.

2. Iertarea din perspectiva lui Dumnezeu

Iertarea lui Dumnezeu oferă o acoperire totală și pentru totdeauna a datoriei noastre. Vă aduceți aminte de pilda despre iertare din Matei 18:27? Acolo citim: „Stăpânul robului aceluia, făcându-i-se milă de el, i-a dat drumul și i-a iertat datoria”.

Îmi place ce scrie Mica:

Care Dumnezeu este ca Tine, care ierți nelegiuirea și treci cu vederea păcatele rămășiței moștenirii Tale? El nu-Și ține mânia pe vecie, ci Îi place îndurarea! El va avea iarăși milă de noi, va călca în picioare nelegiuirile noastre, și vei arunca în fundul mării toate păcatele lor. (Mica 7:18–19)

Ai înțeles? Dumnezeu va arunca toate păcatele noastre în fundul mării! Uimitor!

Pavel, de asemenea, scrie:

Pe voi, care eraţi morţi în greşelile voastre şi în firea voastră pământească netăiată împrejur, Dumnezeu v-a adus la viaţă împreună cu El, după ce ne-a iertat toate greşelile. A şters zapisul cu poruncile Lui, care stătea împotriva noastră şi ne era potrivnic, şi l-a nimicit, pironindu-l pe cruce. (Col. 2:13–14)

Corrie Ten Boom[84] a spus: „Când ne mărturisim păcatele... Dumnezeu le aruncă în oceanul cel mai adânc, se duc pe vecie... Apoi Dumnezeu pune un semn acolo, care spune: *Pescuitul interzis!*"[85]

3. Definiţia seculară

1. a: a renunţa la a nutri resentimente, sau la a căuta răzbunare (a ierta o insultă); b: a renunţa la a fi plătit pentru ceva (a ierta o datorie)
2. A înceta să mai nutreşti resentimente împotriva celui care te-a ofensat (a scuza – a-ţi ierta duşmanii).[86]

David A. Seamands ne recomandă trei teste pentru iertarea altora. Secţiunea următoare este adaptarea mea, pe baza cărţii sale, *Healing for Damaged Emotions*.

(1) Testul de detectare a resentimentelor. Ia foarte în serios învăţătura despre iertare. Pune-ţi o întrebare importantă: Există vreo persoană faţă de care am resentimente, o persoană pe care nu am iertat-o până acum? Cere Duhului Sfânt să-ţi aducă în minte oamenii pe care trebuie să-i ierţi.

(2) Testul răspunderii. Îţi asumi răspunderea pentru acţiunile tale? Sau este mai uşor să-i acuzi pe alţii în continuare pentru ceea ce se întâmplă? Pe măsură ce devenim liberi şi suntem vindecaţi prin iertare, trebuie să învăţăm să oferim altora iertare. Trebuie să ne asumăm răspunderea pentru propriile noastre greşeli şi eşecuri.

(3) Testul amintirii şi reacţiei. În cazul acesta, întrebarea sună cam aşa: Te surprinzi reacţionând negativ la o persoană, pentru că îţi aminteşte de altcineva care te-a ofensat? Dacă este aşa, înseamnă că nu ai iertat cu adevărat acea persoană, din toată inima.

Cu aproape două mii de ani în urmă s-a întâmplat cea mai mare nedreptate din univers: răstignirea lui Isus pe crucea Calvarului. În minunata Lui înțelepciune, compasiune, îndurare și har, Dumnezeu a luat actul cel mai rău săvârșit vreodată și l-a transformat în darul cel mai sublim pentru omenire: *mântuirea*.

Eliberare prin iertare[87]

Dumnezeu ne-a mântuit. Tatăl nostru ceresc ne-a iertat nu pentru că meritam iertare, ci pentru că El este plin de îndurare, iar bunătatea Lui este veșnică. Psalmistul declară: „Lăudați pe Domnul, căci este bun, căci în veac ține îndurarea Lui" (Ps. 107:1). Noi suntem invitați să-L imităm pe Domnul. Noi toți am fost, într-un fel sau altul, răniți, neglijați, respinși, trădați, înjosiți și ofensați. Totuși, suntem chemați să-i iertăm pe cei care nu merită. Dacă nu o facem, suntem într-un pericol real de a-i oferi lui Satan o portiță de intrare. Pavel ne avertizează: „Dar pe cine iertați voi, îl iert și eu. În adevăr, ce am iertat eu – dacă am iertat ceva – am iertat pentru voi, în fața lui Hristos, ca să nu lăsăm pe Satana să aibă un câștig de la noi; căci nu suntem în neștiință despre planurile lui" (2 Cor. 2:10, 11).

Anderson recomandă celor care sunt dispuși să treacă prin procesul iertării să înceapă cu rugăciunea. Te invit să faci următoarea rugăciune:

Dragă Tată ceresc, îți mulțumesc pentru bogățiile bunătății, îngăduinței și răbdării Tale față de mine, știind că bunătatea Ta m-a condus la pocăință. Mărturisesc că nu am arătat aceeași bunătate și răbdare față de cei care m-au jignit și m-au ofensat (Rom. 2:4). Dimpotrivă, am manifestat în continuare mânie, amărăciune și resentimente față de ei. Te rog să-mi amintești de toți oamenii pe care trebuie să-i iert, ca să-i pot ierta chiar acum. Mă rog în Numele lui Isus. Amin. [88]

Să continuăm procesul: Cere-i Duhului Sfânt să-ți descopere

orice amintiri dureroase pe care le-ai uitat sau le-ai îngropat. Fă o listă cu toți oamenii care te-au rănit și cu toate lucrurile cu care ți-au greșit. Așteaptă, ascultă și completează lista.

De la Adam și Eva încoace, toți oamenii au greșit unii față de alții. Nimeni nu este nevinovat. Pavel scrie: „Căci toți au păcătuit și sunt lipsiți de slava lui Dumnezeu" (Rom. 3:23). Noi toți am fost concepuți în păcat și suntem înclinați spre păcat. Psalmistul strigă: „Iată că sunt născut în nelegiuire, și în păcat m-a zămislit mama mea" (Ps. 51:5). Astfel, potrivit lui Anderson: „Iertarea înseamnă a fi de acord să trăiești cu consecințele păcatului altei persoane"[89]. Să nu uităm că doar crucea face ca iertarea să fie legală și dreaptă din punct de vedere moral.

Poate că ești prea sever cu tine însuți. Trebuie să te ierți și pe tine. Nu uita: Dumnezeu te-a iertat deja.

Poate că ești mânios pe Dumnezeu. Ți-ai ridicat pumnii împotriva cerului, strigând: „Doamne, unde ești? Nu vezi ce mi se întâmplă?" În felul acesta, ești mânios și supărat pe Dumnezeu. Scrie pe o hârtie toate sentimentele negative pe care le ai față de Dumnezeu. Pentru a experimenta vindecare emoțională și a primi pace desăvârșită de la Dumnezeu, trebuie să te debarasezi de toate aceste resentimente.

Procesul iertării trebuie inițiat imediat. Nu trebuie să așteptăm ca persoana care a greșit față de noi să vină și să ne ceară iertare. S-ar putea ca aceasta să nu se întâmple niciodată. Dimpotrivă, trebuie să călcăm pe urma pașilor lui Isus, care i-a iertat pe cei care L-au răstignit fără a se aștepta ca ei să-i ceară iertare. Luca ne aduce aminte cuvintele Lui: „Tată, iartă-i, căci nu știu ce fac!" (Luca 23:34).

Nu trebuie să așteptăm până când simțim că suntem gata să iertăm. Nu uita: **iertarea este o alegere.** De aceea, alege să ierți. Începe cu prima persoană de pe lista pe care o ai. Adu la cruce, rând pe rând, fiecare persoană și fiecare rană. Închipuie-ți că stai înaintea lui Isus. Asigură-te că ești onest din punct de vedere emoțional. Exprimă-ți înaintea lui Dumnezeu, fără rețineri, mânia, durerea și resentimentele privitoare la fiecare persoană și fiecare situație în parte. Stai în rugăciune pentru fiecare persoană pe care trebuie să o ierți, până când te-ai ocupat de toată durerea și de toate rănile.

Când treci prin procesul iertării, este important să faci acest lucru din inimă. Îți amintești de interpretarea pe care a dat-o Hristos pildei robului nemilostiv? El a zis: „Tot așa vă va face și Tatăl Meu cel ceresc, dacă fiecare din voi nu iartă din toată inima pe fratele său" (Mat. 18:35). Dacă trecem prin acest proces doar la nivel intelectual și nu permitem durerii emoționale să iasă la suprafață, este aproape imposibil să experimentăm vindecarea emoțională. Cheamă-L pe Isus să atingă locul care te doare. Întreabă-L unde a fost când s-a întâmplat aceasta. Așteaptă și vizualizează. Cere-i lui Isus să-ți vindece rănile. Cere-i lui Isus să ierte această persoană pentru ceea ce a făcut rău. Dr. Anderson avertizează: „Dacă iertarea pe care o acorzi nu atinge centrul emoțional al vieții tale, ea nu va fi completă"[90]. În ceea ce privește iertarea din inimă, trebuie să acționăm în mod deliberat. Trebuie să ne rugăm lui Dumnezeu să ne dea tărie emoțională pentru a putea înfrunta durerea, mânia și dezamăgirea.

Renunță la orice dorință de a te răzbuna sau de a întoarce răul celui care te-a ofensat. Nu te mai crampona de ceea ce ți-a făcut. Iartă persoana în cauză, încredințând-o – pe ea și întreaga situație – lui Isus. Cere compasiune, îndurare și înțelegere pentru această persoană și situația creată. Schimbă mânia pe care o ai cu dragostea și îndurarea lui Dumnezeu. Binecuvântează persoana în cauză chiar în domeniul în care te-a rănit.

Cooperează cu Duhul Sfânt. S-ar putea ca El să scoată la suprafață multe răni și amintiri dureroase. Stai acolo, înaintea crucii, până când harul, îndurarea și iertarea îți invadează inima și mintea.

După ce termini cu toți cei pe care îi ai pe listă, rostește cu voce tare următoarea rugăciune:

Doamne Isuse, aleg să iert pe (numele persoanelor în cauză) pentru (ceea ce ți-au făcut sau nu au reușit să facă pentru tine), din cauză că acest lucru m-a făcut să mă simt (împărtășește sentimentele dureroase, de exemplu: respins, murdar, fără de valoare, inferior etc.).[91]

Ia o decizie conștientă de a renunța la orice resentimente. Apoi rostește următoarea rugăciune:

Doamne Isuse, aleg să renunț la orice resentimente. Renunț

la dreptul de a căuta să mă răzbun și îți cer să-mi vindeci sentimentele rănite. Îți mulțumesc că m-ai eliberat de robia amărăciunii. Îți cer acum să-i binecuvântezi pe cei care m-au rănit. Mă rog în Numele lui Isus. Amin.[92]

O poveste uimitoare despre iertare

Corrie ten Boom, o creștină evlavioasă care a supraviețui holocaustului, își povestește viața într-o carte care se numește *Refugiul (The Hiding Place)*. Corrie și sora ei, Betsy, au fost arestate și duse la închisoare. Au fost plasate într-un loc oribil, un lagăr din localitatea Ravensbruck. Locul acesta fusese construit pentru 200 de oameni, însă acolo fuseseră înghesuite peste 1200 de femei. În ciuda acestei situații teribile, ea își amintește că Dumnezeu a vegheat asupra lor și le-a păzit în diferite situații grele.

Din cauza unei erori administrative, după câțiva ani, Corrie a fost eliberată din închisoare. În ziua următoare, toate femeile de vârsta ei au fost exterminate. Ea a ajuns acasă și a început să povestească prin ce trecuse. Există și un film, care a fost făcut după cartea scrisă de ea. Corrie ten Boom are o mărturie puternică a iertării și dragostei. Ideea este că Dumnezeu ne poate trece cu bine prin orice situație.

Mânată de dragostea lui Isus, Corrie s-a dus în Germania înfrântă să împărtășească mesajul iertării și al dragostei. După una dintre întâlniri, a descoperit că printre cei de acolo era și unul dintre gardienii cei mai cruzi din Ravensbruck. Betsy, sora lui Corrie, suferise mult din cauza lui, înainte de a muri în acel lagăr. El i-a spus lui Corrie că acum este un copil al lui Dumnezeu, și că tocmai îi ceruse lui Isus să intre în inima lui. Îi ceruse lui Dumnezeu să-l ierte pentru păcatele groaznice pe care le săvârșise. Chiar se rugase ca Dumnezeu să-i dea ocazia să-și ceară iertare de la cel puțin una dintre victimele lui. Rugăciunea lui și-a primit răspuns: Corrie ten Boom stătea acum în fața lui. El a abordat-o, spunându-i: „Domnișoară ten Boom, vreau să fiu iertat". Apoi a dorit să dea mâna cu Corrie. În acel moment, ea a înghețat; nu putea să îi întindă mâna. Amintirea sorei ei pe moarte era încă vie în memoria ei.

Corrie mărturisește că în acel moment s-a rugat pentru ajutorul lui Dumnezeu, ca să biruiască ura şi neiertarea pe care încă le mai nutrea faţă de fostul gardian din lagărul de concentrare. A cerut dragostea lui Dumnezeu, conform promisiunii din Romani 5:5. Apoi a simţit că dragostea lui Dumnezeu curge prin mâinile ei. Şi în acel moment a reuşit să-l ierte şi să-l numească frate. Apoi a dat mâna cu fostul criminal.

Aceasta este o întâmplare de foarte mare impact despre iertare, nu-i aşa?

Beneficiile iertării

Unul dintre beneficiile cele mai importante ale iertării este pacea lui Dumnezeu, pe care o primim când Îl ascultăm pe Hristos din inimă. Al doilea beneficiu este că nu-i dăm ocazia lui Satan să ne ruineze viaţa. Concluzia este că, atunci când iertăm din inimă, ne comportăm într-un mod conform caracterului lui Isus.

Pe lângă beneficiile spirituale, iertarea ne aduce şi beneficii fizice şi psihologice. Iată descoperirile făcute de membrii personalului de la Mayo Clinic: „Renunţarea la resentimente şi amărăciune poate deschide calea pentru fericire, sănătate şi pace"[93].

Într-unul dintre articolele lor, ei enumeră câteva beneficii:

- Relaţii mai sănătoase
- O mai mare bunăstare spirituală şi psihică
- Mai puţină nelinişte, stres şi ostilitate
- Tensiune arterială mai scăzută
- Mai puţine simptome de depresie
- Un sistem imunitar mai sănătos
- O sănătate a inimii îmbunătăţită
- O stimă de sine mai mare

Ei enumeră, în acelaşi articol, câteva efecte negative ale neiertării:

- Mânie şi amărăciune în fiecare relaţie şi experienţă nouă
- Cel care nu iartă este consumat de acel rău din trecut într-o aşa măsură încât nu se poate bucura de prezent

- Depresie și neliniște
- Viața nu are semnificație și scop, cel care nu iartă se află
  în conflict cu crezurile spirituale
- Lipsa unor legături valoroase și binefăcătoare cu ceilalți

Mai mult, cercetările recente arată că oamenii care fac acest pas mintal important și iartă, au parte și de un alt beneficiu extraordinar: ei trăiesc mai mult.

Profesorul doctor Susan Krauss Whitbourne a scris un articol, „Trăiește mai mult practicând iertarea", publicat în revista *Psichology Today* în ianuarie 2013. Ea a atestat faptul că beneficiul iertării este o viață lungă, de o calitate superioară. Afirmația ei este susținută și de studiul numit „Iartă pentru a trăi", publicat în *Journal of Behavioral Medicine*. Acest studiu a fost condus de psihologul Loren Toussaint și de colegii lui de la Luther College. Ei au investigat relația dintre iertare, religiozitate, spiritualitate, sănătate și mortalitate, pe un eșantion de 1500 de adulți, cu o vârstă de peste 66 de ani. Aceasta este una dintre primele cercetări care atestă faptul că iertarea are ca beneficiu o viață lungă.

Întrebări de reflecție

Te rog să reflectezi la următoarele întrebări, apoi să-ți împărtășești gândurile cu mentorul tău sau cu grupul de ucenicie creștină.

1. Ce ți-a plăcut cel mai mult din acest capitol? Te rog să notezi câteva detalii.

2. Ce concepte noi ai învățat din acest capitol? Te rog să le enumeri și să le explici.

3. Care sunt gândurile tale cu privire la cele zece etape prin care oamenii, ajung să aibă o inimă neiertătoare?

4. După ce citești secțiunea intitulată „Eliberare prin iertare", te rog să notezi câteva idei sau experiențe personale.

5. Ce te-a frapat cel mai mult în acest capitol?

10. Puterea iertării

[68] Cât valorează un talant de aur? Un talant roman cântărea 32,3 kilograme (71 lb), www.en.wikipedia.org. Accesat pe 28 februarie 2017. https://en.wikipedia.org/wiki/Talent_(measurement). Deci, 10000 de talanți echivalează cu 323000 de kilograme de aur pur. Când am făcut calculul, prețul pe un kilogram de aur era de 40122 de dolari. Faceți calculele și veți ajunge la valoarea astronomică de 12959406000 de dolari. www.goldprice.org. Accesat pe 28 februarie 2017. https://goldprice.org/gold-price-per-kilo.html. Concluzia este că aceasta este o sumă uriașă de bani pe care sclavul o datora regelui. Aceasta reprezintă păcătoșenia noastră, care nu poate fi plătită de nici unul dintre noi. Numai Dumnezeu a fost capabil să plătească toată datoria, dându-L ca jertfă pe singurul Lui Fiu pe crucea Calvarului.

[69] Cât înseamnă 100 de dinari? Un dinar era salariul pentru o zi de lucru pe vremea lui Isus. Un dinar – este o monedă romană, de obicei de argint, în greutate de circa patru grame, www.en.wikipedia.org. Accesat pe 28 februarie 2017. https://en.wikipedia.org/wiki/Denarius. 100 de dinari ar fi circa 3650 de dolari. „Conform cu U.S. Census Bureau, în 2014, venitul mediu al unei familii a fost de circa 73.298 de dolari pe an. Cu toate acestea, acest lucru nu spune întreaga poveste. În funcție de situația familială, locul de muncă și regiune, venitul mediu poate varia drastic." www.usatoday.com. Accesat pe 28 februarie 2017, http://www.usatoday.com/story/money/personalfinance/2016/11/24/ average-american-household-income/93002252/.

[70] Dr. Charles Stanley, *The Gift of Forgiveness*, Thomas Nelson, Nashville, Tennessee, 1991, p. 91-96

[71] Pentru a procesa reconcilierea cu cineva, te încurajez să ceri ajutorul unui consilier creștin calificat.

[72] Neil T. Anderson, *The Bondage Breaker*, Harvest House Publishers, Eugene, OR, 2000, p. 222.

[73] Neil. T. Anderson, *The Steps to Freedom in Christ*, Gospel Light, Colorado Springs, CO, 2004, p. 11.

[74] Dr. Tim Clinton, „The Deep Oil of Forgiveness", www.aacc.net. Accesat pe 19 februarie 2014. http://www.aacc.net/2014/02/18/the-deep-oil-of-forgiveness-4/.

[75] William Shakespeare, "The Merchant of Venice," Actul 4 scena 1.

[76] „Quotes By Saint Augustine." www.sniblit.com. Accesat pe 28 februarie 2017, http://www.sniblit.com/Saint-Augustine-Quotes.html.

[77] Olson, L. A., (2011, March/April). "Forgiveness: Your Life Depends Upon It." Family Therapy, 10 (2), 28-31. www.aacc.net. Accesat pe 19 februarie 2014.

[78] Paul Boese, www.quotespedia.org. Accesat pe 28 februarie 2017. https://bit.ly/3PQnHbl.

[79] Lewis Smedes, www.brainyquote.com. Accesat pe 28 februarie 2017, https://www.brainyquote.com/quotes/lewis_b_smedes_135524.

[80] David A. Seamands și Beth Funk, *Healing for Damaged Emotions Workbook*, David Cook, Colorado Springs, CO, 2015, p. 45.

[81] *Healing for Damaged Emotions Workbook*, p. 46.

[82] A.W. Tozer, *The Knowledge of the Holy, p. 9.*

[83] *Healing for Damaged Emotions Workbook*, p. 49.

[84] Corrie ten Boom, creștină devotată și supraviețuitoare a Holocaustului, își relatează povestea în cartea *The Hiding Place*. www.bible.org. Accesat pe 28 februarie 2017.

[85] „40 Powerful Quotes from Corrie Ten Boom", www.crosswalk.com. Accesat pe 3 martie 2017. https://www.crosswalk.com/faith/spiritual-life/inspiring-quotes/40-powerful-quotes-from-corrie-ten-boom.html

[86] „Forgive", www.merriam-webster.com. Accesat pe 27 februarie, 2017. https://www.merriam-webster.com/dictionary/forgive.

[87] Adaptat după Step Three: "Bitterness vs. Forgiveness", din cartea lui Dr. Neil T. Anderson, *The steps to freedom in Christ*, Gospel Light, Colorado Springs, CO: 2004, p. 11-13.

[88] *The Bondage Breaker*, p. 223.

[89] Ibid, p. 224.

[90] Anderson, Steps, p. 12.

[91] Ibid, p. 12.

[92] Ibid, p. 12.

[93] Mayo Clinic Staff, „Forgiveness: Letting go of grudges and bitterness", 13 noiembrie, 2014. www.mayoclinic.org. Accesat pe 27 februarie 2017. https://www.mayoclinic.org/healthy-lifestyle/adult-health/in-depth/forgiveness/art-20047692?pg=1.

11. PUTEREA ÎNNOIRII MINȚII

Cu privire la felul vostru de viață din trecut, să vă dezbrăcați de omul cel vechi care se strică după poftele înșelătoare; și să vă înnoiți în duhul minții voastre.
Efeseni 4:22–23

Într-o dimineață, cu ceva timp în urmă, m-am trezit având foarte viu în minte pasajul din Efeseni 4:20 până la 5:2. Imediat, în sufletul meu am auzit o voce: *„Credincioșii trebuie să se pocăiască".* Înnoirea minții (gr. *metanoia*[94]) este un proces continuu. Am examinat cu mai mare atenție textul din Efeseni. După aceasta, adevărul spiritual profund pe care îl primisem înainte a căpătat și mai mult contur, în special în contextul capitolului 4 al aceleiași epistole. Aici este vorba de creșterea și maturitatea spirituală, subiect despre care am scris pe larg în capitolele anterioare. Pavel explică aceste lucruri în Efeseni 4:11–16. Având în minte acest context, Pavel continuă să-i învețe pe credincioși, în termenii cei mai practici, ce este cu adevărat viața creștină.

Lucrurile sunt uimitor de clare atunci când sunt luate în contextul în care au fost scrise! Pavel, sub inspirație divină, tocmai și-a terminat gândul cu privire la zidirea trupului lui Hristos: „Din El tot trupul, bine închegat și strâns legat, prin ceea ce dă fiecare încheietură, își primește creșterea, potrivit cu lucrarea fiecărei părți în măsura ei, și se zidește în dragoste" (Efes. 4:16). După această declarație impresionantă, el pune în contrast *„modul de viață creștin"* cu *„viața neamurilor"*. Expresia cheie pe care o folosește aici este *„în deșertăciunea gândurilor lor"*. Este un contrast atât de izbitor!

Iată ce spune el:

Iată, dar, ce vă spun și mărturisesc eu în Domnul: să nu mai trăiți cum trăiesc păgânii în deșertăciunea gândurilor lor, având mintea întunecată, fiind străini de viața lui Dumnezeu, din pricina neștiinței în care se află în urma împietririi inimii lor. Ei și-au pierdut orice pic de simțire, s-au dedat la desfrânare și săvârșesc cu lăcomie orice fel de necurăție. (Efes. 4:17–19)

Uimitor, nu-i așa? Pavel continuă cu conjuncția „*dar*", care face contrastul chiar mai evident. În paragraful următor, el folosește o altă expresie cheie: „să vă înnoiți în duhul minții voastre". Iată cum sună:

Dar voi n-ați învățat așa pe Hristos; dacă, cel puțin, L-ați ascultat și dacă, potrivit adevărului care este în Isus, ați fost învățați cu privire la felul vostru de viață din trecut, să vă dezbrăcați de omul cel vechi care se strică după poftele înșelătoare; și să vă înnoiți în duhul minții voastre, și să vă îmbrăcați în omul cel nou, făcut după chipul lui Dumnezeu, de o neprihănire și sfințenie pe care o dă adevărul. (Efes. 4:20–24)

Genial, nu-i așa?

Cu alte cuvinte, procesul creșterii și maturizării spirituale implică o pocăință continuă – *a fi înnoit continuu în duhul minții*. Uimitor! Mintea noastră, a credincioșilor născuți din nou, în care locuiește Hristos, are o dimensiune spirituală. Acest aspect este crucial în procesul sfințirii progresive. Printr-o ascultare voluntară, la nivelul minții, noi exersăm dimensiunea spirituală și, cu ajutorul Cuvântului lui Dumnezeu, ne înnoim mințile. Potrivit lui Pavel, acest lucru face parte din procesul continuu de formare spirituală. Tocmai acesta este domeniul în care mulți creștini au probleme ce țin de viața reală – *ei uită să-și înnoiască mințile.*
Îmi aduc aminte de versetele unei cântări vechi inspirate din Galateni 3:27, pe care membrii bisericii în care am fost botezat cu mulți ani în urmă au cântat-o cu acea ocazie:

Câți în Hristos v-ați botezat,
Întru Hristos v-ați și îmbrăcat.
Aleluia! Aleluia!

Acest aspect este absolut adevărat din punct de vedere spiritual. Acest adevăr se află chiar în miezul nașterii din nou. Totuși, în Efeseni 4:20–24, Pavel vorbește despre manifestarea și vizibilitatea lui Hristos în viețile noastre zilnice. Cu alte cuvinte, întrucât este foarte adevărat că, atunci când m-am născut din nou am fost îmbrăcat cu Hristos, aspectul aceasta ar trebui să fie adevărat și în felul în care îmi trăiesc viața în mod practic. Ar trebui ca în mine să se vadă natura și caracterul lui Hristos.

Cineva ar putea întreba: *Cum ar trebui să procedez cu privire la felul meu de viață din trecut?* Cuvântul lui Dumnezeu ne spune exact cum să procedăm. Cum putem face lucrul acesta? *Prin înnoirea minții noastre.* Noi nu trebuie să lăsăm lumea să ne modeleze și să ne formeze conform valorilor ei. Dimpotrivă, trebuie să fim transformați.

Pavel ne spune foarte direct: „Să nu vă potriviți chipului veacului acestuia, ci să vă prefaceți (gr. *metamorfoo*—transformați în mod supranatural), prin înnoirea (gr. *anakaínōsis*—o înnoire realizată prin puterea lui Dumnezeu) minții voastre, ca să puteți deosebi bine voia lui Dumnezeu: cea bună, plăcută și desăvârșită" (Rom. 12:2). Procesul de transformare prin înnoirea minții este un proces zilnic, care durează toată viața. Procesul acesta implică dezbrăcarea de omul vechi și îmbrăcarea cu omul cel nou – „făcut după chipul lui Dumnezeu, de o neprihănire și sfințenie pe care o dă adevărul" (Efes. 4:24).

Tot ceea ce spune Pavel, de la Efeseni 4:25 până la sfârșitul epistolei, reprezintă pași practici pe care credincioșii trebuie să-i facă în toate sferele vieții: familie, mediul de afaceri, biserică, războiul spiritual și așa mai departe.

Bazându-mă pe adevărurile spirituale pe care le-am înțeles în acea dimineață, aș dori să vă împărtășesc, în următoarele pagini, câțiva *pași practici pentru înnoirea minții.*

1. Transparență în relațiile creștine

Pavel scrie: „De aceea, lăsați-vă de minciună: «Fiecare dintre voi să spună aproapelui său adevărul», pentru că suntem mădulare unii altora" (Efes. 4:25).

Noi, credincioșii, dacă nu suntem atenți, putem fi prinși ușor în pânza de păianjen țesută atât de atent de „dumnezeul acestei lumi", ajungând să le spunem celor din jurul nostru ceea ce-și doresc să audă, pentru fi acceptați și eventual iubiți de ei. Încercarea de a fi corecți din punct de vedere politic este ceva greșit.

În contextul bisericii locale, alunecăm cu mare ușurință pe panta vorbirii pe placul celor mai mulți din adunare. Ascundem realitatea din inimile noastre, pentru ca nu cumva să fim răniți. Foarte curând, noi suntem atât de prinși în această pânză de păianjen, prin diferite forme de minciună, încât nu mai vedem realitatea. Biblia ne interzice clar acest lucru. Trebuie să-I cerem Duhului Sfânt să Se ocupe de acea rană adâncă, prin care am fost condiționați să căutăm să fim pe placul oamenilor, în loc de a fi pe placul lui Dumnezeu. Doar după ce suntem vindecați emoțional pe deplin, vom fi împuterniciți de Duhul Sfânt să vorbim adevărul în dragoste.

Nu-i de mirare că Pavel îi îndeamnă pe slujitorii Domnului să aibă discernământ spiritual (vezi 2 Tim. 2:24–26). Trebuie să nu uităm că transparența spirituală este crucială în procesul transformării spirituale. Sunt tot mai convins că transformarea spirituală (metamorfoza) este aproape imposibilă fără transparență (vezi 2 Cor. 3:18).

2. Exercitarea stăpânirii de sine

Pavel scrie: „«Mâniați-vă și nu păcătuiți.» Să n-apună soarele peste mânia voastră și să nu dați prilej diavolului!" (Efes. 4:26–27)

Mânia este o emoție puternică. Aristotel scrie: „Oricine se poate mânia – asta este ușor, dar să fii mânios cu persoana corectă și la gradul corect și la momentul corect și pentru scopul corect, și în modul corect - acest lucru nu stă în puterea oricui și nu este ușor"[95]. Iată o simplă definiție a mâniei: „Mânia este un sentiment puternic de supărare sau iritare din cauza unui lucru greșit sau rău.

Sentimentul care-l face pe om să dorească să-i rănească pe alții, sau să strige"[96]. Apreciez explicația pe care o dă mâniei Andrew D. Lester, profesor de teologie și consiliere pastorală în cadrul Brite Divinity School, Texas Christian University. El afirmă: „Mânia își are originea în creație, nu în condiția noastră păcătoasă... Mânia este legată de faptul că suntem în trup și este un ingredient de bază al imago Dei, este de fapt un dar de la Dumnezeu"[97]. O afirmație interesantă, nu-i așa? Cu alte cuvinte, noi ne mâniem din cauză că așa a fost creată structura noastră interioară. Producătorii de mașini și firmele de automobile le echipează cu diferite lămpi de avertizare și indicatoare de bord, care să-l avertizeze pe șofer că ceva nu este în regulă sub capotă; tot așa, Dumnezeu a pus în structura noastră interioară capacitatea de a ne mânia, atunci când ne simțim amenințați sau ne confruntăm cu nedreptatea.

Îmi place modul în care pastorul și autorul Ed Chinn exprimă acest lucru: „Mânia este una dintre principalele *lămpi de avertizare* din viață"[98]. În cazul în care există o amenințare reală (de exemplu pericol fizic), o amenințare imaginară (de exemplu percepția unei nedreptăți, oprimări, umiliri) sau pur și simplu lipsa controlului asupra unor situații sau împrejurări adverse, este normal să te mânii. Pavel nu ne spune să suprimăm mânia, dar să nu păcătuim sub influența ei. El scrie: *„Mâniați-vă, dar nu păcătuiți"*. Dacă mânia nu este stăpânită, ea poate izbucni și deschide o portiță vrăjmașului, ca să lucreze în viețile noastre.

Tot astfel, Iacov ne avertizează:

Știți bine lucrul acesta, prea iubiții mei frați! Orice om să fie grabnic la ascultare, încet la vorbire, zăbavnic la mânie; căci mânia omului nu lucrează neprihănirea lui Dumnezeu. (Iac. 1:19–20)

Iacov nu ne sugerează să pretindem că nu suntem mânioși. El numai spune că, atunci când acționăm sub influența acestei emoții, noi nu o facem în conformitate cu neprihănirea lui Dumnezeu. Aspectul acesta trebuie să ne facă să ne oprim și să reflectăm profund. Așadar, dacă suprimarea mâniei nu este o soluție, atunci care este soluția? Trebuie să ne recunoaștem emoțiile înaintea lui Dumnezeu și să ne rugăm să ne dea perspectiva Sa asupra fiecărei situații. Dacă suntem dispuși să renunțăm la mânie, Duhul Sfânt este gata să ne ajute să ne explorăm unele emoții mai profunde și să dăm de răni mult mau dureroase. La momentul rânduit de Dumnezeu, acest lucru va duce la vindecare și transformare. Adevărul este că mânia – fie ascunsă (acoperită), fie pe față (descoperită) – *perturbă* multe biserici și distruge părtășia dintre credincioși. Mai mult, ea duce la destrămarea familiilor.

Pentru copiii lui Dumnezeu, nu trebuie să fie așa. Solomon, omul cel mai înțelept (cu excepția lui Isus) care a umblat vreodată pe acest pământ, a spus că abilitatea de a-ți stăpâni mânia este o trăsătură de caracter foarte importantă; cel care își stăpânește mânia este mai presus de cel care „cucerește cetăți”. Solomon scrie: „Cel încet la mânie prețuiește mai mult decât un viteaz, și cine este stăpân pe sine prețuiește mai mult decât cine cucerește cetăți" (Prov. 16:32).

În același articol citat anterior, Lester recunoaște că de multe ori mânia devine o unealtă pentru rău; totuși, el insistă că mânia este un dar de la Dumnezeu în cel puțin trei moduri, pe care le-am rezumat mai jos:

1. Mai întâi, capacitatea fiziologică și psihologică de a deveni mânios pregătește „minţile și trupurile noastre pentru acțiuni care contribuie la supraviețuirea noastră fizică și psihică".

2. În al doilea rând, putința de a ne „activa capacitatea de a fi mânioși" în situații adecvate continuă să ne protejeze „sănătatea noastră fizică, mentală și spirituală".

3. În al treilea rând, o mânie adecvată – care reflectă reacțiile mânioase ale lui Isus la rău – ne motivează să vorbim și să acționăm atunci când am fi tentați să tăcem și să nu reacționăm la trebuințele și necazurile imense ale unei lumi afectate de păcat.

Din fericire, pe măsură ce progresăm în maturitatea creștină, în noi se nasc trăsături de caracter pozitive, cum ar fi speranța, curaj, intimitate, conștiință de sine și compasiune. Cu alte cuvinte, pe măsură ce ne maturizăm spiritual și experimentăm puterea transformatoare a Duhului Sfânt, noi suntem tot mai sincronizați cu emoțiile noastre. Ca rezultat al vindecării interioare, suntem mai capabili de a discerne ce ne face mânioși. Putem cădea cu toții de acord că soluția în acest caz nu este „administrarea mâniei". Singurul antidot pentru o emoție atât de puternică este stăpânirea de sine – care este, de fapt, roada Duhului (vezi Gal. 5:22–23). Roada Duhului nu este rezultatul ținerii Legii, indiferent de legea la care ne referim, ci este rezultatul transformării interioare și a călăuzirii Duhului Sfânt.

3. Corectitudinea și integritatea în afaceri

Pavel continuă: „Cine fura, să nu mai fure; ci mai degrabă să lucreze cu mâinile lui ceva bun, ca să aibă să dea celui lipsit" (Efes. 4:28). Trăim într-o societate ale cărei dimensiuni sociale sunt influențate de bani. Ca urmare, statutul unei persoane este influențat de nivelul financiar. Chiar și în anumite adunări statutul cuiva depinde, de multe ori, de bani. Popularitatea este influențată, în mare parte, de succesul financiar. Regele Solomon semnalează acest fapt: „Săracul este urât chiar și de prietenul său, dar bogatul are foarte mulți prieteni" (Prov. 14:20). Știm cu toții că pozițiile politice depind de finanțe. Din nefericire, și pozițiile bisericești depind de bani. Ideea este că, dacă nu suntem atenți, banii, statutul social, popularitatea etc. pot aduce favoritismul și în casa lui Dumnezeu. Iacov scrie, fără ocolișuri:

Frații mei, să nu țineți credința Domnului nostru Isus Hristos, Domnul slavei, căutând la fața omului. Căci, de pildă, dacă intră în adunarea voastră un om cu un inel de aur și cu o haină strălucitoare, și-i ziceți: „Tu șezi în locul acesta bun!" Și apoi ziceți săracului: „Tu stai acolo în picioare!" Sau: „Șezi jos la picioarele mele!" Nu faceți voi oare o deosebire în voi înșivă, și nu vă faceți voi judecători cu gânduri rele? (Iac. 2:1–4)

Ce trebuie să facă un credincios sau un lider creştin? Pavel ne dă un răspuns. El ne învaţă să ne comportăm fără prejudecăţi: „Te rog fierbinte, înaintea lui Dumnezeu, înaintea lui Hristos Isus şi înaintea îngerilor aleşi, să păzeşti aceste lucruri, fără vreun gând mai dinainte, şi să nu faci nimic cu părtinire" (1 Tim. 5:21).

4. Comunicarea edificatoare

Pavel scrie: „Nici un cuvânt stricat să nu vă iasă din gură; ci unul bun, pentru zidire, după cum e nevoie, ca să dea har celor ce-l aud. Să nu întristaţi pe Duhul Sfânt al lui Dumnezeu, prin care aţi fost pecetluiţi pentru ziua răscumpărării" (Efes. 4:29–30).

Cuvintele pe care le rostim au putere. Când vorbim unii cu alţii putem fie să păgubim, să distrugem, chiar să ucidem, fie putem aduce mângâiere, vindecare, sau edificare/zidire. Nu te înşela, cuvintele pe care le spui au o mare putere. Iată un exemplu din vremea Vechiului Testament: Ieremia a avut un cuvânt profetic de la Domnul, care nu a fost pe placul celor din Iuda, şi nici al locuitorilor Ierusalimului. Ei s-au ridicat împotriva omului lui Dumnezeu pentru a-l omorî, nu cu săbiile lor, ci cu vorbele lor. „Atunci ei au zis: «Veniţi să urzim rele împotriva lui Ieremia! Căci doar nu va pieri Legea din lipsă de preoţi, nici sfatul din lipsă de înţelepţi, nici cuvântul din lipsă de proroci. **Haidem să-l ucidem cu vorba** şi să nu luăm seama la toate vorbirile lui!»" (Ier. 18:18, sublinierea îmi aparţine). În cazul acesta, profetul spune că limba omului poate fi folosită ca o sabie, care să-i lovească pe alţi oameni.

Trebuie să fim conştienţi de aceste realităţi. Iacov ne avertizează cu privire la folosirea limbii. Noi putem să-i binecuvântăm sau să-i blestemăm pe alţi oameni cu gura noastră. Iacov scrie: „Cu ea binecuvântăm pe Domnul şi Tatăl nostru, şi tot cu ea blestemăm pe oameni, care sunt făcuţi după asemănarea lui Dumnezeu" (Iac. 3:9).

Suntem chemaţi să ne zidim, nu să ne dărâmăm unii pe alţii. Trebuie să folosim cuvintele cu înţelepciune. Pavel scrie: „Vorbirea voastră să fie totdeauna cu har, dreasă cu sare, ca să ştiţi cum trebuie să răspundeţi fiecăruia" (Col. 4:6). Avem nevoie de înţelepciune şi discernământ în conversaţiile noastre. Înainte de a ne deschide gura, să ne punem întrebarea: Oare ceea ce voi spune va răni, va doborî sau va face rău cuiva? Sau: Oare cu ceea ce am de gând să spun îi zidesc pe alții? Înțeleptul Solomon spune: „Un cuvânt spus la vremea potrivită este ca niște mere de aur într-un coșuleț de argint" (Prov. 25:11). Uimitor! Bine ai zis, împărate Solomon!

Să nu uităm că, în ziua judecății, oamenii vor da socoteală pentru orice cuvânt care le iese din gură. Domnul Isus le-a spus oamenilor din vremea Lui: „Vă spun că, în ziua judecății, oamenii vor da socoteală de orice cuvânt nefolositor, pe care-l vor fi rostit" (Mat. 12:36). Acest aspect ar trebui să însemne mult mai mult decât doar un lucru la care trebuie să meditam! Fie că ne place sau nu, ceea ce cultivăm în inimile noastre ne va ieși din gură oricum, mai devreme sau mai târziu. Doctorul Luca înregistrează cuvintele Domnului Isus, care spune: „Omul bun scoate lucruri bune din vistieria bună a inimii lui, iar omul rău scoate lucruri rele din vistieria rea a inimii lui; căci din prisosul inimii vorbește gura" (Luc. 6:45). Trebuie să ne întrebăm din când în când: Care sunt lucrurile pe care le am din abundență în inima mea? Cu ce este plină inima mea?

Îmi place foarte mult ce scrie dr. Neil T. Anderson în *Biruința asupra întunericului*:

> Dacă... ne-am zidi unii pe alții așa cum ne învață versetul din Efeseni 4:29, am face parte din echipa de ziditori ai lui Dumnezeu în Biserică, în loc să fim membri ai echipei de demolatori ai lui Satan.[99]

Fie ca Dumnezeu să ne ajute să fim ziditori, nu demolatori.

5. Rezolvarea tuturor problemelor emoționale legate de omul cel vechi

Pavel scrie: „Orice amărăciune, orice iuțime, orice mânie, orice strigare, orice clevetire și orice fel de răutate să piară din mijlocul vostru" (Efes. 4:31).

Emoțiile în sine sunt amorale. Însă modul în care acționăm, sau reacționăm, sub influența anumitor emoții, poate fi greșit, imoral sau păcătos. De exemplu, dacă te simți deprimat, acest lucru nu este un păcat în sine. Totuși, dacă o persoană se sinucide din cauză că este deprimată, comite un mare păcat. Dacă o persoană, aflată într-o anumită situație, simte că mânia se adună înlăuntrul ei, o recunoaște, însă se limitează să și-o exprime în mod responsabil, nu săvârșește un păcat. Georgia Shafer scrie: „Primul pas în exprimarea constructivă a mâniei este să recunoști când ești mânios și să realizezi cum reacționezi de obicei la această emoție"[100]. Însă, dacă o persoană sub influența mâniei spune ceva ofensator, lovește pe cineva sau face altceva rău, acest lucru este păcat.

Nu contează de unde suntem: Europa, Asia, Africa, America de Sud sau America de Nord. Nu contează dacă am fost crescuți de părinți buni sau nu chiar așa de buni. Realitatea este că, într-o oarecare măsură, noi toți am fost răniți cândva în viață. Ca urmare, am acumulat un anumit bagaj emoțional negativ. Unii dintre noi suntem foarte sensibili, sau înclinați spre mânie. Alții avem teamă de respingere, sau o rușine ascunsă. Noi toți am moștenit anumite moduri de a fi de la strămoșii noștri: încăpățânare, o atitudine critică, o predispoziție spre rivalitate sau o înclinație spre mânie. Mai mult, noi am fost născuți cu toții cu diferite tipuri de personalitate și avem anumite trăsături temperamentale, care definesc modul în care gândim, simțim și ne comportăm.

Partea bună este că am ajuns la o credință mântuitoare. L-am acceptat pe Isus în inimile noastre. Am fost născuți din nou. Apoi, am fost botezați în apă. Am început să frecventăm o biserică locală. Mai târziu, am început să predicăm Evanghelia. Apoi, ni s-a cerut să slujim în diferite moduri, poate chiar să facem parte din echipa de slujire a unei biserici locale. Am fost convertiți, însă unele dintre caracteristicile noastre emoționale încă *nu au fost convertite*. Ele ne trag în jos, ne creează probleme. Noi încă ne mâniem. Este posibil ca unii dintre noi încă să folosească limba, din când în când, pentru a-i doborî pe frați, în loc de a-i zidi. Noi încă ridicăm vocea, arătăm cu degetul spre sora noastră, îi judecăm pe alții, o înjosim pe persoana cutare și așa mai departe.

Ce trebuie să facă un ucenic al lui Hristos? Oare trebuie să lase toate aceste lucruri nerezolvate, să permită acestor comportamente să continue pe vecie? Trebuie să continuăm să ne justificăm, spunând: „Așa sunt eu. Și tatăl meu a fost așa. Eu vorbesc pe tonul acesta de când mă știu. Mă mânii atât de ușor și deseori îi jignesc pe alții. Așa mă comport eu"? Nu. Nicidecum. Fie ca niciodată să nu spunem aşa. În versetul citat mai sus, Pavel scrie: „Orice amărăciune, orice iuţime, orice mânie, orice strigare, orice clevetire şi orice fel de răutate să piară din mijlocul vostru".

Biblia, harul lui Dumnezeu şi Duhul Sfânt ne cheamă să rezolvăm toate problemele emoţionale legate de omul cel vechi. Nu putem continua să trăim în felul acesta! Nu putem lăsa aceste tipare de comportament fireşti să ne ruineze mărturia creştină. Trebuie să ajungem la un punct în care să-I spunem lui Dumnezeu, într-un mod serios: „Doamne, nu pot să suport acest lucru în sufletul meu. Mă încredinţez pe deplin în mâna Ta. Doresc din toată inima ca toate problemele (*mărturiseşte-le pe toate, una câte una*) să fie rezolvate în mod definitiv şi să dispară din viaţa mea".

Este responsabilitatea noastră să rezolvăm aceste lucruri între noi şi Dumnezeu. Nu numai atât, dar noi trebuie să rezolvăm multe probleme care există între noi şi alţi membri ai familiei sau ai bisericii noastre. De cele mai multe ori, nu putem rezolva aceste lucruri singuri. Pentru a ne debarasa de toate gunoaiele firii pământeşti, trebuie să lucrăm împreună cu un mentor spiritual priceput şi experimentat, cu un consilier creştin bun, sau cu un life coach profesionist creştin. Nu putem continua, an după an, tot mânioşi, cu inima împietrită, încăpăţânaţi, critici, nenorocindu-ne pe noi înşine şi pe alţii. Trebuie să căutăm vindecare emoţională, eliberare spirituală şi transformare supranaturală în toate aceste domenii, astfel încât să ne putem zidi unii pe alţii.

6. Iertarea ca stil de viaţă

Pavel continuă: „Dimpotrivă, fiţi buni unii cu alţii, miloşi, iertaţi-vă unul pe altul, cum v-a iertat şi Dumnezeu pe voi în Hristos" (Efes. 4:32).

În calitate de credincioşi, noi suntem chemaţi la o iertare continuă. Cu alte cuvinte, iertarea trebuie să fie stilul nostru de viaţă. Să citim rugăciunea *Tatăl nostru* din Mat. 6:9–13, cu atenţie, meditând la tot ce citim:

„Iată dar cum trebuie să vă rugaţi: «Tatăl nostru care eşti în ceruri! Sfinţească-se Numele Tău; vie împărăţia Ta; facă-se voia Ta, precum în cer şi pe pământ. Pâinea noastră cea de toate zilele dă-ne-o nouă astăzi; şi ne iartă nouă greşelile noastre, precum şi noi iertăm greşiţilor noştri. Şi nu ne duce în ispită, ci izbăveşte-ne de cel rău. [Căci a Ta este Împărăţia şi puterea şi slava în veci. Amin.]»"

Versetul 12 indică faptul că, atât timp cât trăim pe acest pământ, vom acumula greşeli pe care le facem faţă de alţii, şi vom întâlni oameni care greşesc faţă de noi. Avem nevoie de iertare, şi trebuie să-i iertăm pe alţii. Dr. Tim Clinton, preşedintele Asociaţiei Americane a Consilierilor Creştini (AACC), scrie: „Hristos spune, de fapt, că relaţia noastră pe verticală cu Dumnezeu este mult mai legată de relaţiile noastre pe plan orizontal cu cei din jurul nostru decât am fi dispuşi să recunoaştem"[101].

Pentru a se asigura că ucenicii înţeleg importanţa iertării, Domnul Hristos le explică ce vrea să spună:

Dacă iertaţi oamenilor greşelile lor, şi Tatăl vostru ceresc vă va ierta greşelile voastre. Dar dacă nu iertaţi oamenilor greşelile lor, nici Tatăl vostru nu vă va ierta greşelile voastre. (Mat. 6:14–15)

Trăim într-o lume infestată de păcat. Provenim din diferite subculturi, din anumite familii, din medii bisericeşti diferite şi din diverse comunităţi. Să fim cinstiţi: suntem oameni imperfecţi, care trăim printre oameni imperfecţi. Este imposibil să nu ne confruntăm cu pietre de poticnire. Isus le-a spus ucenicilor Săi: „Este cu neputinţă să nu vină prilejuri de păcătuire; dar vai de omul acela prin care vin!" (Luc. 17:1, Mat. 18:7). În pofida tuturor acestor lucruri, trebuie să avem o atitudine fermă: *Nu mă voi lăsa ofensat de acest lucru. Voi ierta imediat. Pentru mine, practicarea iertării este un stil de viaţă.*

Deseori, este mult mai uşor să aducem jertfe Domnului decât să arătăm compasiune şi să practicăm mila. Totuşi, Dumnezeu ne spune clar: „Milă voiesc, iar nu jertfă" (Mat. 9:13). Chiar şi în Vechiul Testament citim: „Ţi s-a arătat, omule, ce este bine, şi ce alta cere Domnul de la tine, decât să faci dreptate, să iubeşti mila, şi să umbli smerit cu Dumnezeul tău?" (Mica 6:8). La prima vedere este un lucru atât de simplu, însă se pare că există întotdeauna ceva care să ne tragă în jos, ca să nu arătăm milă. Poate credem că a fi milos este un semn de slăbiciune, însă este chiar invers. Isus a venit în lumea noastră nu pentru că noi am meritat acest lucru, ci pentru că El a avut milă de noi. Dumnezeu ne-a iubit atât de mult încât El nu a suportat idea ca noi să suferim în iad. El L-a dat ca jertfă pe singurul Său Fiu, pentru ca noi să fim salvaţi.

După cum am explicat în capitolul „Puterea iertării", nu putem să ne jucăm cu spiritul neiertător. Punct. Este extrem de periculos! Aceasta produce o rădăcină adâncă de amărăciune. În calitate de credincioşi, trebuie să practicăm iertarea ca un stil de viaţă.

7. Umblarea în dragoste

La începutul capitolului 5, Pavel scrie: „Urmaţi dar pilda lui Dumnezeu, ca nişte copii prea iubiţi. Trăiţi în dragoste, după cum şi Hristos ne-a iubit, şi S-a dat pe Sine pentru noi ca un prinos şi ca o jertfă de bun miros lui Dumnezeu" (Efes. 5:1–2).

Lui Timotei Pavel îi scrie: „Ţinta poruncii este dragostea, care vine dintr-o inimă curată, dintr-un cuget bun şi dintr-o credinţă neprefăcută" (1 Tim. 1:5). Aceasta înseamnă că, şi în mijlocul unui conflict, noi avem încă acelaşi scop, sau ţintă: *dragostea.*[102] Ştiu! Lucrul acesta este extrem de greu pentru noi, oamenii. Să nu uităm însă că, în calitate de credincioşi născuţi din nou, chiar în centrul fiinţei noastre avem natura lui Dumnezeu. Datorită *vieţii zoe şi dragostei agape* în noi, putem trăi altfel: nu bizuindu-ne pe propriile noastre resurse, ci bizuindu-ne pe Duhul Sfânt, care lucrează în noi şi prin noi. Isus a spus: „Aceasta este porunca Mea: să vă iubiţi unii pe alţii, după cum v-am iubit Eu" (Ioan 15:12).

Te rog să înţelegi! Dragostea despre care vorbeşte Biblia în aceste pasaje nu se referă la un sentiment călduţ, pe care îl avem faţă de o altă fiinţă umană sau un obiect. Nu despre asta este vorba! Ea se referă la dragostea agape – dragostea cu care ne iubeşte Dumnezeu. Şi El ne iubeşte nu pentru că merităm să fim iubiţi. El ne iubeşte pentru că asta este însăşi natura Lui, *căci Dumnezeu este dragoste* (Ioan

15:12).

De aceea, întrucât am experimentat dragostea lui Dumnezeu, putem să-i iubim pe alţii. Ioan scrie: „Prea iubiţilor, dacă astfel ne-a iubit Dumnezeu pe noi, trebuie să ne iubim şi noi unii pe alţii" (1 Ioan 4:11). De fapt, Dumnezeu nu ne cere să facem ceva fără a ne da, mai întâi, puterea pentru a face acel lucru. Altfel, noi am încerca să facem aceasta prin forţele proprii, ceea ce Dumnezeu detestă. Dumnezeu a turnat în noi dragostea agape prin Duhul Sfânt. Pavel scrie: „Pentru că dragostea lui Dumnezeu a fost turnată în inimile noastre prin Duhul Sfânt, care ne-a fost dat" (Rom. 5:5). Ca urmare, şi noi putem arăta o astfel de dragoste. A umbla în dragoste înseamnă a permite naturii şi caracterului lui Dumnezeu să se manifeste în noi şi prin noi. A nu umbla în dragoste înseamnă fie neascultare şi împotrivire faţă de dragostea lui Dumnezeu, fie a continua să rămânem într-o stare de imaturitate spirituală şi emoţională. Într-un fel sau altul, este răspunderea noastră să auzim, să ascultăm şi să nu ne mai împotrivim lui Dumnezeu. Suntem chemaţi să ne trezim şi să creştem în Hristos, pentru a ajunge la maturitate în El, Capul Trupului, în toate aspectele, atât emoţionale, cât şi spirituale.

Întrebări de reflecţie

Te rog să reflectezi la următoarele întrebări, apoi să-ţi împărtăşeşti gândurile cu mentorul tău sau cu grupul de ucenicie creştină.

1. Ce ţi-a plăcut cel mai mult din acest capitol? Te rog să notezi câteva detalii.

2. Ce concepte noi ai învăţat din acest capitol? Te rog să le enumeri şi să le dezvolţi.

3. Din cei şapte paşi practici pentru înnoirea minţii din această carte, cu care dintre ei ai rezonat cel mai mult?

4. După ce ai citit secţiunea „Rezolvarea tuturor problemelor emoţionale legate de omul cel vechi", ce concepte ţi-au atras atenţia?

5. Ce te-a frapat cel mai mult în acest capitol?

11. Puterea înnoirii minții

[94] *Metanoia:* schimbarea minții, pocăință. Cuvântul original: μετάνοια. Concordanța lui Strong, numărul 3341. Scurtă definiție: „pocăință, o schimbare a minții, schimbare în omul interior". www.biblehub.com. Accesat pe 12 octombrie 2016. http://biblehub.com/greek/3341.htm.

[95] Aristotle, *Etica nicomarhică.* Sursa: www.citatepedia.ro Accesat pe 23 octombrie 2022 http://www.citatepedia.ro/index.php?id=225872.

[96] *Mânia.* Sursa: www.merriam-webster.com. Accesat pe 12 octombrie 2016. http://www.merriam-webster.com/dictionary/anger.

[97] Această afirmație a apărut în articolul „The Gift of Anger", publicat pentru prima dată în numărul din 1 ianuarie 2004 al revistei *Christianity Today.* Folosit cu permisiunea *Christianity Today*, Carol Stream, IL 60188. www.christianitytoday.com. Accesat pe 13 octombrie 2016. https://www.christianitytoday.com/ct/2004/january/28.71.html.

[98] Ed Chinn, „Changing an Angry spirit", www.focusonthefamily.com. Accesat pe 14 octombrie 2016. https://www.focusonthefamily.com/lifechallenges/emotional-health/changing-an-angry-spirit/changing-an-angry-spirit.

[99] Dr. Neil T. Anderson, *Biruință asupra întunericului*, Aqua Forte, Cluj-Napoca, 2008, p. 54.

[100] Georgia Shaffer, „Are You Expressing Your Anger Constructively or Destructively?" Extras din *Taking Out Your Emotional Trash*, de Georgia Shaffer, Harvest House Publishers, chapter 5, www.cbn.com. Accesat pe 13 octombrie 2016. https://www1.cbn.com/biblestudy/are-you-expressing-your-anger-constructively-or-destructively%3F.

[101] Dr. Tim Clinton, „The Deep Oil of Forgiveness", www.aacc.net. Accesat pe 19 februarie 2014. http://www.aacc.net/2014/02/18/the-deep-oil-of-forgiveness-4/.

[102] Nota autorului: Întrucât subiectul iubirii este inepuizabil, am dedicat un întreg capitol acestei teme importante – *O cale nespus mai bună.*

12. PUTEREA INTIMITĂȚII CU ISUS

Inima îmi zice din partea ta: „Caută fața Mea!" Și fața Ta, Doamne, o caut!
Psalmi 27:8

Apropiați-vă de Dumnezeu, și El se va apropia de voi.
Iacov 4:8a

A deveni un ucenic matur al lui Hristos este dreptul prin naștere al fiecărui credincios. Acest proces implică practica disciplinelor spirituale. Să ascultăm învățătura dată de Pavel ucenicului său, Timotei: „Și cine luptă la jocuri nu este încununat, dacă nu s-a luptat după rânduieli" (2 Tim. 2:5). Mai mult, în prima sa epistolă către corinteni, Pavel scrie: „Toți cei ce se luptă la jocurile de obște, se supun la tot felul de înfrânări. Și ei fac lucrul acesta pentru o cunună, care se poate veșteji: noi să facem lucrul acesta pentru o cunună, care nu se poate veșteji" (1 Cor. 9:25). Oare Paul vorbește aici despre legalism? Desigur că nu. El doar leagă adevărata ucenicizare de disciplinele spirituale. Ucenicii lui Hristos nu practică disciplinele spirituale pentru a fi mântuiți, ci pentru că sunt deja mântuiți. Cuvintele *discipol* (sinonim al termenului *ucenic*) și *disciplină* provin din aceeași rădăcină. Cu alte cuvinte, noi nu putem discuta despre *ucenicie* fără a discuta despre *disciplinele spirituale*.

Henry Nouwen explică legătura dintre *ucenicie* și *disciplina spirituală*:

Disciplina este cealaltă față a uceniciei. Ucenicia fără disciplină este ca și cum te-ai aștepta să alergi într-un maraton, fără a te antrena. Disciplina fără ucenicie este ca și cum te-ai antrena pentru un maraton, dar nu participi niciodată la el. Totuși, este important să ne dăm seama că disciplina în viața spirituală nu este același lucru cu disciplina în sport. Disciplina în sport este un efort concentrat de a pune stăpânire pe trup, pentru ca el să asculte de minte. Disciplina în viața spirituală este un efort concentrat de a crea spațiul și timpul în care Dumnezeu să poată deveni stăpânul nostru, și în care noi să putem răspunde liber la călăuzirea Lui.

Astfel, disciplina presupune crearea de limite care țin timpul și spațiul deschise pentru Dumnezeu. Solitudinea cere disciplină, închinarea cere disciplină, îngrijirea altora cere disciplină. Toate acestea ne cer să punem deoparte un timp și un loc în care putem recunoaște și răspunde la prezența dătătoare de har a lui Dumnezeu.[103]

Ce este o disciplină spirituală? Lynne M. Baab ne spune că este: „Orice practică prin care ne putem apropia de Dumnezeu". M. Baab explică faptul că aceste practici pot fi: „studiul biblic, rugăciunea, slujirea, postul, ținerea sabatului și alte discipline care au fost practicate în decursul istoriei Bisericii"[104]. Biblia ne învață: „Apropiați-vă de Dumnezeu, și El se va apropia de voi" (Iac. 4:8a). Cuvântul cheie este *apropiați-vă*. Vezi? Dumnezeu, care este omniprezent, ne dă nouă responsabilitatea de a ne apropia de El.

Cred din toată inima că fiecare ucenic al lui Hristos, în călătoria sa de formare spirituală, este chemat să practice disciplinele spirituale. Îmi place modul în care Eugene Peterson redă, în traducerea sa *The Message,* pasajul din Matei 11:28–30:

Ești obosit? Epuizat? Sătul de religie? Vino la Mine. Haide împreună cu Mine, și îți vei recăpăta viața. Îți voi arăta cum să te odihnești cu adevărat. Umblă cu Mine și lucrează cu Mine – uită-te la cum fac Eu. Învață ritmurile neforțate ale harului. Nu voi pune asupra ta nimic greu sau nepotrivit. Stai în tovărășia Mea și vei învăța să trăiești liber și ușor.

Nu este acesta un mod atât de frumos de exprimare? În cartea sa, *Disciplinele spirituale*, Richard Foster prezintă doisprezece discipline spirituale. El împarte aceste discipline în trei grupuri. În primul grup se încadrează **disciplinele interioare**, care sunt: *meditația, rugăciunea, postul și studiul.* În al doilea grup se încadrează **disciplinele exterioare**, care sunt: *simplitatea, singurătatea, supunerea și slujirea.* În ultimul grup, el încadrează **disciplinele comune**: *mărturisirea, închinarea, călăuzirea și sărbătorirea.* [105]

Nu intenționez să prezint aici pe larg fiecare dintre aceste discipline. Dacă dorești să înveți mai mult în acest domeniu, te rog să citești cartea lui Foster în întregime. Ideea pe care aș dori să o accentuez aici este că, dacă dorești cu adevărat să cultivi o relație de intimitate cu Hristos, este important să faci eforturi deliberate pentru a crea spațiu pentru Duhul Sfânt în viața ta. Îmi place modul în care John Ortberg explică dinamica ucenicizării și a disciplinei spirituale. El scrie:

> Citirea Scripturii și rugăciunea sunt importante – nu pentru că dovedesc cât de spirituali suntem, ci pentru că Dumnezeu le poate folosi pentru a ne călăuzi în viață. [106]

Intimitatea cu Isus

După ce am participat la serviciile bisericii, am citit Biblia încă odată și am memorat încă zece versete, ce mai urmează? După ce am citit toate cărțile creștine pe care le-am pus pe listă, după ce am ascultat toate predicile recomandate, după ce ne-am rugat mai multe rugăciuni esențiale și după ce am făcut chiar mai multe fapte bune, ce urmează? Care este concluzia finală în și pentru viața noastră? Ce dorește Dumnezeu? Ce vrea Isus să facă pentru noi și cu noi? Care este scopul final al lui Hristos pentru noi? Mă bucur că ai pus aceste întrebări!

Scopul final

Cu câțiva ani buni în urmă, pe când predicam într-o biserică din București despre subiectul uceniciei creștine și al creșterii spirituale, pur și simplu m-am auzit pentru prima dată rostind cuvintele de mai jos:

Scopul final al Bisericii este de a forma *ucenici maturi* care Îl *cunosc* pe Dumnezeu în mod *intim* şi *personal* (Ioan 17:3), care acceptă *chemarea* la *ucenicie* şi îşi poartă *crucea* în fiecare zi (Luca 9:23, Gal. 2:20), ale căror minţi şi caractere sunt înnoite şi transformate în mod continuu de Duhul şi Cuvântul lui Dumnezeu (Rom. 12:2, 2 Cor. 3:18, Gal. 5:22–23), care cresc şi se *maturizează* spre *plinătatea* lui Hristos (Efes. 4:11–16, Evr. 5:11–14, 6:1–3) şi care, în cele din urmă, se *multiplică* potrivit cu *modelul de ucenicizare* lăsat de Domnul Isus şi de apostoli (Mat. 28:19–20, 2 Tim. 2:2).

Când m-am întors acasă, am rugat pe un designer să-mi creeze un semn de carte cu *scopul final.* Te îndemn să îţi faci timp să citeşti toate aceste referinţe biblice din paragraful de mai sus, pentru a dobândi o înţelegere completă a dimensiunii spirituale legată de scopul final a lui Hristos în ceea ce ne priveşte, atât pe tine, cât şi pe mine. Cum putem să ne predăm lui Dumnezeu, în aşa fel încât intenţia Lui să fie realizată în vieţile noastre? Trebuie să-I permitem Duhului lui Dumnezeu să satisfacă setea noastră profundă după El. Trebuie să dezvoltăm o intimitate autentică cu Domnul Isus, investind timp în relaţia noastră cu El, atât *calitativ*, cât şi *cantitativ*. **Trebuie să acceptăm chemarea Sa la ucenicie.** Trebuie să socotim preţul pe care trebuie să îl plătim, şi să depăşim toate dificultăţile. Trebuie să înţelegem că Hristos nu doreşte doar convertiţi, al căror scop este doar de a fi nişte creştini mediocri. Dumnezeu caută bărbaţi şi femei care Îi sunt devotaţi pe deplin Lui şi scopurilor Sale. Harul lui Dumnezeu ne-a dat deja toate resursele de care avem nevoie pentru viaţă şi evlavie.

Apostolul Petru scrie cu toată încrederea:

Harul şi pacea să vă fie înmulţite prin cunoaşterea lui Dumnezeu şi a Domnului nostru Isus Hristos! Dumnezeiasca Lui putere ne-a dăruit tot ce priveşte viaţa şi evlavia, prin cunoaşterea Celui ce ne-a chemat prin slava şi puterea Lui, prin care El ne-a dat făgăduinţele Lui nespus de mari şi scumpe, ca prin ele să vă faceţi părtaşi firii dumnezeieşti, după ce aţi fugit de stricăciunea care este în lume prin pofte. (2 Pet. 1:2–4)

Setea după Dumnezeu

Eşti însetat după Cuvântul lui Dumnezeu? Simţi că nu ai crescut spiritual în ultimii câţiva ani? Eşti gata să plăteşti preţul şi să-I permiţi Duhului Sfânt să te şlefuiască, pentru a te asemăna tot mai mult cu Hristos? Vrei să păşeşti pe urmele celor care L-au urmat pe Isus? Doreşti cu adevărat să devii tot ceea ce Dumnezeu vrea ca tu să fii? Ai dorinţa arzătoare de a-I permite lui Hristos să facă schimbări, atât în tine, cât şi prin tine? Dacă răspunsul tău este „Da!" la una sau mai multe dintre aceste întrebări, atunci eşti candidatul perfect, un *mathetes*[107] ideal. Dacă aşa stau lucrurile, după cum scrie Pierre de Caussade, atunci:

Să bem din izvor, pentru a ne astâmpăra setea; când luăm doar o înghiţitură, însetăm mai tare. Tot astfel, dacă dorim să gândim, să scriem şi să trăim ca profeţii, apostolii şi sfinţii, trebuie să ne dedicăm, ca şi ei, scopurilor pe care Dumnezeu le are pentru noi.[108]

Intimitatea cu Isus necesită timp

Intimitatea cu Isus nu cere doar petrecerea unui timp de calitate, ci şi o cantitate rezonabilă de timp. Odată, pe când mă aflam într-un grup mic de părtăşie, am vrut să le stârnesc interesul pentru ucenicie. Aşa că am iniţiat un dialog cu membrii grupului, punându-le nişte întrebări pătrunzătoare. Permite-mi să-ţi pun şi ţie unele dintre aceste întrebări. Iată prima: Cât timp au petrecut primii ucenici cu Isus, când El se afla pe acest pământ? Răspunsul este simplu: Trei ani şi jumătate.

Am calculat că, dacă Isus a petrecut douăsprezece ore cu ei în fiecare zi, în decursul a trei ani şi jumătate, s-a adunat un total de 15120 de ore. Sunt de acord cu faptul că 15120 pare a fi un număr mare de ore. Totuşi, nu putem ignora această realitate.

Permite-mi acum să te întreb următorul lucru: Câte ore pe săptămână investește credinciosul de rând în relația lui cu Isus Hristos? Să presupunem că petrece cincisprezece minute în fiecare dimineață în timpul de devoțiune personală, plus patru minute în rugăciune înainte de masă. Dacă adăugăm o oră și jumătate duminică dimineață, și, pentru a fi generoși, încă o oră pentru serviciul din timpul săptămânii, la cât timp ajungem? Aproximativ 300 de minute, sau cinci ore pe săptămână. În ritmul acesta, unui credincios i-ar lua 58 de ani pentru a acumula cele 15120 de ore de timp de calitate petrecut de primii ucenici cu Isus.

Puterea celor 10000 de ore

Pe când făceam acest exercițiu cu acel grup de părtășie restrâns, nu aveam nici o idee despre puterea celor 10000 de ore. În lumea seculară, oamenii de știință și sociologii au descoperit că nimeni nu poate fi un profesionist, un expert într-un anume lucru, fără a-l practica timp de 10000 de ore.

În cartea sa, Malcom Gladweel scrie:

Nu poți deveni maestru de șah dacă nu petreci 10000 de ore exersând... Copilul minune talentat la jocul de tenis care începe să se antreneze la șase ani, joacă la Wimbledon la 16 sau 17 ani [ca] Boris Becker. Muzicianul clasic care începe să cânte la vioară la vârsta de patru ani, ajunge să cânte la Carnegie Hall aproximativ la vârsta de 15 ani[109].

Este interesant și ar trebui să medităm, cel puțin, la aceste statistici.

Un studiu nou recent făcut de oamenii de știință din Marea Britanie a arătat că o persoană trebuie să exerseze timp de 10000 de ore pentru a deveni expert într-o anumită disciplină. Ei spun că muzicienii, sportivii și jucătorii de șah cei mai buni au reușit cu toții să devină maeștri în domeniul lor, ajungând la nivelul în care timpul lor de practică a ajuns la 10000 de ore.[110]

Cercetătorii au ajuns la concluzia că numărul magic pentru a atinge adevărata excelență este: **zece mii de ore**. „Imaginea care rezultă din astfel de studii arată că sunt necesare zece mii de ore pentru a atinge nivelul de măiestrie pentru a fi considerat expert de clasă mondială în orice", scrie neurologul Daniel Levitin. Studiu după studiu, al compozitorilor, jucătorilor de baschet, scriitorilor de ficțiune, patinatorilor, pianiștilor concertiști, jucătorilor de șah... acest număr apare din nou și din nou... Se pare că creierului are nevoie de această perioadă de timp pentru a asimila tot ceea ce are nevoie să cunoască pentru a obține adevărata măiestrie".[111]

Ideea este simplă, însă, te rog, să nu înțelegi acest lucru într-un mod legalist: *Pentru a ne cultiva intimitatea cu Isus, trebuie să-i dedicăm timp.* Știu că ni se spunea, cu ani în urmă, că cel mai important aspect este *calitatea* timpului petrecut cu Isus, nu *cantitatea*. Eu însă, cu tot respectul, mă opun acestei declarații. Nu putem ajunge la *calitate* fără *cantitate*.

Vreau să accentuez că nu sugerez să ne părăsim locurile de muncă și să ne înscriem la școli biblice, să fim ordinați și apoi să mergem pe câmpul de misiune lucrând cu normă întreagă. Aceasta nu este o idee rea, dar nu este realizabil pentru toți; însă, dacă Dumnezeu te cheamă la aceasta, atunci este posibil. Ceea ce vreau să spun este că ucenicia creștină, creșterea spirituală și maturizarea în Hristos trebuie să fie intenționale pentru fiecare dintre noi. Dacă suntem serioși și ne supunem lui Dumnezeu pentru a atinge *scopul Său final,* trebuie să facem din ucenicie prioritatea noastră cea mai mare. Dacă nu o facem acum, când o vom face? Dacă nu aici, atunci unde? Dacă nu tu, atunci cine? Tu hotărăști pentru tine însuți.

Disciplinele spirituale

Este interesant că aceste două cuvinte, *discipol* și *disciplină*, provin din aceeași rădăcină. De aceea, atunci când discutăm despre ucenicie, trebuie să luăm în considerare disciplinele spirituale. De ce practicăm citirea Scripturii, studierea Bibliei, rugăciunea și meditația, postul și solitudinea, închinarea și slujirea? Desigur, noi nu practicăm aceste lucruri pentru a dovedi cât de spirituali suntem; acest lucru doar ne-ar ridica la nivelul unor farisei ai timpului modern. Am deveni aroganți, cu o atitudine critică față de alții, precum *personajul* din istoria relatată în Evanghelia după Luca: „Dumnezeule, îți mulțumesc că nu sunt ca ceilalți oameni, hrăpăreți, nedrepți, preacurvari sau chiar ca vameșul acesta. Eu postesc de două ori pe săptămână, dau zeciuială din toate veniturile mele" (Luc. 18:11–12).

Unii ar putea să se justifice astfel: Noi trăim sub har, de ce trebuie să practicăm disciplinele spirituale? Răspunsul este simplu: Noi practicăm aceste discipline spirituale în mod regulat pentru a crea deliberat spațiu pentru Dumnezeu în viața noastră și pentru a crește în intimitatea pe care o avem cu Duhul Sfânt.

Intimitatea

Dicționarul Webster-Merriman definește intimitatea în felul următor: „Calitatea sau starea de fi intim". Potrivit dicționarului limbii române, intimitate înseamnă: profunzime, adâncime (a unui sentiment, sau a unui gând etc.). Potrivit aceleiași surse, a trăi în intimitatea cuiva înseamnă „a avea legături strânse (de prietenie) cu cineva". Cu alte cuvinte, pentru a ne aprofunda intimitatea cu Dumnezeu trebuie să-L cunoaștem pe El, prin revelație. Pentru a fi intim cu Duhul Sfânt, trebuie să comunicăm cu El prin rugăciune și meditație. În limba engleză, *intimacy* sună: *in-to-me-see (privește în mine)*. Mie personal îmi place să înțeleg cuvântul intimitate prin conceptul de *transparență*.

Duhul Sfânt

Duhul Sfânt este o persoană, nu o putere. (El este o persoană cu putere.) Duhul Sfânt este a treia persoană a Trinității. Duhul Sfânt este Dumnezeu. El este Persoana cea mai blândă din întregul univers. Duhul Sfânt este ne vrea cu gelozie și dorește să aibă intimitate cu fiecare dintre copiii lui Dumnezeu. Iacov scrie: „Credeți că degeaba vorbește Scriptura? Duhul, pe care ni L-a pus Dumnezeu să locuiască în noi, ne vrea cu gelozie pentru Sine" (Iac. 4:5). Totuşi, această Persoană blândă nu îşi impune voia Sa asupra noastră. Duhul lui Dumnezeu nu Îşi impune dorinţa Sa de intimitate asupra noastră. Duhul Sfânt doar tânjeşte ca noi să petrecem un timp de calitate cu Dumnezeu Tatăl, Dumnezeu Fiul şi Dumnezeu Duhul Sfânt. Apostolul Pavel surprinde acest lucru atât de frumos în epistola către Romani:

Şi tot astfel şi Duhul ne ajută în slăbiciunea noastră: căci nu ştim cum trebuie să ne rugăm. Dar Însuşi Duhul mijloceşte pentru noi cu suspine negrăite. Şi Cel ce cercetează inimile, ştie care este năzuinţa Duhului; pentru că El mijloceşte pentru sfinţi după voia lui Dumnezeu. (Rom. 8:26–27)

Timp de intimitate cu Duhul Sfânt

Gândeşte-te la anotimpul vieţii în care te afli acum. Cum ai dori să-ţi petreci zilele? Te gândeşti oare să pui ceva timp deoparte pentru a-ţi cultiva intimitatea cu Duhul Sfânt? Ce-ar fi să îţi programezi cel puţin 15-20 de minute în fiecare zi, pe care să le petreci în compania celei mai bune cărţi din lume, Biblia, şi să petreci un timp de intimitate cu Persoana cea mai bună din univers, Duhul Sfânt? Te asigur că ar fi ceva excelent! Haide să încercăm.

Te rog să ai îţi pregăteşti Biblia ta favorită, un jurnal şi un instrument de scris. Pune de-o parte cel puţin 15-20 de minute pentru această disciplină spirituală. Du-te într-un loc liniştit, fie în casa ta, fie undeva în aer liber. Dacă se poate, un loc izolat şi liniştit în mijlocul naturii ar fi ideal, sau într-un parc din apropiere. Te rog să nu îţi faci o lege din aceasta. Dacă practicarea disciplinelor spirituale se transformă în legalism, acest lucru nu te va ajuta în formarea ta spirituală. Cineva a spus că este mai bine să petreci în mod consecvent cincisprezece minute pe zi în părtăşie, decât să ai un timp de o oră, din când în când, doar din cauză că te simţi vinovat că nu pui deoparte acest timp. Sper că, dacă începem cu un timp scurt şi continuăm să îl creştem până la 30 de minute, apoi la o oră, sau chiar mai mult, putem să începem să experimentăm cu adevărat o intimitate mai profundă cu Dumnezeu. Nu acesta este lucrul pe care îl dorim cu toții, în calitate de ucenici ai lui Hristos? Așadar, să începem:

Pregătește-ți mintea pentru a fi în prezența lui Dumnezeu *(1 minut)*

Începe cu un minut de tăcere. Apoi, te poți ruga în felul acesta:

Doamne Tată, doresc cu adevărat să petrec acest timp în prezența Ta. Îți supun Ție mintea mea, cu toate gândurile pe care le am acum. Doamne, te rog să-mi captezi atenția cu prezența Ta. Mă rog în Numele lui Hristos.

Citește un pasaj biblic ales de tine *(3-4 minute)*
Ai putea să citești, de exemplu, rugăciunea lui Pavel pentru cei din Efes, din Efes. 1:15–23. Citește pasajul încet, meditând la el, cel puțin de două ori. Dacă aceasta este Biblia pe care o folosești zilnic, simte-te liber să însemnezi pe ea ceea ce Duhul Sfânt îți pune pe inimă.

Meditează la pasajul biblic (3-5 minute)

Dacă nu ești familiar cu meditația creștină, în sensul biblic: meditația este un proces prin care te concentrezi în mod specific asupra anumitor gânduri care se referă, de exemplu, la un pasaj biblic, la o expresie, sau chiar la un cuvânt, reflectând la înțelesul lor în contextul dragostei lui Dumnezeu. Cu alte cuvinte, aceasta înseamnă pur și simplu a te gândi la el sau a repeta în mintea ta acel verset, gând sau revelație. De exemplu, dacă ar fi să meditez la pasajul din Efes. 1:15–23, m-aș concentra și aș medita la versetul 18: „Și să vă lumineze ochii inimii, ca să pricepeți care este nădejdea chemării Lui, care este bogăția slavei moștenirii Lui în sfinți". Pur și simplu aș citi în mod repetat acest verset, minunându-mă de el.

Însemnează-ți lucrurile care ți se descoperă *(3-5 minute)*

Acum este vremea să-ți scoți jurnalul și, dacă nu ai făcut-o deja, să scrii, cu cuvintele tale, ce ți-a descoperit Duhul Sfânt. De exemplu: „Uimitor! Dumnezeu are o chemare pentru mine. Mă întreb, oare care este acea chemare? Poate că este_____".

Scrie rugăciunea sau aplicația textului *(1-2 minute)*

Acum scrie, în jurnalul tău, rugăciunea pe care vrei să o faci. Dacă aş fi în locul tău, pe baza acestui pasaj, aş scrie ceva de genul următor: „Doamne Tată, te rog să-mi deschizi ochii pentru a-L vedea pe Hristos clar, deschide-mi urechile pentru a-L auzi bine pe Duhul Sfânt, deschide-mi mintea pentru a înțelege deslușit Cuvântul, deschide-mi inima pentru a-Ți accepta voia cu bucurie şi dă-mi voința de a mă supune planului Tău şi chemării din viața mea, în totalitate. Mă rog în Numele lui Isus. Amin".

Roagă-te pe baza pasajului *(1-2 minute)*

În acest interval, poți să personalizezi rugăciunea lui Pavel şi să te rogi Domnului pe baza ei. Sau poți să-i spui lui Dumnezeu, încă o dată, rugăciunea pe care ai scris-o la pasul 5.

Roagă-te cu privire la alte lucruri de care ai nevoie *(3-4 minute)*

Nu este atât de dificil, nu-i aşa? Ei bine, dacă practicăm acest timp devoțional în mod regulat şi dacă îl cultivăm, s-ar putea ca acesta să devină un obicei bun. Concluzia este următoarea: lucrul de care ființa noastră interioară are nevoie pentru a creşte şi a se maturiza, asemănându-se cu Hristos, este petrecerea unui timp regulat cu Dumnezeu.

Îmi plac versurile unei cântări creştine:

Cu cât Te caut mai mult,
Cu atât mai mult Te găsesc.
Cu cât mai mult Te găsesc,
Cu atât mai mult Te iubesc.

Haideți să dezvoltăm o intimitate reală, profundă și de durată cu Domnul Isus, prin Duhul Sfânt, pentru gloria lui Dumnezeu. Amin?

Întrebări de reflecție

Te rog să reflectezi la următoarele întrebări, apoi să-ți împărtășești gândurile cu mentorul tău sau cu grupul de ucenicie creștină.

1. Ce ți-a plăcut cel mai mult din acest capitol? Te rog să notezi câteva detalii.

2. Ce concepte noi ai învățat din acest capitol? Te rog să le enumeri și să explici.

3. Ce gânduri ți-au trecut prin minte când ai citit secțiunea „Scopul final" și versetele incluse în acel subcapitol? Ce concepte ai remarcat?

4. După ce ai citit secțiunile „Setea după Dumnezeu" și „Intimitatea cu Isus necesită timp", ce emoții ai experimentat și ce gânduri ți-au trecut prin minte?

5. Care adevăruri te-au frapat cel mai mult în acest capitol? Te rog să dai detalii și să explici.

12. Puterea intimității cu Isus

[103] Henri Nouwen, *Leadership*, Vol. 2, no. 3.

[104] Lynne M. Baab, *I'm excited about spiritual disciplines (Sunt încântat de disciplinele spirituale)*, publicat în „Spanz: Presbyterian Church of Aotearoa", Noua Zeelandă, iunie 2008, p. 2. www.lynnebaab.com. Accesat pe 22 iulie 2011. http://www.lynnebaab.com/articles/im-excited-about-spiritual-disciplines.

[105] Richard Foster, Disciplinele spirituale - calea maturității creștine, Editura: CASA CARTII, 2020.

[106] John Ortberg, *Viața pe care ți-ai dorit-o dintotdeauna, Majesty Press International, Arad, 2007, p. 38.*

[107] Mathetes înseamnă: „cel care crede în doctrinele Sale, se bazează pe jertfa Lui, este îmbibat de Duhul și Îi imită exemplul". Vezi Mathetes în Spiros Zodhiates, The Complete Word Study Dictionary: New Testament, AMG International, Chattanooga, TN, 37422, 1993.

[108] Jean-Pierre de Caussade, *The Sacrament of the Present Moment*, New York, NY, Harper One, 1989, p. 69.

[109] Scott Myers, „What to think about our first scripts?", 2 decembrie 2009. www.medium.com. Accesat pe 22 iulie 2011. https://gointothestory.blcklst.com/what-to-think-about-our-first-scripts-5b2d3d203c74.

[110] www.infoniac.com. Accesat pe 22 ianuarie 2011. http://www.infoniac.com/science/it-takes-10,000-hours-of-practice-to-become-a-genius.html.

[111] Malcolm Gladwell, Outliers: The Story of Success, Black Bay Books, London, 2008, p. 40.

13. O CALE NESPUS MAI BUNĂ

Umblați, dar, după darurile cele mai bune. Și vă voi arăta o cale nespus mai bună.
1 Corinteni 12:31

Cu ceva timp în urmă, am simțit în inima mea o nevoie profundă de a reciti prima epistolă a lui Pavel către Timotei. După cele câteva versete introductive, am ajuns la versetul cinci: „Ținta poruncii este dragostea, care vine dintr-o inimă curată, dintr-un cuget bun și dintr-o credință neprefăcută". Oare de câte ori am citit acest pasaj? De câte ori am citit acest verset? Adevărul este că am predicat de multe ori din această epistolă, și în special din acest verset. Totuși, de data aceasta am citit versetul ca și cum ar fi fost prima dată! Ce experiență minunată!

Începând cu acest verset, Duhul lui Dumnezeu m-a purtat prin Scripturi, pentru a vedea ceva ce nu observasem înainte, cel puțin nu atât de deslușit. Un timp m-am simțit la fel ca ucenicii care mergeau pe drumul spre Emaus: „Nu ne ardea inima în noi, când ne vorbea pe drum, și ne deschidea Scripturile?" (Luca 24:32). Pe măsură ce Duhul îmi descoperea adevărurile Scripturii, pulsul inimii mele creștea. Aceasta a fost o experiență în care am primit lumină asupra anumitor lucruri. Aș vrea să vă împărtășesc, în cele ce urmează, ceva din experiența pe care am avut-o.

Să citim din nou acest verset: *„ținta poruncii este dragostea"*. Să ne oprim puțin. Care este ținta? Ce înseamnă „țintă"? Doamne, vreau să înțeleg! Potrivit dicționarului Merriam-Webster, *țintă* înseamnă finalul spre care este îndreptat efortul cuiva.[112]

Potrivit cu Dexonline.ro, țintă înseamnă „locul către care tinde să ajungă cineva", sau „scopul final".[113] Iată câteva sinonime: scop, ambiție, aspirație, proiect, vis, ideal, intenție, și obiectiv. Iată câteva sinonime: scop, ambiție, aspirație, proiect, vis, ideal, intenție și obiectiv.

Iată definiția la care m-am gândit, când am studiat acești termeni:

Ținta este suma aspirațiilor pe care le avem în viață, fiecare vis, ideal și scop, fiecare plan pe care îl facem, fiecare efort pe care îl depunem pentru a dobândi ceva, toată munca și creativitatea noastră, întregul nostru țel în slujire, în calitate de copii ai lui Dumnezeu. Cu alte cuvinte, ținta este *scopul suprem* al vieții noastre de fii și fiice ale lui Dumnezeu.

Să mergem un pas mai departe. În versetul cinci am citit despre poruncă. Observă faptul că acest cuvânt este la singular, nu la plural. Ce vrea să spună aceasta? Există doar *o singură poruncă*. Da, așa este scris în acest verset: *ținta poruncii*. Noi iubim Cuvântul lui Dumnezeu atât de mult încât nu putem ignora ce este scris în el (vezi 1 Cor. 4:6). Concluzia este clară: există doar o singură poruncă.

Lucrul acesta m-a motivat să fac o trecere în revistă a apariției termenului *poruncă* în întreaga Biblie. Să vedem ce spune Scriptura despre aceasta. La începutul Bibliei, Domnul Dumnezeu i-a dat omului *o singură poruncă*: „Poți să mănânci după plăcere din orice pom din grădină; dar din pomul cunoștinței binelui și răului să nu mănânci, căci în ziua în care vei mânca din el, vei muri negreșit" (Gen. 2:16,17). Cunoaștem această istorisire foarte bine. Adam și Eva au încălcat singura poruncă pe care le-a dat-o Creatorul și, ca urmare, au murit, după cum spusese Domnul că se va întâmpla. După cum știm cu toții, odată cu ei a murit din punct de vedere spiritual întreaga rasă umană.

Mai târziu, după ce Creatorul Și-a eliberat într-un mod unic poporul ales din robia Egiptului, El le-a dat cele *Zece Porunci* (vezi Exod 20). Prima dintre cele zece porunci este: „Să nu ai alți dumnezei afară de Mine". Totuși, Israelul a încălcat în mod flagrant poruncile lui Dumnezeu. Încălcarea a fost îndreptată împotriva lui Dumnezeu Însuși, până acolo că ei au ajuns să-și facă un vițel de aur, căruia i sau închinat ca unui dumnezeu. Lucrul acesta nu a fost deloc pe placul lui Dumnezeu. Poporul ales nu a ascultat de El, sfidându-L şi încălcând cea mai importantă poruncă dintre cele zece. Actul acesta de neascultare I-a frânt inima lui Dumnezeu. Copiii Săi, proaspăt eliberaţi din robie, se închinau acum unui viţel, iar cel care era însărcinat cu păzirea şi apărarea cinstei lui Dumnezeu, Aaron (marele preot), a spus: „Israele! Iată dumnezeul tău, care te-a scos din ţara Egiptului" (Exod 32:4). Ce ruşine! Ce act umilitor! Acest lucru a fost ca un cuţit ascuţit, înfipt în inima lui Dumnezeu. Ceea ce făcuseră ei l-a mâniat chiar şi pe Moise, omul cel mai blând de pe faţa pământului.

Pe măsură ce am înaintat cu investigaţia mea cu privire la poruncile lui Dumnezeu, am descoperit că lui Moise i s-au dat *alte 613 porunci* şi instrucţiuni, menite să-i protejeze pe israeliţi, să-i binecuvânteze şi să-i ţină aproape de Dumnezeu. Aceste instrucţiuni sunt scrise în Pentateuh, cele cinci cărţi ale lui Moise. Israeliţii nu le-au putut păzi. De fapt, nimeni nu le-a putut ţine în mod desăvârşit atunci, şi nimeni nu poate nici acum. După întemeierea Bisericii, cei din conducerea ei s-au adunat pentru a discuta locul Legii Vechiului Testament. După un timp de dezbateri, ei au ajuns la concluzia următoare: „Acum, dar, de ce ispitiţi pe Dumnezeu şi puneţi pe grumazul ucenicilor un jug **pe care nici părinţii noştri, nici noi nu l-am putut purta?"** (Fapte 15:10, sublinierea îmi aparţine). Te rog să observi faptul că ei au recunoscut că Legea era un jug ce nu putea fi purtat.

Să înaintăm cu trecerea noastră în revistă a Vechiului Testament, până în vremea lui Solomon – omul cel mai înţelept care a trăit vreodată pe pământ, cu excepţia Domnului Isus, desigur. În cartea Proverbelor, compilată de acest rege măreţ, găsim scris că Domnul urăşte *şapte lucruri*. Iată ce scrie Solomon:

> Şase lucruri urăşte Domnul şi chiar şapte îi sunt urâte: ochii trufaşi, limba mincinoasă, mâinile care varsă sânge nevinovat, inima care urzeşte planuri nelegiuite, picioarele care aleargă repede spre rău, martorul mincinos, care spune minciuni, şi cel ce stârneşte certuri între fraţi. (Prov. 6:16–19)

Aş dori să observi că toate aceste păcate nu se referă la încălcări ale unor activități legate de Cortul Întâlnirii sau de Templul lui Dumnezeu. Nu! Aceste încălcări sunt legate strict de inima omului. Este uimitor, nu-i aşa? Mai târziu, Domnul Isus a confirmat faptul că problema omenirii este o problemă a inimii. Marcu scrie:

Fățarnicilor, bine a prorocit Isaia despre voi, după cum este scris: „Norodul acesta Mă cinstește cu buzele, dar inima lui este departe de Mine". [...] El le-a zis: „Şi voi sunteți aşa de nepricepuți? Nu înțelegeți că nimic din ce intră în om de afară, nu-l poate spurca? Fiindcă nu intră în inima lui, ci în pântece, şi apoi este dat afară în hazna?" A zis astfel, făcând toate bucatele curate. [...] **Căci dinăuntru, din inima oamenilor, ies** gândurile rele, preacurviile, curviile, uciderile, furtişagurile, lăcomiile, vicleşugurile, înşelăciunile, faptele de ruşine, ochiul rău, hula, trufia, nebunia. Toate aceste lucruri rele ies dinlăuntru şi spurcă pe om. (Mar. 7:6, 18–19, 21–23).

Pe vremea profeților minori, profetul Mica s-a referit la nişte aspecte care erau absolut revoluționare pentru zilele acelea. El spunea că Dumnezeu le cere oamenilor doar trei lucruri: dreptate, îndurare şi smerenie. Mica scrie: „Ți s-a arătat, omule, ce este bine, şi ce alta cere Domnul de la tine, decât să faci dreptate, să iubeşti mila şi să umbli smerit cu Dumnezeul tău? " (Mica 6:8).

În cele din urmă, ajungem la perioada Noului Testament. În vremea lui Isus, fariseii, saducheii, cărturarii şi bătrânii au căutat în mod deliberat să-L prindă făcând o greşeală. Evanghelia după Marcu ne relatează o conversație interesantă dintre Isus şi unul dintre cărturari, cu privire la „Care este cea dintâi dintre toate poruncile?" Isus i-a răspuns:

Cea dintâi este aceasta: „Ascultă Israele! Domnul Dumnezeul nostru este un singur Domn" şi „Să iubeşti pe Domnul Dumnezeul tău cu toată inima ta, cu tot sufletul tău, cu tot cugetul tău şi cu toată puterea ta"; iată porunca dintâi. Iar a doua este următoarea: „Să iubeşti pe aproapele tău ca pe tine însuți." Nu este altă poruncă mai mare decât acestea. (Mar. 12:29–39).

Aspectul acesta este atât de important, că evanghelistul Matei scrie mai departe: „În aceste două porunci se cuprinde toată Legea și Proorocii" (Mat. 22:40). Cu răspunsul Său, Isus a închis gura cărturarilor. Biblia spune că: „din ziua aceea, n-a îndrăznit nimeni să-I mai pună întrebări" (v. 46). În acea replică, discuția și-a atins punctul culminant. Îmi închipui că locul a fost învăluit de o aromă mistică. Nu a fost mirosul de tămâie sau fumul arderilor de tot; a fost mirosul dulce al dragostei pentru Dumnezeu și pentru semeni.

În sumar:

* De la *o poruncă* (cf. Gen. 2:16–17), la
* *Zece porunci* (cf. Exod 20), la
* *613 porunci* în Pentateuh, la
* *Șapte lucruri* (cf. Prov. 6:16–19), la
* *Trei aspecte* (cf. Mica 6:8), la
* *Două porunci* (cf. Mar. 12:28–34).

Uimitor! Ce progres spiritual măreț! Totuși, cum am menționat la începutul acestui capitol, în 1 Timotei 1:5, Cuvântul ne spune: *„ținta poruncii este dragostea".* El vorbește doar despre *o singură poruncă.* Am parcurs un cerc complet, de la o singură poruncă restrictivă la o poruncă veșnică: *dragostea*; și nu doar orice fel de dragoste, ci dragostea *agape,* însăși natura lui Dumnezeu. Dragostea agape este cea mai înaltă și mai pură formă de iubire, care întrece orice alt gen de afecțiune. Ea reprezintă o dragoste divină, activă, deliberată, contemplativă, necondiționată, care se jertfește pe sine.

În limba greacă există mai multe cuvinte care descriu diferite dimensiuni ale dragostei.[2] În 1 Tim. 1:5, Pavel nu vorbește despre *philos*, adică prietenie, loialitate față de prieteni și față de comunitate. Chiar dacă acest tip de dragoste cere virtute, egalitate și familiaritate,

---

[2] Pentru un studiu mai aprofundat al celor patru termeni grecești pentru iubire, vă recomand cartea lui C. S. Lewis, *Cele patru iubiri*, Humanitas, București, 1997.

ea nu se aseamănă nici pe departe cu dragostea agape. Pavel nu a folosit nici termenul *storge*, care înseamnă afecțiune și se referă la afecțiunea naturală, precum cea a părinților față de copii. Cuvântul pentru dragoste din acest pasaj nu este nici *eros*, care înseamnă dragoste pasională, ce presupune dorințe senzuale. Cuvântul grecesc folosit de Pavel aici este *agape*, dimensiunea cea mai înaltă a dragostei. Hristos le-a dat ucenicilor Săi o singură poruncă: *de a iubi*. *Acest fel de dragoste descrie scopul creștinismului și al spiritualității.* Nimic mai mult. Nimic mai puțin. Nimic altceva.

Când am ajuns la această înțelegere, inima mea a început să-mi bată cu putere. Am simțit ca și cum un curent electric mi-ar fi trecut prin corp. Ochii mi s-au umezit. Cu totul copleșit, am vărsat lacrimi de bucurie! Uimitor! Ce moment minunat!

Să trecem în revistă acum Noul Testament, pentru a valida autenticitatea celor descoperite. Iată ce am găsit:

O nouă poruncă

Înainte de a fi răstignit, Isus le-a spus ucenicilor:

Vă dau o poruncă nouă: să vă iubiți unii pe alții; cum v-am iubit Eu, așa să vă iubiți și voi unii pe alții. Prin aceasta vor cunoaște toți că sunteți ucenicii Mei, dacă veți avea dragoste unii pentru alții. (Ioan 13:34-35)

Te rog să observi că Isus le-a dat *o poruncă nouă*. El este foarte specific: *iubiți-vă unii pe alții, așa cum v-am iubit Eu*. Ce cuvânt este folosit aici pentru a descrie *dragostea*? Cuvântul *agape*. Hristos ne-a iubit cu dragostea *agape*. El ne poruncește să facem același lucru: *„Cum v-am iubit Eu, așa să vă iubiți și voi unii pe alții".*

Semnul uceniciei nu este religia ucenicului, teologia lui, poziția lui de conducere în biserică, diploma de slujire sau educația lui. Desigur că nu. Semnul ucenicului este *dragostea agape*: „Prin aceasta vor cunoaște toți că sunteți ucenicii Mei, dacă veți avea dragoste unii pentru alții". Doar o nouă poruncă. Asta este! Să nu mai complicăm lucrurile.

Să continuăm înaintarea prin epistole, pentru a vedea cum au fost învăţaţi primii urmaşi ai lui Isus. Toţi scriitorii Noului Testament au scris, într-un fel sau altul, despre dragostea agape.

1. Dragostea – Împlinirea Legii

În Romani 13:9–10, Pavel scrie:

De fapt: „Să nu preacurveşti, să nu furi, să nu faci nici o mărturisire mincinoasă, să nu pofteşti " şi orice altă poruncă mai poate fi, se cuprind în porunca aceasta: „Să iubeşti pe aproapele tău ca pe tine însuţi." Dragostea nu face rău aproapelui: **dragostea deci este împlinirea Legii.**

În epistola către Corinteni, Pavel dedică un capitol întreg dragostei agape – 1 Corinteni 13. Ne vom întoarce mai târziu la acest capitol.
În Galateni 5:13–15, citim:

Fraţilor, voi aţi fost chemaţi la slobozenie. Numai nu faceţi din slobozenie o pricină ca să trăiţi pentru firea pământească, ci slujiţi-vă unii altora în dragoste. Căci toată Legea se cuprinde într-o singură poruncă: „Să iubeşti pe aproapele tău ca pe tine însuţi." Dar, dacă vă muşcaţi şi vă mâncaţi unii pe alţii, luaţi seama să nu fiţi nimiciţi unii de alţii.

2. Doar prin dragoste putem atinge plinătatea lui Dumnezeu, aşa cum este prezentată în Cuvântul Său.

Dacă citim cu atenţie epistola către Efeseni, este imposibil să nu fim uimiţi de rugăciunea lui Pavel, care se află chiar în mijlocul ei:

Iată de ce, zic, îmi plec genunchii înaintea Tatălui Domnului nostru Isus Hristos, din care îşi trage numele orice familie, în ceruri şi pe pământ, şi-L rog ca, potrivit cu bogăţia slavei Sale, să vă facă să vă întăriţi în putere, prin Duhul Lui, în omul dinlăuntru, aşa încât Hristos să locuiască în inimile voastre prin credinţă; pentru ca, având rădăcina şi temelia pusă în dragoste, să puteți pricepe împreună cu toți sfinții care este lărgimea, lungimea, adâncimea și înălțimea; și să cunoașteți dragostea lui Hristos care întrece orice cunoștință, ca să ajungeți plini de toată plinătatea lui Dumnezeu. (Efes. 3:14–19)

Te rog să observi că Pavel se roagă ca Biserica să dobândească o cunoaștere experimentală a dragostei agape. El presupune că doar astfel putem atinge plinătatea lui Dumnezeu.

3. Umilința dragostei agape

În Filipeni 2:1–4, Pavel scrie:

Deci, dacă este vreo îndemnare în Hristos, dacă este vreo mângâiere în dragoste, dacă este vreo legătură a Duhului, dacă este vreo milostivire și vreo îndurare, faceți-mi bucuria deplină și aveți o simțire, o dragoste, un suflet și un gând. Nu faceți nimic din duh de ceartă sau din slavă deșartă; ci, în smerenie, fiecare să privească pe altul mai pe sus de el însuși. Fiecare din voi să se uite nu la foloasele lui, ci și la foloasele altora.

Înțelegi ceea ce înțeleg și eu? Numai cei care iubesc cu adevărat, având dragostea agape, se pot smeri înaintea altora, slujindu-i pe semeni cu sinceritate. Nu există nicio altă cale.

4. Dragostea agape – legătura perfectă a păcii

În Coloseni 3:14 găsim scris: „Dar mai presus de toate acestea, îmbrăcați-vă cu dragostea, care este legătura desăvârșirii". Nu este de mirare că diavolul ne atacă atât de intens în acest domeniu. De ce? Pentru că, dacă încetăm să ne mai iubim unii pe alții, procesul formării spirituale este întârziat, sau chiar oprit.

Am găsit tema aceasta în aproape toate scrierile Noului Testament. Să privim la câteva dintre ele:

- 1 Tes. 4:9: „Cât despre dragostea frățească, n-aveți nevoie să vă scriem; căci voi singuri ați fost învățați de Dumnezeu să vă iubiți unii pe alții."
- 2 Tes. 3:5: „Domnul să vă îndrepte inimile spre dragostea lui Dumnezeu și spre răbdarea lui Hristos!"
- 1 Tim. 1:5: „Ținta poruncii este dragostea, care vine dintr-o inimă curată, dintr-un cuget bun, și dintr-o credință neprefăcută. (Acesta este versetul de la care am plecat pentru a face această trecere în revistă)."
- Tit 2:4: „Ca să învețe pe femeile mai tinere să-și iubească bărbații și copiii."

Ce vom spune despre epistola către Filimon? Este toată îmbibată de dragoste! Pavel scrie: „Mulțumesc totdeauna Dumnezeului meu ori de câte ori îmi aduc aminte de tine în rugăciunile mele, pentru că am auzit despre credința pe care o ai în Domnul Isus și dragostea față de toți sfinții" (Fil. 1:4-5).

5. Dragostea a fost motivul pentru care Isus a suferit crucea

Investigația noastră ajunge la Epistola către Evrei. De fapt, dacă ne gândim bine, întreaga scrisoare este dedicată dragostei lui Dumnezeu pentru noi, prin Isus Hristos. „Să ne uităm țintă la Căpetenia și desăvârșirea credinței noastre, adică la Isus, care, pentru bucuria care-I era pusă înainte, a suferit crucea, a disprețuit rușinea, și șade la dreapta scaunului de domnie al lui Dumnezeu" (Evr. 12:2). Care este lucrul care l-a motivat pe Isus să sufere crucea, să disprețuiască rușinea și să rabde disprețul? Nimic altceva decât dragostea *agape* (vezi și Ioan 3:16).

6. O dragoste fierbinte, care acoperă o mulțime de păcate

Apostolul Petru, în simplitatea lui, însă cu profunzime spirituală, scrie: "Mai presus de toate, să aveți o dragoste fierbinte unii pentru alții, căci dragostea acoperă o sumedenie de păcate" (1 Pet. 4:8). Apoi, în 2 Petru 1:5–7, este scris:

De aceea, dați-vă și voi toate silințele ca să uniți cu credința voastră fapta; cu fapta, cunoștința; cu cunoștința, înfrânarea; cu înfrânarea, răbdarea; cu răbdarea, evlavia; cu evlavia, dragostea de frați; cu dragostea de frați, iubirea de oameni.

Potrivit lui Petru, dragostea agape este nivelul cel mai înalt al chemării noastre. Nu există nici un nivel mai înalt la care să țintești decât acesta: *să-i iubești pe toți oamenii*. Suntem chemați să arătăm *dragoste frățească*, iar, făcând aceasta, în cele din urmă, să arătăm natura Tatălui: *dragoste față de toți oamenii*. Nu este minunat lucrul acesta? Găsim instrucțiuni similare referitoare la dragostea agape și în alte epistole. Iacov declară că *dragostea agape este dovada unei credințe autentice*. El scrie:

Frații mei, ce-i folosește cuiva să spună că are credință, dacă n-are fapte? Poate oare credința aceasta să-l mântuiască? Dacă un frate sau o soră sunt goi și lipsiți de hrana de toate zilele, și unul dintre voi le zice: „Duceți-vă în pace, încălziți-vă și săturați-vă!", fără să le dea cele trebuincioase trupului, la ce i-ar folosi? (Iac. 2:14–17).

Nu putea fi mai practic decât atât, nu-i așa?

7. Nivelul cel mai înalt – Dumnezeu este dragoste

Ce vom spune, așadar, când ajungem la epistolele apostolului Ioan? La urma urmei, el este apostolul dragostei. În 1 Ioan 4:8 citim: „Cine nu iubește, n-a cunoscut pe Dumnezeu; pentru că **Dumnezeu este dragoste**". După cum am spus mai sus, emblema unui ucenic autentic al lui Hristos este dragostea agape. **Dumnezeu este dragoste.** Aceasta înseamnă mult mai mult decât faptul că Dumnezeu ne iubește. *Dragostea agape este însăși esența, natura lui Dumnezeu.* Nu cred că aici, pe pământul acesta, avem vocabularul adecvat pentru a explica întreg înțelesul dragostei agape. *A iubi înseamnă a exprima natura lui Dumnezeu și caracterul Său în și prin tine.* De aceea, singura dovadă a faptului că Dumnezeu trăiește în noi este rămânerea în dragoste. Te rog să petreci mai mult timp meditând la 1 Ioan 4. Îți promit că nu-ți va părea rău. Apostolul dragostei, pentru a se asigura că toți frații au înțeles acest adevăr, repetă conceptul în versetul 16: „Și noi am cunoscut și am crezut dragostea pe care o are Dumnezeu față de noi. Dumnezeu este dragoste; și cine rămâne în dragoste, rămâne în Dumnezeu, și Dumnezeu rămâne în el" (1 Ioan 4:16).

Vezi? Am ajuns să cunoaștem dragostea și să o experimentăm. Minunat! Cu alte cuvinte, dragostea lui Dumnezeu este fundamentul bunătății noastre creștine. Cred că Ioan este unul dintre cei care, fiind părtași la scrierea Bibliei, au înțeles aspectul esențial al creștinismului: *dragostea agape.* Iată ce scrie el:

Noi Îl iubim, pentru că El ne-a iubit întâi. Dacă zice cineva: „Eu iubesc pe Dumnezeu", și urăște pe fratele său, este un mincinos; căci, cine nu iubește pe fratele său, pe care-l vede, cum poate să iubească pe Dumnezeu, pe care nu-L vede? Și aceasta este porunca pe care o avem de la El: cine iubește pe Dumnezeu, iubește și pe fratele său. (1 Ioan 4:19–21).

Nu este deloc complicat. Îl putem adora pe Dumnezeu duminică dimineața, iar luni îl ignorăm pe fratele nostru. Dacă așa stau lucrurile, suntem doar niște mincinoși. Acesta este testul! Nu uita că Ioan se referă doar la o singură poruncă, *iubiți-vă unii pe alții,* pe care a scris-o inițial în Ioan 13:34. Găsim aceeași învățătură în a doua și a treia epistolă a lui Ioan.

Iuda scrie:

Dar voi, preaiubiților, zidiți-vă sufletește pe credința voastră preasfântă, rugați-vă prin Duhul Sfânt, țineți-vă în Dragostea lui Dumnezeu și așteptați îndurarea Domnului nostru, Isus Hristos, pentru viața veșnică. (Iuda 1:20–21)

Cu alte cuvinte, când ne rugăm în Duhul Sfânt, ceea ce căutăm mai presus de toate este să rămânem tot mai mult în dragostea lui Dumnezeu.

În cartea Apocalipsei citim ceea ce Isus a spus Bisericii din Efes. Această biserică urma să-și piardă sfeșnicul, din cauză că își pierduse dragostea dintâi. Este ceva monumental! Ioan scrie:

> Ştiu faptele tale, osteneala ta şi răbdarea ta, şi că nu poţi suferi
> pe cei răi; că ai pus la încercare pe cei ce zic că sunt apostoli,
> şi nu sunt, şi i-ai găsit mincinoşi. Ştiu că ai răbdare, că ai
> suferit din pricina Numelui Meu şi că n-ai obosit. Dar ce am
> împotriva ta este că ţi-ai părăsit dragostea dintâi. Adu-ţi, dar,
> aminte de unde ai căzut; pocăieşte-te şi întoarce-te la faptele
> tale dintâi. Altfel, voi veni la tine şi-ţi voi lua sfeşnicul din
> locul lui, dacă nu te pocăieşti. (Apoc. 2:2–5)

Aşadar, şi ultima carte a Bibliei vorbeşte despre dragostea agape.
Nu este uimitor? Mă rog şi nădăjduiesc că ne vom gândi cu toţii mai
profund la dragoste, şi că o vom lua în serios în umblarea noastră ca
ucenici ai lui Isus.

Dragostea versus iubitorii de sine

Oamenii care nu iubesc sunt egoişti. Elie Wiesel[114], scriitor
româno-american, profesor la Universitatea din Boston, activist
politic, câştigător al premiului Nobel şi supravieţuitor al
Holocaustului, scrie:

> Opusul dragostei nu este ura, ci indiferenţa. Opusul
> frumuseţii nu este urâţenia, ci indiferenţa. Opusul credinţei
> nu este erezia, ci indiferenţa. Iar opusul vieţii nu este
> moartea, ci indiferenţa dintre viaţă şi moarte.[115]

Această declaraţie conţine atât de mult adevăr! Care sunt unele
dintre caracteristicile celor care sunt iubitori de sine? Cum arată
aceştia? Să mergem la cuvântul lui Dumnezeu pentru a afla. În 2
Tim. 3:1–5, Pavel face o descriere a oamenilor iubitori de sine. El
scrie:

> Să ştii că în zilele din urmă vor fi vremuri grele. Căci oamenii

vor fi iubitori de sine, iubitori de bani, lăudăroși, trufași, hulitori, neascultători de părinți, nemulțumitori, fără evlavie, fără dragoste firească, neînduplecați, clevetitori, neînfrânați, neîmblânziți, neiubitori de bine, vânzători, obraznici, îngâmfați; iubitori mai mult de plăceri decât iubitori de Dumnezeu; având doar o formă de evlavie, dar tăgăduindu-i puterea. Depărtează-te de oamenii aceștia.

Te rog să observi că totul se învârte în jurul *sinelui*. Gândește-te la lucrul acesta. Iubitorii de sine, de fapt, sunt cufundați în idolatrie – —*închinarea la sine*. Cu alte cuvinte, dacă nu suntem atenți, suntem în pericol de a ne închina unei altfel de *trinități*, cu "t" mic: *Eu, Mie* și cu *Mine*. Este un lucru urât, nu-i așa? Să fim cinstiți: pasajul pe care l-am citat mai sus descrie cu mare exactitate cultura în care trăim astăzi, nu-i așa?

Testul din 1 Corinteni 13

Aș dori acum să schimb puțin macazul, după cum am promis anterior, și să mă întorc la Capitolul Dragostei. Sunt foarte impresionat de modul în care Pavel le scrie corintenilor. Întâi Corinteni 12 este un capitol dedicat darurilor spirituale. Pavel încheie acest capitol cu un îndemn foarte interesant: „Umblați, dar, după darurile cele mai bune. Și vă voi arăta **o cale nespus mai bună**" (1 Cor. 12:31, sublinierea îmi aparține). Uluitor, nu-i așa? Ai ghicit deja că acea *cale nespus mai bună* nu este alta decât cea a dragostei agape. Apoi, Pavel scrie capitolul 13. Acest capitol este dedicat în mod exclusiv *naturii* și *caracterului* dragostei agape. Eu cred că acest capitol ni-L descrie pe Domnul Isus Hristos.

Întâi Corinteni 12 vorbește despre darurile Duhului Sfânt. Întâi Corinteni 14 vorbește despre administrarea darurilor spirituale. Consider că acest lucru este uimitor: chiar între aceste două capitole, Pavel, inspirat de Dumnezeu, scrie despre dragostea agape. În acest capitol Pavel descrie, într-un mod foarte practic, natura și caracterul lui Dumnezeu. Având toate aceste lucruri proaspete în minte, să dăm un test.

Pavel ne spune clar: „Pe voi înșivă încercați-vă dacă sunteți în credință. Pe voi înșivă încercați-vă. Nu recunoașteți voi că Isus Hristos este în voi? Afară numai dacă sunteți lepădați.(2 Cor. 13:5). Testul este simplu, dar, în același timp, profund. Eu îl numesc *Testul 1 Corinteni 13.*

Socrate scrie: „Viața neexaminată nu merită a fi trăită" (Apologia 38a)[116]. Pe tot parcursul istoriei bisericești, poporul lui Dumnezeu a practicat această disciplină a examinării personale. Ea se numește *„Rugăciunea examinării".*

Să ne rugăm mai întâi pentru înțelepciune, umilință și discernământ. Apoi, citește rugăciunea de mai jos încet și meditativ, iar pe măsură ce o faci, înlocuiește cuvântul „dragoste" cu numele tău. Când găsești o nepotrivire, noteaz-o într-un jurnal. Acestea sunt deficiențe pe care le vedem atunci când permitem Duhului lui Dumnezeu să pătrundă și să cerceteze viețile noastre. Acestea sunt chiar locurile în care Dumnezeu vrea să ne transforme, mai mult și mai mult, după chipul fiului Său, Isus. Trebuie să cooperăm cu Duhul lui Dumnezeu și, într-o pocăință sinceră, să ne supunem modelării Olarului. Când ne înfățișăm înaintea lui Dumnezeu, ne rugăm în mod sincer:

Iată-mă, Doamne, prelucrează-mă și transformă-mă potrivit cu planurile și scopurile Tale. Eu doresc cu adevărat să fiu o expresie adecvată a naturii și a caracterului Tău.

Acesta este un proces. Acest fel de transformare profundă nu are loc peste noapte. Trebuie să înaintăm treptat. Trebuie să o facem în mod conștient și consecvent.

Să găsim un loc liniștit și să citim încet, meditând la capitolul dragostei. Să fim atenți la Cuvântul și la Duhul lui Dumnezeu, în timp ce îl citim:

Dragostea este îndelung răbdătoare, este plină de bunătate; dragostea nu pizmuiește; dragostea nu se laudă, nu se umflă de mândrie, nu se poartă necuviincios, nu caută folosul său, nu se mânie, nu se gândește la rău, nu se bucură de nelegiuire, ci se bucură de adevăr, acoperă totul, crede totul, sufere totul.

Să începem testul:

- Este Valy *răbdător*? Da sau nu? Dacă nu, de ce nu? Care sunt problemele specifice care îl determină pe Valy să-și piardă răbdarea? Care este soluția lui Dumnezeu? (Vezi Iac. 1:2–4; Rom. 5:3–4).

- Este Valy *bun*? Da sau nu? Dacă nu, de ce nu? Care sunt lucrurile concrete care îl determină pe Valy să nu fie bun? Care este soluția lui Dumnezeu? Oare că este o problemă de neiertare? Oare că este o rădăcină de amărăciune? (Vezi Efes. 4:32; Col. 3:13).

- Este Valy *smerit*? Da sau nu? Dacă nu, de ce nu? Care sunt lucrurile specifice care îl determină pe Valy să fie mândru? Oare este vorba despre o rană adâncă, sau o traumă din copilărie? Oare se simte neapreciat? Simte o tulburare lăuntrică sau nesiguranță? Sau poate că nu își cunoaște adevărata identitate în Hristos? Care este soluția lui Dumnezeu? (Vezi: Fil. 3:3; Rom. 7:18; Ioan 15:5).

- *Rabdă* Valy toate lucrurile? Da sau nu? Dacă nu, de ce nu? Care sunt lucrurile anume care îl determină pe Valy să evite suferința? Se protejează pe sine? Este lipsa de credință în protecția lui Dumnezeu? Este căutarea răzbunării? Care este soluția lui Dumnezeu? (Vezi 1 Pet. 2:20–21, 3:17).

Când suntem gata să răbdăm toate lucrurile – orice nedreptate, orice lucru nedrept sau imoral, orice pierdere, chiar și pierderea vieții – atunci ne apropiem de natura și caracterul lui Dumnezeu. Cu alte cuvinte, noi creștem, ne maturizăm. Acesta este testul real al creșterii spirituale. Dragii mei frați și surori, noi avem cu toții natura lui Dumnezeu – *dragostea agape* – în noi, însă ea se află într-o stare comprimată, sub formă de sămânță. Ca urmare, este absolut necesar să rămânem în Hristos (cf. Ioan 15:5), să ne dăm pe noi înșine lui Dumnezeu (cf. Rom. 12:1) și să cerem Duhului Sfânt să ia acea sămânță – care reprezintă ADN-ul Tatălui nostru – și să dezvolte chipul lui Hristos în fiecare dintre noi (cf. 2 Cor. 3:18). În modul acesta, noi creștem cu adevărat și ne maturizăm pentru a ajunge la plinătatea Fiului Său (cf. Efes. 4:13). Nu uita, creșterea spirituală nu este nimic altceva decât manifestarea naturii și a caracterului lui Hristos în fiecare dintre noi în parte.

Să nu uiți: „Ținta poruncii este dragostea, care vine dintr-o inimă curată, dintr-un cuget bun și dintr-o credință neprefăcută" (1 Tim. 1:5). Dragostea este însăși natura lui Dumnezeu. În calitate de copii ai lui Dumnezeu, dragostea este și natura noastră. Chemarea noastră este să o exprimăm, pentru ca toți să-i vadă și să-i recunoască pe ucenicii lui Hristos (cf. Ioan 15: 13).

Dragii mei frați, ați observat că, din Vechiul Testament până acum, lucrurile au devenit mult mai simple? Avem doar o singură poruncă: să ne iubim unii pe alții, așa cum ne-a iubit Isus. Nu există nici un alt scop pentru care trebuie să ne luptăm. Nu există nici un alt obiectiv către care să țintim. Vestea bună este că Dumnezeu „ne-a dăruit tot ce privește viața și evlavia" (cf. 2 Pet. 1:3).

Mai mult, însăși natura lui Dumnezeu este plantată adânc înlăuntrul nostru. Pavel scrie: „Însă nădejdea aceasta nu înșală, pentru că dragostea lui Dumnezeu a fost turnată în inimile noastre prin Duhul Sfânt, care ne-a fost dat" (Rom. 5:5).

Intenția supremă este dragostea agape – exprimarea naturii și a caracterului lui Dumnezeu în și prin tine. Aceasta este singura cale spre *plinătatea lui Hristos.* Să pecetluim aceste cuvinte cu însuși angajamentul lui Dumnezeu: „Cel ce v-a chemat este credincios, și va face lucrul acesta" (1 Tes. 5:24).

Așa să ne ajute Dumnezeu pe toți!

Întrebări de reflecţie

Te rog să reflectezi la următoarele întrebări, apoi să-ţi împărtăşeşti gândurile cu mentorul tău sau cu grupul de ucenicie creştină.

1. Ce ţi-a plăcut cel mai mult din acest capitol? Te rog să notezi câteva detalii.

2. Ce concepte noi ai învăţat din acest capitol? Te rog să le enumeri şi să le dezvolţi.

3. Ce ţi-a trecut prin minte când ai citit despre progresia: De la o poruncă (cf. Gen. 2:16–17), la cele zece porunci (cf. În Exod 20), la 613 porunci în Pentateuh, la şapte lucruri (cf. Prov. 6:16–19), la trei aspecte (cf. Mica 6:8), la două porunci (cf. Mar. 12:28–34) şi, în cele din urmă, la o singură poruncă nouă (cf. Ioan 13:34)?

4. Gândindu-te la cele şapte dimensiuni ale iubirii agape, ce dimensiune ţi-a atras cel mai mult atenţia?

5. Ce te-a frapat cel mai mult în acest capitol?

13. O cale nespus mai bună

[112] www.merriam-webster.com. Accesat pe 14 martie 2010. https://bit.ly/3Svp1S4.

[113] dexonline.ro Accesat pe 24 octombrie 2022, https://dexonline.ro/definitie/%C8%9Ținta.

[114] Elie Wiesel, născut în România pe 30 septembrie 1928, decedat pe 2 iulie 2016, a fost scriitor, profesor, activist politic, laureat al Premiului Nobel și supraviețuitor al Holocaustului. Wikipedia: The Free Encyclopedia. Accesat pe 2 august 2022. https://en.wikipedia.org/wiki/Elie_Wiesel.

[115] „The Words of Elie Wiesel..." Publicat pe 29 octombrie 2018 pe www.bu.edu. Accesat pe 2 august 2022. https://www.bu.edu/articles/2018/elie-wiesel-quotes-danger-of-indifference/.

[116] www.medium.com. Accesat pe 29 octombrie 2018. https://bit.ly/3TT0RSm.

ANEXA

PERICOLELE IMATURITĂȚII SPIRITUALE

Cât despre mine, fraților, nu v-am putut vorbi ca unor oameni duhovnicești, ci a trebuit să vă vorbesc ca unor oameni lumești, ca unor prunci în Hristos.
1 Corinteni 3:1

De aceea, să lăsăm adevărurile începătoare ale lui Hristos, și să mergem spre cele desăvârșite, fără să mai punem din nou temelia pocăinței de faptele moarte, și a credinței în Dumnezeu.
Evrei 6:1

La mijlocul anilor `90, am fost îndemnat de Duhul Sfânt să cercetez domeniul creșterii și maturității spirituale. În vremea aceea, aveam un mic „birou" în subsolul casei noastre. După ce veneam de la lucru, terminam treburile casei și mă duceam în birou. De multe ori petreceam ore întregi cufundat adânc în Scripturi, pentru a afla mai multe despre acest domeniu minunat. Gândurile și ideile pe care le voi împărtăși în continuare izvorăsc din Efeseni 4:11–16, pasaj care, de-a lungul anilor, a devenit foarte important pentru mine. De obicei, folosesc acest text din Scriptură pentru a explica importanța creșterii și maturității spirituale. Totuși, în timpul unei călătorii misionare în India și Italia, cu câțiva ani în urmă, m-am simțit călăuzit puternic să încep să predau și să scriu despre pericolele imaturității spirituale.

În timp ce mă aflam în acele țări străine, mesajul acesta era cu totul nou și pentru mine. Niciodată nu predicasem un astfel de mesaj din pasajul acesta. El a izvorât liber din străfundul inimii mele, fără nici o pregătire anterioară.

Înainte de acest capitol, îți sugerez să faci o pauză și să te rogi câteva momente:

> Doamne Tată, te rog să-mi deschizi ochii pentru a Te vedea pe Tine, deschide-mi urechile pentru a auzi vocea Duhului, deschide-mi inima și umple-o cu dragostea lui Isus, deschide-mi mintea pentru a înțelege Scripturile, și împuternicește-mă cu voința de a-mi preda viața în totalitate scopurilor Tale divine. Mă rog în Numele minunat al lui Isus Hristos. Amin!

Eu m-am rugat pentru voi, cititorii mei, așa că aștept ca în sufletele voastre să vină, de sus, o înțelegere în profunzime a acestor lucruri.

În Efeseni 4:11–16, Pavel vorbește despre cele cinci slujbe din Biserică. Mie îmi place să le numesc „mâna" lui Dumnezeu. Ea conține următoarele „degete":

- apostoli,
- proroci,
- evangheliști,
- păstori și
- învățători.

Această *mână specială* ne este dată pentru zidirea, în ansamblu, a Trupului lui Hristos. Toate aceste degete speciale sunt desemnate pentru a împlini un scop specific, cu trei obiective:

- echiparea sfinților,
- lucrarea de slujire,

- zidirea Trupului lui Hristos.

Acest obiectiv nu a fost valabil doar în timpul generaţiei apostolice a Bisericii din primele secole. El rămâne acelaşi şi astăzi. Eu cred în mod ferm că acest obiectiv măreţ trebuie să fie îndeplinit înainte de venirea lui Hristos. În pasajul acesta, Pavel spune că, în procesul realizării acestui scop final compus din trei obiective, trebuie avute în vedere trei aspecte majore:

- realizarea unităţii credinţei şi a cunoştinţei Fiului lui Dumnezeu,
- atingerea staturii de om matur,
- ajungerea la nivelul plinătăţii lui Hristos (vezi Efeseni 4:13).

Din câte înţeleg eu, atingerea plinătăţii lui Hristos este scopul final a lui Dumnezeu pentru Biserica Sa. Putem formula scopul final astfel:

Scopul final al Bisericii este de a forma *ucenici maturi* care Îl *cunosc* pe Dumnezeu în mod *intim* şi *personal* (Ioan 17:3), care acceptă *chemarea* la *ucenicie* şi îşi poartă *crucea* în fiecare zi (Luca 9:23, Gal. 2:20), ale căror minţi şi caractere sunt înnoite şi transformate în mod continuu de Duhul şi Cuvântul lui Dumnezeu (Rom. 12:2, 2 Cor. 3:18, Gal. 5:22–23), care cresc şi se *maturizează* spre *plinătatea* lui Hristos (Efes. 4:11–16, Evr. 5:11–14, 6:1–3) şi care, în cele din urmă, se *multiplică* potrivit cu *modelul de ucenicizare* lăsat de Domnul Isus şi de apostoli (Mat. 28:19–20, 2 Tim. 2:2).[117]

Acest lucru a fost valabil pentru Biserica secolului întâi, şi este încă valabil pentru Biserica zilelor din urmă, de dinaintea întoarcerii Sale glorioase.

Acesta este motivaţia pe care o am pentru a scrie   cu

pasiune despre subiectul pericolelor imaturității spirituale. Am convingerea fermă că aceste aspecte sunt atât importante, cât și extrem de urgente!

Dacă noi, credincioșii, nu ieșim din starea de imaturitate spirituală, suntem în pericol de a rata scopul lui Dumnezeu pentru viețile noastre, la fel ca fariseii din timpul Domnului Isus. Luca scrie: „Dar fariseii și învățătorii Legii au zădărnicit planul lui Dumnezeu pentru ei, neprimind botezul lui" (Luca 7:30). Cu alte cuvinte, și noi am putea spune: „Însă unii creștini au respins planul lui Dumnezeu, neluând în seamă creșterea și maturizarea lor spirituale, iar, ca urmare, au ratat scopul final a lui Dumnezeu pentru ei".

În pasajul din Efeseni 4:11–16, Pavel nu vorbește despre mântuire. Nici eu nu mă refer la mântuire, când explic acest pasaj. Eu vorbesc despre marele pericol ca noi să nu ne atingem potențialul deplin, pe care Tatăl nostru cel plin de dragoste îl dorește pentru fiecare dintre copiii Săi.

Este trist să vedem că mulți dintre creștinii de astăzi sunt mulțumiți cu acest *status quo*. Atât de mulți dintre cei ce frecventează biserica cred, în mod greșit, că maturitatea spirituală se dobândește în mod *automat*. Ei cred în mod eronat că, odată cu trecerea timpului, vor ajunge, în cele din urmă, la creștere și maturitate spirituale. Aceasta este exact ceea ce vrăjmașul sufletelor noastre vrea ca noi să credem. Înaintarea pe pilot automat nu duce la maturitate. De fapt, în pilda semănătorului, Isus ne-a avertizat cu privire la aceasta: „Sămânța care a căzut între spini închipuie pe aceia care, după ce au auzit Cuvântul, își văd de drum și-l lasă să fie înăbușit de grijile, bogățiile și plăcerile vieții acesteia și n-aduc rod care să ajungă la coacere" (Luca 8:14).

Chiar dacă plinătatea lui Hristos este exact ceea ce dorește Dumnezeu Însuși pentru noi, noi nu o vom dobândi în mod automat. Faptul că faci parte dintr-o biserică locală nu este suficient. Creșterea și maturizarea spirituale sunt rezultatul transformării spirituale, sub călăuzirea Duhului Sfânt, care duce la manifestarea caracterului lui Hristos în și prin credincios. Este responsabilitatea noastră ca, prin harul lui Dumnezeu, să integrăm ucenicia creştină în vieţile noastre. *Intenţiile* şi *deciziile* noastre trebuie manifestate prin *credinţa în acţiune*. Lucrul acesta nu se va întâmpla de la sine. Cred că acesta este exact lucrul despre care vorbeşte Duhul Sfânt astăzi: „Credincioşi, dacă aveţi urechi de auzit, să ştiţi că voia Tatălui este să aduceţi crucea lui Hristos în prim-planul Bisericii". Ca urmare a ceea ce mi-a pus Duhul Sfânt pe inimă, am înţeles că sunt cinci pericole majore ale imaturităţii spirituale.

1. Trăirea în firea pământească

În prima sa Epistolă către Corinteni, Pavel scrie:

Cât despre mine, fraţilor, nu v-am putut vorbi ca unor oameni duhovniceşti, ci a trebuit să vă vorbesc ca unor oameni lumeşti, ca unor prunci în Hristos. V-am hrănit cu lapte, nu cu bucate tari, căci nu le puteaţi suferi; şi nici acum chiar nu le puteţi suferi, pentru că tot lumeşti sunteţi. În adevăr, când între voi sunt zavistii, certuri şi dezbinări, nu sunteţi voi lumeşti şi nu trăiţi voi în felul celorlalţi oameni? (1 Cor. 3:1–3)

Întâi Corinteni 3:1–3 este un pasaj biblic foarte interesant. Pavel foloseşte diferite cuvinte şi expresii pentru a descrie starea de imaturitate spirituală a credincioşilor din Corint.

Acestea sunt:

- oameni lumeşti
- prunci în Hristos
- lapte
- lumeşti
- certuri
- dezbinări
- trăirea în felul celorlalţi oameni

Este extrem de important să avem o înțelegere clară a înțelesului acestor cuvinte. Prima expresie folosită în acest pasaj este: oameni duhovnicești.

Termenul *duhovnicesc*, așa cum este folosit în Noul Testament, se referă la o persoană care a fost născută din nou, în care locuiește Hristos, care este luminată de Dumnezeu și înzestrată și împuternicită de Duhul Sfânt. Această persoană urmărește voia lui Dumnezeu, are mintea lui Hristos și trăiește o viață condusă de Duhul Sfânt. Pe scurt, persoana duhovnicească este o făptură nouă, născută de sus (cf. Rom. 8:6; 1 Cor. 2:15, 14:37; Col.1:9; 1 Pet. 2:5). Persoanele duhovnicești sunt urmași dedicați ai lui Isus Hristos, în care El locuiește și care, atunci când ating un anumit nivel de maturitate spirituală, prin viața lor exprimă natura și caracterul Lui.

Acest tip de persoană a răspuns mesajului Evangheliei (Rom. 10:17), prin credință (Efes. 2:8–9), cu o inimă care s-a pocăit (Fapte 2:38), primindu-L pe Hristos (Rom. 10:9– 10) ca Domn și Mântuitor personal (Iuda 1:25). Din cauza lucrării de răscumpărare (Rom. 3:25) pe care Isus a făcut-o pe crucea de la Calvar (Col. 1:20), prin sângele Său (1 Pet. 1:18–19), Duhul Sfânt a născut această persoană din nou (Ioan 3:3, 5–6) și a adus-o la viață spirituală (Efes. 2:4–5). Cu alte cuvinte, persoana aceasta a fost făcută o făptură nouă în Hristos (2 Cor. 5:17), și astfel a devenit o persoană spirituală sau duhovnicească. Această lucrare minunată a harului nu este pentru unii super-creștini. Potrivit cu Gal. 3:28, ea este pentru fiecare, indiferent de gen, rasă, statut social, educație, culoarea pielii și așa mai departe.

Te rog să nu pierzi din vedere faptul că acesta este doar începutul. Lucrarea harului nu se oprește la evenimentul nașterii spirituale. Oamenii spirituali continuă să crească în har (2 Pet. 3:18). La un anumit moment dat în umblarea lor cu Hristos, ei au acceptat chemarea la ucenicie (Mat. 16:24). Prin Duhul Sfânt, aceștia au înțeles și au experimentat răstignirea lor împreună cu Hristos (Gal. 2:20). Ei și-au înțeles identitatea în *moartea* (Rom. 6:3), *îngroparea* (Rom. 6:4a), *învierea* (Efes. 2:6a) şi *înălţarea* (Efes. 2:6b) cu Hristos. Acum, din cauză că aceste adevăruri transformatoare lucrează în vieţile lor, ei îşi poartă cu bucurie crucea zilnic (Luca 9:23) şi îşi prezintă în mod voluntar vieţile pe altarul lui Dumnezeu, ca un act de închinare veritabil (Rom. 12:1). Ei nu fac aceste lucruri pentru a-şi câştiga sau păstra mântuirea. Mântuirea este darul fără plată al lui Dumnezeu (2 Tim. 1:9). Dumnezeu este singurul care ne susţine şi ne păstrează prin har. Întrucât ei sunt în Hristos, nimeni nu-i poate smulge din mâna Tatălui (Ioan 10:28–29). Persoanele duhovniceşti fac aceste lucruri pentru Împărăţie (Mat. 6:33), motivate de dragostea lui Dumnezeu (Ioan 14:15) şi ca o închinare faţă de Hristos (Evr. 12:28). Persoanele spirituale participă activ la creşterea spirituală (2 Pet. 1:5–7) şi la lucrarea lui Dumnezeu (Efes. 2:10), spre folosul altora (2 Cor. 12:15).

În cele ce urmează, te rog să-mi permiţi să folosesc câţiva termeni de specialitate şi să dau câteva definiţii.

Potrivit cu *Vine's Complete Expository Dictionary of the Old and New Testament Words*, cuvântul grecesc folosit în 1 Cor. 3:1–3 este πνευματικός. (pneumatikos). Acest cuvânt corespunde cu # 4152 din concordanţa *Strong*. Pneumatikos „denotă întotdeauna ideea de invizibilitate şi putere". El nu apare în Septuaginta sau în Evanghelii. De fapt, este un cuvânt care apare după Cincizecime. Potrivit cu *Thayer's Greek Lexicon, Strong's New Testament* (# 4152 în Strong) πνευματικός ((pneumatikos)) are următoarele înţelesuri:

1. Ceea ce ţine de duhul omului, sau de sufletul raţional, acea parte a omului care se aseamănă cu Dumnezeu şi care slujeşte ca instrumentul sau mădularul Său.
2. Ceea ce ţine de un duh, sau de o fiinţă care este mai presus de om, însă inferioară lui Dumnezeu, cum sunt duhurile rele (Efes. 6:12).
3. Ceea ce Îi aparţine Duhului Divin;

a. cu referire la lucruri: ceea ce emană din Duhul Divin, sau care prezintă efectele sale, iar astfel caracterul Său.

b. cu referire la persoane: o persoană care este plină de Duhul lui Dumnezeu (1 Cor. 2:15) și care este sub controlul Său.[118]

Potrivit cu Galateni 5:16 și 25, omul spiritual este cel care umblă prin Duhul și care manifestă roada Duhului în umblarea sa.

Mai mult:

Potrivit Scripturilor, starea *spirituală* (pneumatikos) a sufletului este normală pentru credincios, însă nu toți credincioșii dobândesc această stare, iar atunci când o dobândesc, ei nu se mențin întotdeauna în ea. Astfel, apostolul, în 1 Cor. 3:1–3, sugerează un contrast între starea *omului spiritual* și cea a unui *prunc în Hristos*, adică a omului care, din cauza imaturității și a lipsei lui de experiență, încă nu a ajuns la nivelul de om spiritual. Este acea stare pe care o pierde omul când se lasă stăpânit de invidie și de cearta la care invidia duce, fără excepție. Starea spirituală este dobândită când omul stăruie în Cuvântul lui Dumnezeu și în rugăciune; pe care o păstrează prin ascultare și autoanaliză.[119]

A doua expresie folosită aici este oameni lumești. Exprimat într-un mod simplu, oameni lumești sunt cei stăpâniți de natura lor umană, și nu de Duhul Sfânt. Potrivit cu *Vine's Complete Expository Dictionary of the Old and New Testament Word*, cuvântul grecesc folosit aici este σαρκικός (sarkikos). El poate fi găsit la #4559 din concordanța Strong. Acest cuvânt este derivat din sarx, care înseamnă carne.

Sarkikos înseamnă:

(a): „având natura cărnii", avându-și originea în

215

natura animală, sau stârnit de ea, precum în 1 Pet. 2:11. De asemenea, „carnal", sau echivalentul lui, „pământesc", având în plus ideea de slăbiciune. Acest termen comunică, de asemenea, idea lipsei de spiritualitate, a înțelepciunii umane, „pământesc", precum în 2 Cor. 1:12. Sarkikos înseamnă, de asemenea:

(b) „ceea ce aparține cărnii" (adică trupului), precum în Rom. 15:27 și 1 Cor. 9:11.[120]

Mai departe, cuvântul grecesc σάρκινός, (sarkinos) carnal, poate fi găsit la # 4560 în concordanța Strong. Sarkinos denotă:

Ce ține de carne, „carnal", precum în 2 Cor. 3:3: „pe niște table care sunt inimi de carne". Adjectivele „de carne", „lumesc", „firesc" – sunt puse în contrast cu acele calități pe care le întâlnim în Rom. 7:14; 1 Cor. 3:1,3,4; 2 Cor. 1:12; Col. 2:18. Vorbind la modul general, termenul *carnal* denotă elementul păcătos din natura umană, dobândit prin descendența din Adam. Pe de altă parte, *spiritual* este ceea ce vine prin intervenția de regenerare a Duhului Sfânt.[121]

Cuvântul *carnal* folosit aici, σαρκίνοις (sarkinois), nu este același cuvânt pe care îl găsim în 1 Cor. 2:14, care este tradus prin „firesc", ψυχικὸς, (psuchikos). El se referă la o persoană care nu este înnoită și care se află sub influența naturii sale senzuale sau animale. Acest termen nu este folosit cu referire la creștini.[122]

După cum spune autorul cărții, „Starea carnală este o stare de păcătuire continuă și de eșec."[123] Mai mult: „Creștinii carnali sunt persoane aflate sub influența poftelor carnale; ei poftesc și trăiesc pentru lucrurile acestei vieți"[124]. Din nefericire, majoritatea credincioșilor din Corint se aflau într-o stare carnală.

Starea carnală a creștinilor nu este totuna cu starea oamenilor neregenerați. Potrivit cu *Gill's Exposition of the Entire Bible*, oamenii aceștia:

> Nu sunt oamenii neregenerați; dar aveau concepții carnale, erau în cadre sufletești carnale și purtau conversații carnale unii cu alții; deși nu erau în carne, într-o stare firească, totuși carnea era în ei și nu numai că pofteau împotriva Duhului, ci ea îi domina și îi înrobea, prin urmare ei sunt numiți în felul acesta.[125]

Andrew Murray, în *The Master's Indwelling*, scrie: „În acești corinteni carnali se găsea puțin din Duhul Sfânt, însă carnea era cea care predomina; duhul nu avea stăpânire peste întreaga lor viață"[126]. Pastorul J.B. Hall, în predica sa, „Creștinul carnal", de pe sermoncentral.com, explică:

> Așadar, creștinul carnal, asemenea celor pierduți, se opune lucrării lui Dumnezeu în Biserică. El își are planul său și este complet insensibil, nereacționând în niciun fel la lucrarea spirituală pe care Dumnezeu încearcă să o realizeze în Biserica Sa.[127]

Căutând răspunsuri pe internet, într-o zi am introdus întrebarea: „Ce este un creștin carnal?", și am primit răspunsul următor: „Aspectul cheie care trebuie înțeles este că, în timp ce un creștin poate fi, pentru un timp, carnal, un creștin adevărat nu va rămâne carnal o viață întreagă"[128]. Însă îmi place perspectiva lui Andrew Murray asupra acestui subiect:

> Noi Îi vom spune (Domnului): „*Acest lucru trebuie schimbat. Ai milă de noi*". Însă, ah!, acea rugăciune și acea schimbare nu pot veni până când nu începem să vedem că, în credincioși, există o forță carnală care

îi stăpâneşte; ei trăiesc mai mult potrivit cărnii, decât potrivit Duhului; ei sunt, încă, creştini carnali.[129]

Acest punct de vedere este chiar mai interesant! Potrivit lui Andrew Murray, este imposibil pentru creştini să crească dintr-o stare carnală într-o stare spirituală. El consider acest lucru o înşelăciune. El scrie: „Există creştini care cred că trebuie să crească dintr-o stare carnală într-o stare spirituală. Nu se poate aşa ceva"[130]. Atunci, care este soluţia? El continuă:

Ce i-ar fi putut ajuta pe acei corinteni carnali? Nu i-ar fi ajutat să-i hrăneşti cu lapte, întrucât laptele a fost o dovadă că ei se află într-o stare greşită. Nu i-ar fi ajutat să-i hrăneşti cu hrană tare, întrucât ei nu ar fi fost în stare să o mănânce. Ei aveau nevoie de bisturiul unui chirurg. Pavel spune că viaţa carnală trebuie eliminată. „Cei ce sunt ai lui Hristos şi-au răstignit firea pământească împreună cu patimile şi poftele ei" (Gal. 5:24). Când omul înţelege ce înseamnă acest lucru, şi acceptă prin credinţă ceea ce poate face Hristos, atunci un pas îl poate aduce dintr-o stare carnală într-una spirituală. Un simplu act al credinţei în puterea morţii lui Hristos, un act de identificare supusă cu moartea lui Hristos, pe care Duhul Sfânt o poate şi o va realiza în noi, va aduce eliberare de puterea eforturilor proprii.[131]

Mai departe, Andrew Murray lămureşte:

Astfel, în viaţa spirituală, poţi să te duci de la un învăţător la altul, şi să le spui: „Vorbeşte-mi despre viaţa spirituală, despre botezul Duhului şi despre sfinţire", şi totuşi să rămâi ca înainte. Mulţi dintre noi am dori să fim eliberaţi de păcate. Cui îi place să fie stăpânit de mânie? Cui îi place să se lupte cu mândria? Cui îi place să aibă o inimă lumească?

Nimănui. Noi mergem la Hristos să le ia, iar El nu o face; atunci, ne întrebăm: „De ce nu vrea să o facă? M-am rugat atât de fierbinte!" Asta este din cauză că ai dorit ca El să îndepărteze roadele rele, în vreme ce rădăcina otrăvitoare a rămas în tine. Tu nu I-ai cerut să te pironească pe crucea Sa și să te ajute ca de acum înainte să te predai în întregime puterii Duhului Său.[132]

Secretul este să te încrezi în Dumnezeu și să-i supui Lui totul. „Doar Duhul Sfânt este Cel care, locuind în om, îl poate face spiritual. Vino, așadar, și aruncă-te la picioarele lui Dumnezeu, cu acest gând: «Doamne, eu mă predau Ție, ca un vas gol, pentru a fi umplut cu Duhul Tău»"[133].

Vestea bună este că rugăciuni ca acestea primesc un răspuns rapid de la Tatăl:

O, dragă Tată, vin înaintea Ta cu vasul meu gol, curățit de sângele Mielului Sfânt. Dumnezeul meu va împlini această promisiune! Cer de la El umplerea cu Duhul Sfânt, care să mă facă un creștin spiritual, în locul unuia carnal.[134]

Toate aceste gânduri sună atât de bine pe hârtie, nu-i așa? Totuși, atunci când este vremea să fie puse în practică, par cu totul altfel.

Poate că te întrebi:

- *Există o viață cu adevărat spirituală?*
- *Este un astfel de lucru posibil pentru oamenii de rând, ca tine și ca mine?*
- *Dacă este posibil, cum putem trăi o astfel de viață?*

Ei bine, mă bucur că ai întrebat! Permite-mi să explic acest lucru în termeni simpli:

1. Mai întâi de toate, Dumnezeu cere o astfel de

viaţă, şi tot El o făgăduieşte. Biblia spune: „Voi fiţi dar desăvârşiţi, după cum şi Tatăl vostru cel ceresc este desăvârşit" (Mat. 5:48). Isus ne spune: „Eu am venit ca oile să aibă viaţă, şi s-o aibă din belşug" (Ioan 10:10b). 2. În al doilea rând, pe baza acestor două pasaje, este clar că trăirea unei astfel de vieţi este imposibilă atunci când credincioşii încearcă să o trăiască fără Dumnezeu. Doar Hristos, prin Duhul Sfânt, care lucrează în noi, poate trăi o astfel de viaţă. La urma urmei, este viaţa Lui.

Aşadar, ce trebuie să facem? Sunt câteva lucruri de o importanţă vitală:

- Trebuie să fim *umpluţi cu Duhul* (Efes. 5:18).
- Trebuie să fim *conduşi de Duhul* (Rom. 8:14).
- Trebuie să *umblăm prin Duhul* (Gal. 5:25).

Dacă nu vedem aceste aspecte în mod clar, trebuie să ne pocăim. Cu alte cuvinte, trebuie să ne schimbăm gândirea cu privire la orice fel de trăire firească şi să o considerăm ca pe o incompatibilitate cu natura lui Dumnezeu, ai cărei părtaşi suntem (2 Pet. 1:4). Trebuie stabilit odată pentru totdeauna că, pentru un credincios adevărat în Hristos, orice manifestarea a firii pământeşti trebuie să fie o excepţie, nu o regulă.

3. În al treilea rând, credinciosul trebuie să fie convins de falimentul firii sale pământeşti. Trebuie să înţelegem că, în calitate de credincioşi, este un lucru foarte grav să fim conduşi de fire, şi trebuie să stăruim fierbinte înaintea lui Dumnezeu să ne elibereze de ea. Pavel scrie: „O, nenorocitul de mine! Cine mă va izbăvi de acest trup de moarte?" (Rom. 7:24).

Fără această convingere profundă, nu putem deveni niciodată spirituali cu adevărat. Trecerea de la o stare de oameni fireşti la o stare spirituală este doar la un pas. În acest moment, noi înţelegem Galateni 2:20 într-un mod diferit. Abia atunci putem declara: „*Nu mai trăiesc eu, ci Hristos trăieşte în mine*". **Trebuie să existe o despărţire *oficială* de firea pământească.** Poţi fi sigur că lucrul acesta a fost săvârşit (la timpul trecut) pe cruce. Acesta este locul în care Hristos doreşte ca fraţii şi surorile Lui să trăiască şi să funcţioneze, prin El şi numai prin El. Pentru aceasta, este nevoie de o predare totală (Romani 12:1) – nu doar de o tranzacţie care are loc o dată, ci de o predare zilnică, de luarea crucii şi purtarea ei zi de zi.

Viaţa spirituală şi viaţa din belşug este ceva ce trăieşti. Este o viaţă dinamică, nu statică. Doar în poziţia de supunere totală faţă de Cuvântul lui Dumnezeu mintea credinciosului poate fi înnoită. Doar prin *înnoirea minţii* (Romani 12:2) şi *transformarea caracterului* (2 Corinteni 3:18) credinciosul poate să manifeste, tot mai mult, viaţa şi caracterul lui Hristos în el şi prin el. Procesul acesta, aşa cum este explicat de unii, este cunoscut sub numele de *sfinţire progresivă.*

Dacă Duhul Sfânt te-a convins cu privire la starea ta spirituală (ca să nu zic carnală), te încurajez să declari înaintea lui Dumnezeu trei lucruri afirmative:

1. Doamne Tată, doresc să mă hrănesc cu hrană tare. Te rog, ajută-mă să cresc.
2. Doamne, sunt atât de dezamăgit de starea firească în care mă găsesc, din cauză că nu am renunţat încă la firea mea pământească. Îmi dau seama acum că „nimic bun nu locuieşte în mine, adică în firea mea pământească" (Rom. 7:18). Te rog să iei bisturiul şi să o îndepărtezi.
3. Duhule Sfânt, ajută-mă şi călăuzeşte-mă în procesul de creştere şi maturizare spirituale.

Acum, că ai făcut aceste declaraţii puternice, să ne rugăm, pentru a le pecetlui la nivelul inimii. Îţi sugerez să faci următoarea rugăciune:

O, Abba Tată, știu că mă iubești. Vin înaintea Ta cu vasul meu gol, curățit de sângele sfânt al Fiului Tău, Isus. Știu că oricine vine la Tine nu va fi dat de rușine. Îți cer să mă umpli de Duhul Sfânt, pentru a mă face un creștin spiritual, nu unul carnal. Mă rog în Numele minunat al lui Hristos.

2. Instabilitate

Probabil că unul din pericolele cele mai vizibile ale imaturității spirituale este instabilitatea. Pavel scrie: „ca să nu mai fim copii, plutind încoace și încolo, **purtați** de orice vânt de învățătură, prin *viclenia* oamenilor și prin *șiretenia* lor în mijloacele de *amăgire* (înșelăciune)" (Efes. 4:14, sublinierile îmi aparțin).

Potrivit cu *Merriam Webster Dictionary*, „a fi purtat" (în limba engleză: „toss") înseamnă: „a arunca (ceva) cu o mișcare rapidă sau ușoară, a ridica (ceva) cu o mișcare bruscă, a mișca ceva înainte și înapoi, sau în sus și în jos"[135].

Pavel folosește patru cuvinte pentru a-i avertiza pe credincioși cu privire la pericolul imaturității spirituale:

1. Viclenie
2. Șiretenie
3. Înșelăciune (*deceit* în lb. engleză)
4. Amăgire

Cuvântul *viclenie* din acest verset se referă la opusul cinstei, sincerității și transparenței. DEX definește cuvântul acesta astfel: „manevră iscusită prin care se înșală buna-credință a cuiva"[136].

Cuvântul *șiretenie*, potrivit cu *Merriam Webster Dictionary*, se referă la „abilitatea unei persoane de a-și atinge scopurile prin mijloace indirecte, subtile, or necinstite"[137]. În limba română, șiretenie vine de la cuvântul *șiret*. DEX definește cuvântul *șiret* astfel: „Care știe să profite de naivitatea sau de buna-credință a celor din jur pentru a-şi atinge scopurile pe căi ocolite; care dovedeşte un caracter viclean, perfid."[138] *Înşelăciune* sau *înşelătorie*, (sinonime: escrocherie, fraudă, care din punct de vedere juridic constituie o infracţiune).

Conform cu DEX:

> „Infracţiune constând în inducerea în eroare şi păgubirea unei persoane prin prezentarea drept adevărate a unor fapte mincinoase sau invers, în scopul de a obţine pentru sine sau pentru altcineva un anumit folos material".[139]

Al patrulea cuvânt folosit de Pavel este *amăgire*, care înseamnă a face un lucru folosind metode necinstite pentru a obţine ceva de valoare. Potrivit cu DEX, *amăgire* înseamnă: „A ispiti, a ademeni, a atrage (prin promisiuni mincinoase)"[140].

Pavel nu foloseşte această combinaţie de cuvinte pentru a-i impresiona pe credincioşii din Efes cu un vocabular bogat în limba greacă. Marele apostol Pavel, sub inspiraţia Duhului Sfânt, a dorit să accentueze pericolul instabilităţii ce survine când credincioşii rămân la starea de copii din punct de vedere spiritual. Cu alte cuvinte, dacă dorim să nu mai fim instabili, *„plutind încoace şi încolo, purtaţi de orice vânt de învăţătură"*, trebuie să creştem în harul şi cunoaşterea Domnului Hristos.

Credincioşii imaturi nu au o poziţie teologică stabilă. Dacă un predicator spune ceva, ei sunt purtaţi cu uşurinţă în direcţia aceea. Dacă un alt învăţător vine şi predică altceva, ei sunt purtaţi într-o altă direcţie. Credincioşii imaturi spirituali sunt în pericol de a pluti încoace şi încolo, prin viclenia oamenilor. Oamenii înşelători îi câştigă de partea lor pe aceia care se lasă amăgiţi cu uşurinţă. Aceştia au un fel de „carismă" falsă, prin care îi câştigă pe cei imaturi din audienţă. În concluzie, starea de pruncie sau imaturitatea spirituală este periculoasă, din cauza instabilităţii pe care o cauzează.

Dacă aceste paragrafe te descriu pe tine, te rog să recunoști pericolul instabilității care este în viața ta. Îți recomand să declari trei lucruri afirmative:

1. Doamne, am nevoie de stabilitate.
2. Doamne Isuse, m-am hotărât să cresc.
3. Duhule Sfânt, te rog să mă faci stabil și consecvent în credință și în umblarea mea cu Tine.

După ce ai făcut aceste declarații importante, te încurajez să îngenunchezi înaintea lui Dumnezeu și să rostești această rugăciune:

> Doamne Tată, doresc să fiu stabil. M-am hotărât să îmbrățișez procesul creșterii și maturizării spirituale. Dragă Doamne Isuse, îmi dau seama că creșterea și maturizarea în cunoștința și harul Tău este singurul mod de a fi stabil. Dragă Duhule Sfânt, te rog să lucrezi în mine, să mă transformi, și să mă maturizezi potrivit cu planurile și scopurile lui Dumnezeu. Singura mea dorință este de a manifesta viața și caracterul lui Hristos. Mă rog în Numele lui Isus. Amin.

3. Repulsia față de hrana tare

Vorbind din punct de vedere spiritual, laptele se referă la o *„învățătură elementară despre Hristos"*. În conformitate cu Evrei 6:1–2, dieta bazată pe lapte include: învățături despre „pocăința de faptele moarte", învățături despre „credința în Dumnezeu", învățături despre sacramentele Bisericii și învățături cu privire la „învierea morților și judecata veșnică". Laptele este bun! Fără nicio îndoială. Laptele însă este hrana principală pentru prunci, nu pentru adulți. Precum orice părinte bun, Tatăl nostru nu dorește ca fiii Săi să rămână o perioadă lungă de timp pe o dietă bazată pe lapte. Dumnezeu dorește ca noi să „creștem spre mântuire", după cum scrie Petru atât de bine în 1 Petru 2:1– 3. Pentru ca acest lucru să se întâmple, noi trebuie „să mergem spre cele desăvârșite" (Evr. 6:1), lucru pentru care este nevoie de o decizie susținută din partea noastră. Înaintarea spre cele desăvârșite nu este un lucru ușor. Aspectul acesta necesită perseverență, implică biruirea oricărei împotriviri și așa mai departe. Înaintarea implică a-ți face loc, a da la o parte obstacolele, a progresa. După cum vezi, toate aceste cuvinte sugerează ceva dinamic, nu static. Cu alte cuvinte, nu putem progresa în timp ce rămânem pe loc.

Potrivit cu Evrei 5:14, hrana tare se referă la o învățătură avansată despre neprihănirea lui Dumnezeu și discernământul spiritual. Potrivit cu 2 Petru 3:18, hrana tare este o învățătură matură despre *harul* și *cunoașterea* „Domnului și Mântuitorului nostru Isus Hristos". Potrivit cu rugăciunile lui Pavel din Efeseni 1:15 și 3:14–21, hrana tare presupune o înțelegere prin revelație și experiență a identității noastre în Hristos și o înțelegere profundă a dragostei agape, precum și a dimensiunilor ei spirituale. Pe baza învățăturii lui Pavel din Romani 8:14 și Galateni 5:16– 26, hrana tare reprezintă o înțelegere corectă a ceea ce înseamnă a fi călăuzit de Duhul Sfânt. Mai mult, hrana tare implică o cunoaștere adâncă a ceea ce înseamnă a fi transformat după chipul lui Hristos (2 Corinteni 3:18, 1 Corinteni 5:23).

Creștinii imaturi au o tendință naturală de a respinge hrana tare. Repulsia este un sentiment puternic de neplăcere sau dezgust față de ceva.

D.A. Carson scrie:

Există însă creștini **vomitori de clasă internațională,** **vorbind din punct de vedere spiritual,** după ani și ani de trăire creștină. Ei pur și simplu nu pot digera ceea ce Pavel numește „*hrană tare".* Trebuie să le dai lapte, pentru că nu sunt gata să primească altceva. Dacă încerci să le dai altceva decât lapte, se îneacă și dau afară, împroșcând tot și pe toți cei din jur. La un moment dat, datorită numărului de ani de când sunt creștini, te aștepți la un comportament mai matur din partea lor, însă ei te dezamăgesc. Sunt încă niște prunci, arătându-și imaturitatea chiar și în modul în care se plâng, dacă le dai altceva mai mult decât lapte. O cunoaștere solidă a Scripturii nu este pentru ei; o reflecție matură nu este pentru ei; creșterea și gândirea creștină pătrunzătoare nu este pentru ei. Ei nu vor altceva decât o altă rundă de cântări și un „mesaj simplu" – ceva care nu-i va provoca să gândească, să-și examineze viețile, să facă alegeri și să crească în cunoașterea și adorarea Dumnezeului Celui viu. Așadar, corintenii sunt niște creștini deznădăjduit de imaturi.[141]

În călătoriile pe care le-am făcut prin lume, vorbind despre subiectul creșterii și maturizării spirituale, am auzit o sumedenie de scuze (chiar și de la lideri creștini) privitoare la maturizarea spirituală.

Iată câteva dintre ele:

- Este atât de greu! Chiar și Biblia, în Eclesiastul 12:12, ne spune că prea multă învățătură obosește trupul.
- Nu vreau să dobândesc prea multă cunoștință, pentru că atunci Dumnezeu se va aștepta la mai mult de la mine (vezi Luca 12:48).
- Nu trebuie să studiez Biblia înainte de a predica, sau să-mi fac un plan, sau o schiță de predică, pentru că Duhul Sfânt îmi va da exact cuvintele pe care trebuie să le spun (vezi Marcu 13:11).
- Este scris că nu trebuie să fie prea mulți învățători (vezi Iacov 3:1).

Dacă citești referințele biblice pe care le-am dat, vei

vedea că toate aceste versete sunt scoase din context, ceea ce constituie o altă dovadă a imaturității lor spirituale.

Evident, un prunc biologic nu poate fi trecut peste noapte de la *lapte* la *mâncare solidă*. Nu ar fi un lucru înțelept să ai o astfel de așteptare nerealistă. Este un proces treptat. Pruncul trebuie să fie mai întâi înțărcat. Papilele gustative ale unui prunc trebuie să fie cultivate, pentru a-i *plăcea* hrana tare. Tot la fel, papilele noastre gustative spirituale trebuie să fie cultivate de-a lungul unei perioade de timp, pentru a trezi o foame după hrana tare. Totuși, perioada de înțărcare nu trebuie nicidecum să dureze patruzeci de ani; poate trei sau patru, însă nu mai mult decât atât.

Charles R. Swindoll scrie:

Vezi, pentru ca creștinul să poată mânca hrana tare, el trebuie să aibă un sistem digestiv dezvoltat, matur. Îi trebuie dinți. El trebuie să aibă un apetit, care este cultivat în decursul unei anumite perioade de timp, pentru lucruri profunde, pentru lucrurile consistente ale lui Dumnezeu. Pruncii spirituali trebuie să crească. Unii dintre oamenii cu care este cel mai greu să ai de-a face din Biserica lui Isus Hristos sunt cei care au îmbătrânit în Domnul, însă n-au crescut în El.[142]

Cu cât mai mult întârziem expunerea la hrană tare, cu atât mai mult va dura până vom ajunge să ne placă. Este nevoie de o hotărâre fermă pentru a trece de la lapte la hrană tare, altfel noi vom rămânea „greoi la pricepere". Iată cum exprimă acest lucru autorul Epistolei către Evrei: „Dar hrana tare este pentru oamenii mari, pentru cei a căror judecată s-a deprins, prin întrebuințare, să deosebească binele și răul" (Evr. 5:14).

Probabil că ai observat deja că nu este ușor să măsori maturitatea spirituală. Mulți credincioși presupun, în mod eronat, că, odată cu trecerea timpului, ei vor deveni maturi spiritual. Spre deosebire de maturizarea trupului, care depinde în principal de timp, nu este la fel în cazul maturității spirituale. Factorul timp este evident, atunci când este vorba de maturizarea fizică. Putem face ușor diferența dintre un băiat de trei ani și un bărbat de treizeci de ani.

În domeniul spiritual, creșterea și maturizarea nu sunt o funcție a timpului, ci mai degrabă o funcție a dietei noastre spirituale. De exemplu, se poate ca unii creștini să fi mers la biserică timp de treizeci de ani, însă să se comporte asemeni unui prunc, sau acționând precum un creștin de trei ani.

Pe de altă parte, dacă un creștin, care L-a primit pe Hristos cu trei ani în urmă, este ucenicizat în mod adecvat, poate să devină matur spiritual, manifestând viața și caracterul lui Hristos (vezi Gal. 5:22–23; Ioan 15:8), asemenea unui credincios matur.

Imaturitatea spirituală afectează modul în care vorbim, gândim și luăm decizii. Pavel scrie: „Când eram copil, vorbeam ca un copil, simțeam ca un copil, gândeam ca un copil" (1 Cor. 13:11a). Prin urmare, este imperativ să fim angrenați în mod activ în procesul de creștere și de maturizare spirituală, pentru a ne putea debarasa de cele copilărești. Pavel continuă: „când m-am făcut om mare, am lepădat ce era copilăresc" (1 Cor. 13:11b).

Opusul imaturității spirituale, desigur, este maturitatea. Prin urmare, maturizarea este chemarea înaltă a fiecărui copil al lui Dumnezeu, fiind evidențiată, în principal, de prioritățile pe care le are. Urmărim în continuare lucrurile și succesul acestei lumi, sau urmărim să atingem ținta lui Dumnezeu pusă înaintea noastră, și anume Hristos? Pavel scrie: „Alerg spre țintă, pentru premiul chemării cerești a lui Dumnezeu, în Hristos Isus"(Fil. 3:14). Dacă marele apostol Pavel a simțit nevoia de a „alerga" cu stăruință înainte, cu atât mai mult eu și cu tine trebuie să o facem. Pavel îi îndeamnă pe creștinii angrenați în procesul desăvârșirii, folosind următoarele cuvinte: „Gândul acesta dar să ne însuflețească pe toți, care suntem desăvârșiți; și, dacă în vreo privință sunteți de altă părere, Dumnezeu vă va ilumina și în această privință" (Fil. 3:15).

Maturitatea creștină nu înseamnă o perfecțiune fără de păcat. Aceasta nu înseamnă că cei ce sunt maturi sunt o clasă mai înaltă decât persoanele care nu se pot smeri, pentru a trăi în unitate cu ceilalți. Cu niciun chip! Cuvântul grecesc perfecțiune (gr. τέλειος, teleios)[143], folosit de Pavel în Filipeni 3:15, înseamnă: „vârstă matură, stare de adult, crescut pe deplin; cu privire la persoane: dezvoltare deplină a minții și înțelegerii (cf. 1 Cor. 14:20); în cunoașterea adevărului (cf. 1 Cor. 2:6; Fil. 3:15, Evr. 5:14); în credința creștină și în virtute (cf. Efes. 4:13)."[144]

Pavel explică: „Dar în lucrurile în care am ajuns de aceeași părere, să umblăm la fel" (Fil. 3:16). Iată cum a formulat acest lucru Peter Meiderlin[145]: „În cele esențiale – unitate, în cele neesențiale – libertate, în toate lucrurile – dragoste"[146].

Maturitatea spirituală nu este o competiție între cei care pot recita cât mai multe adevăruri teologice. Dimpotrivă, ea este evidențiată **prin dragostea *agape*.** Biblia ne învață: „**Ținta poruncii este dragostea, care vine dintr-o inimă curată, dintr-un cuget bun și dintr-o credință neprefăcută**" (1 Tim. 1:5). Cu alte cuvinte, maturitatea spirituală autentică este caracterizată de manifestarea unei dragoste de gen agape autentică și matură, care este însăși natura lui Dumnezeu.

Crede-mă, nu a fost un lucru plăcut să scriu această secțiune și sunt sigur că pentru tine nu a fost plăcut să o citești. Te rog să-ți faci o mare favoare, declarând înaintea lui Dumnezeu trei lucruri afirmative:

1. Doamne, sunt flămând după hrană tare.
2. Duhule Sfânt, doresc să mă hrănesc ca un creștin matur.
3. Dragă Doamne Isuse, eu urmăresc creșterea spirituală. Am o dorință profundă de a crește spiritual. Dorința mea profundă este de a fi un

creștin matur. Te rog să mă ajuți la aceasta, pentru ca viața și caracterul lui Hristos să se manifeste în mine.

Acum, după ce ai făcut aceste declarații importante, te rog să le pecetluiești într-o rugăciune, după cum urmează:

Doamne, te rog să sădești în mine o dorință profundă după Cuvântul Tău. Te rog să-mi dezvolți papilele gustative, pentru a mă hrăni cu hrană tare. Doamne Isuse, Te rog să mă porți pe brațe și să mă duci la pășuni verzi, pentru a crește tot mai mult în harul și cunoștința Ta. Ajută-mă, Doamne. Amin!

4. Ignoranță în privința identității spirituale

Ce tragedie este să fii copil al lui Dumnezeu și totuși să fii ignorant cu privire la identitatea ta spirituală. Dacă creștinii cred despre ei înșiși că sunt doar niște păcătoși mântuiți prin har, atunci au o perspectivă care este extrem de păguboasă pentru identitatea lor **spirituală**. Creștinii imaturi nu pot să înțeleagă identitatea lor în Hristos. Ei nu înțeleg că sunt deja neprihăniți în fața lui Dumnezeu. În calitate de copii ai lui Dumnezeu, noi avem acces la tot ceea ce are Dumnezeu. Practic vorbind, noi nu putem deține încă bogățiile Sale din cauza imaturității noastre spirituale.

În continuare, voi **ilustra conceptul acesta**. Pe când erau robi în Egipt, Dumnezeu le-a promis evreilor o țară în care curge lapte și miere – țara făgăduinței. Dumnezeu i-a spus lui Moise:

M-am coborât ca să-l izbăvesc din mâna egiptenilor și să-l scot din țara aceasta și să-l duc într-o țară bună și întinsă, într-o țară unde curge lapte și miere, și anume, în locurile pe cari le locuiesc cananiții, hetiții, amoriții, fereziții, heviții și iebusiții. (Exod. 3:8)

Cel puțin 600000 de bărbați evrei adulți au primit promisiunea aceasta de la Dumnezeu. Era o ofertă glorioasă. După cum știm cu toții, Dumnezeu nu poate minți (cf. Evr. 6:18). Totuși, din cauza necredinței lor, care, potrivit cu Evrei 3:17–19, duce la neascultare, numai doi dintre ei au intrat în „țara unde curge lapte și miere". Aceștia reprezintă doar 0.00033% dintre evreii care primiseră promisiunea. Cred că lucrul acesta I-a frânt inima Tatălui ceresc.

Imaturitatea spirituală este periculoasă și costisitoare. Pavel scrie: „Dar, câtă vreme moștenitorul este **nevârstnic**[147], eu spun că nu se deosebește cu nimic de un **rob**[148], măcar că este stăpân pe tot" (Gal. 4:1, sublinierile îmi aparțin). Cel căruia îi lipsește maturitatea nu poate să exprime gânduri spirituale, folosind cuvinte spirituale, din cauză că este neînvățat și nu a fost luminat (1 Cor. 2:13– 14). De aceea, el nu cunoaște moștenirea spirituală a lui Dumnezeu. Ca urmare, Tatăl nu-i poate încredința nimic de valoare.

În calitate de copii ai lui Dumnezeu, noi am fost așezați „împreună în locurile cerești în Hristos Isus" (Efes. 2:6). În virtutea nașterii spirituale, aceasta este poziția noastră de drept. Totuși, fără a ne dezvolta „aripi", prin maturitatea spirituală, noi nu putem zbura ca vulturii; dimpotrivă, scoatem mereu aceleași sunete precum curcanii, care se învârt tot timpul în jurul aceluiași hambar vechi. Pentru a primi și împlini responsabilități spirituale, copiilor lui Dumnezeu li se cere să crească și să se maturizeze în „harul și cunoștința Domnului și Mântuitorului nostru Isus Hristos" (2 Pet. 3:18). Pentru a putea părăsi sărăcia spirituală a vechiului „hambar", trebuie să ne crească aripi precum vulturilor și să zburăm tot mai sus, spre ceruri.

Autorul Epistolei către Evrei scrie cu atâta îndrăzneală despre acest lucru: „Și oricine nu se hrănește decât cu lapte, nu este obișnuit cu cuvântul despre neprihănire, căci este un prunc" (Evr. 5:13). De aceea, când este vorba despre identitatea spirituală, doctrina neprihănirii credinciosului este crucială. Neprihănirea[149] este starea perfecțiunii morale cerută de Dumnezeu pentru a intra în cer. *Dikaiosune*, care înseamnă neprihănire, „este, prin urmare, conformitatea cu declaraţiile unei autorităţi mai înalte, fiind în opoziţie cu anomia (numărul de referinţă 458 în Concordanţa Strong) sau fărădelegea". Potrivit cu *Merriam-Webster Dictionary*, a fi neprihănit înseamnă: „A acţiona potrivit cu legea divină sau morală: liber de vinovăţie sau de păcat"[150]. Iată câteva sinonime pentru neprihănire: dreptate, bunătate, onoare, justeţe, rectitudine, respectabilitate, virtute şi corectitudine.

Întreaga Lege a Vechiului Testament, incluzând cele zece porunci plus legea „morală" care, potrivit unor experţi în Vechiul Testament, însumează aproximativ 613 legi, reprezintă caracterul moral al lui Dumnezeu. „Aşa că Legea, negreşit, este sfântă, şi porunca este sfântă, dreaptă şi bună" (cf. Rom. 7:12). Totuşi, în ceea ce priveşte posibilitatea de a ne oferi neprihănirea, Legea este neputincioasă (cf. Rom. 8:4), din cauza firii pământeşti. Învăţătura Noului Testament este clară, spunând că „nimeni nu va fi socotit neprihănit prin faptele Legii" (Gal. 2:16).

Pentru a mă asigura că ceea ce afirm nu este scos din context, aş dori să spun, foarte pe scurt, câteva cuvinte despre Lege:

- Mai întâi, rolul Legii a fost să arate cât de groaznic este păcatul. Pavel explică: „pentru ca păcatul să se arate din cale afară de păcătos, prin faptul că se slujea de aceeaşi poruncă (Lege)" (Rom. 7:13).
- În al doilea rând, Legea are menirea să ne fie un învăţător care să ne călăuzească spre Hristos. Biblia ne spune: „Astfel, Legea ne-a fost un îndrumător spre Hristos, ca să fim socotiţi neprihăniţi prin credinţă" (Gal. 3:24).

Scriptura clarifică faptul că, după venirea lui Hristos, nu mai este nevoie să rămânem sub acest „învăţător": „După ce a venit credinţa, nu mai suntem sub îndrumătorul acesta"

(Gal. 3:25).

Atunci când vine vorba despre subiectul neprihănirii, Pavel pune lucrurile la punct. El ne învaţă că noi suntem „găsiţi în El, nu având o neprihănire a noastră, pe care ne-o dă Legea, ci acea care se capătă prin credinţa în Hristos, neprihănirea pe care o dă Dumnezeu, prin credinţă" (Fil. 3:9). Potrivit Noului Testament, temelia neprihănirii noastre de credincioşi ai Noului Legământ se bazează doar pe lucrarea încheiată a lui Hristos pe crucea Calvarului – moartea, învierea şi înălţarea Sa. *Un credincios al Noului Testament este considerat neprihănit prin credinţa în Isus Hristos* (vezi Rom. 4 şi 5).

Într-un sens mai profund, neprihănirea este mai mult decât a avea o relaţie corectă cu Dumnezeu. Biblia ne învaţă că neprihănirea noastră este Însuşi Isus Hristos, care locuieşte în inimile noastre (vezi Fil. 1:20–21, Rom. 8:10, 1 Cor. 1:30, Gal. 2:20, Efes. 3:17, Col. 3:4). Mai mult, în scrierile lui profetice, Ieremia se referă la Mesia ca la „o Odraslă neprihănită" (Ier. 23:5), spunând că El va fi numit „Domnul, Neprihănirea noastră" (Ier. 23:6). Acest lucru a fost profeţit cu câteva sute de ani înainte de răstignirea lui Hristos! Nu este de mirare că Pavel scrie cu atât de multă încredere că Isus Hristos este neprihănirea noastră: „Şi voi, prin El, sunteţi în Hristos Isus. El a fost făcut de Dumnezeu pentru noi înţelepciune, **neprihănire,** sfinţire, şi răscumpărare" (1 Cor. 1:30). În ceea ce priveşte subiectul neprihănirii, 1 Cor. 1:30 este unul dintre versetele mele favorite. De asemenea, 2 Corinteni 5:21 afirmă foarte clar: „Pe Cel ce n-a cunoscut păcat, El L-a făcut păcat pentru noi, **ca noi să fim neprihănirea lui Dumnezeu în El**". Potrivit acestui verset, în calitate de copii ai lui Dumnezeu, noi avem o neprihănire care are aceeaşi valoare ca însăşi neprihănirea lui Hristos. De ce? **Pentru că El este neprihănirea noastră.**

Baza mântuirii noastre şi singura nădejde pentru neprihănire stă în picioare, neclintită, datorită:

- Sângelui lui Hristos vărsat la Calvar (vezi. Rom.
  3:24, 4:25, 5:9, 8:3–4, 1 Cor. 15:3, Gal. 2:20,
  Efes. 1:7, Evr. 9.14, 1 Pet. 1:18–19, 1 Ioan 4:10),
  și
- Vieții Sale înviate în inimile noastre (vezi: Rom.
  4:25, 5:9–10; 8:10–11, Gal. 2:20, Col. 3:1–3).

Pavel este un expert în doctrina neprihănirii. El aduce
argumente și demonstrează acest subiect important din
diferite unghiuri.

Prima parte a Epistolei către Romani este dedicată
primirii neprihănirii prin credință. El scrie: „deoarece în ea
(în Evanghelie) este descoperită o neprihănire pe care o dă
Dumnezeu, prin credință și care duce la credință, după cum
este scris: «Cel neprihănit va trăi prin credință»" (Rom.
1:17) Apoi, în Rom. 3:21–22, citim: „Dar acum s-a arătat
o neprihănire (în limba greacă: dreptate) pe care o dă
Dumnezeu, fără lege – despre ea mărturisesc Legea și
proorocii – și anume, neprihănirea dată de Dumnezeu, care
vine prin credința în Isus Hristos, pentru toți și despre toți
cei ce cred în El. Nu este nici o deosebire".

Este atât de important să înțelegem că Pavel nu spune
nicăieri în Noul Testament că neprihănirea este obținută
prin ținerea Legii Vechiului Testament. El scrie: „Căci
nimeni nu va fi socotit neprihănit înaintea Lui, prin faptele
Legii, deoarece prin Lege vine cunoștința deplină a
păcatului" (Rom. 3:20). Chiar și neprihănirea pe care a
primit-o Avraam, a primit-o prin credință. Pavel scrie: „Căci
ce zice Scriptura?" «Avraam a crezut pe Dumnezeu, și
aceasta i s-a socotit ca neprihănire.» [...] pe când, celui ce nu
lucrează, ci crede în Cel ce socotește pe păcătos neprihănit,
credința pe care o are el îi este socotită ca neprihănire"
(Rom. 4:3,5). Altfel, mântuirea ar fi bazată pe merite, iar
promisiunea ar fi invalidată: „Căci, dacă moștenitori sunt
cei ce se țin de Lege, credința este zadarnică, și făgăduința
este nimicită" (Rom. 4:14).

Unii ar putea pune întrebarea: Frate Valy, vrei să spui

că, întrucât avem neprihănirea lui Hristos, nu mai contează cum ne trăim viața? Nicidecum! Aceasta este o înțelegere foarte greșită. Și Pavel a fost înțeles greșit. Adu-ți aminte cum a răspuns la acest fel de întrebare: „Nicidecum! Noi, care am murit față de păcat, cum să mai trăim în păcat?" (Rom. 6:2). A fi neprihăniți în străfundul ființei noastre nu este compatibil cu a continua să trăim în păcat. Este ca și cum am merge împotriva naturii noastre. Pentru un creștin, a continua în păcat este ceva incompatibil cu însăși natura sa de sfânt și părtaș al naturii lui Dumnezeu.

Oare toate acestea înseamnă că Dumnezeu nu este interesat de un comportament moral și dezvoltarea caracterului, pentru că noi avem deja neprihănirea lui Hristos? Desigur că nu. Aceasta este o înșelăciune ce vine direct din iad. Dumnezeu este foarte interesat de comportamentul nostru, însă El nu ne acordă neprihănirea Sa pe baza schimbării de comportament. Aceasta ar însemna reinstituirea Legii Vechiului Testament.

Așadar, cum a rezolvat Dumnezeu acest lucru? În Hristos, Dumnezeu ne-a dat morții și ne-a înviat în El, făcându-ne neprihăniți precum Hristos. Cu alte cuvinte, Dumnezeu ne-a așezat în Hristos, și, când El a murit pe cruce, noi am murit cu El (cf. Rom. 6:3–4); când El a fost înviat din morți, și noi am fost înviați cu El (Col. 2:12); când El s-a înălțat la dreapta Tatălui, noi am fost (la timpul trecut) așezați cu El la dreapta Tatălui în Hristos (Efes. 1:12, 2:6). Minunat, nu-i așa?

Acum, datorită poziției pe care o avem în Hristos și a faptului că El este în noi (Col. 1:27), păcatul nu mai are stăpânire asupra noastră, pentru ca noi să putem trăi liberi pentru Dumnezeu. Pare a fi un lucru simplu, dar nu este ceva simplist. Biblia ne învață: „dați-vă pe voi înșivă lui Dumnezeu, ca vii, din morți cum erați; și dați lui Dumnezeu mădularele voastre, ca pe niște unelte ale neprihănirii" (Rom. 6:13). Întrucât nu suntem sub lege, ci sub har (cf. Rom. 6:14), noi continuăm să fim mântuiți prin viața lui Hristos. Pavel scrie: „Căci, dacă atunci când eram vrăjmaşi, am fost împăcaţi cu Dumnezeu, prin moartea Fiului Său, cu atât mai mult acum, cânt suntem împăcaţi cu El, **vom fi mântuiţi prin viaţa Lui**" (Rom. 5:10). Secretul trăirii unei vieţi biruitoare şi împlinite este viaţa lui Hristos. Din cauza faptului că Hristos trăieşte în noi, putem să ne **predăm** pe noi, şi toate mădularele noastre lui Dumnezeu, în ascultare, iar ca rezultat să ne bucurăm de o neprihănire practică. Biblia spune: „Nu ştiţi că, dacă vă daţi robi cuiva, ca să-l ascultaţi, sunteţi robii aceluia de care ascultaţi, fie că este vorba de păcat, care duce la moarte, fie că este vorba de ascultare, care duce la neprihănire?" (Rom. 6:16). Acum, din cauza poziţiei speciale pe care o avem în Hristos, am devenit robi ai neprihănirii (cf. Rom. 6:18).

Este Dumnezeu interesat în sfinţenie? Sigur că da. Standardele Lui de sfinţenie nu s-au schimbat, nici măcar cu un micron[151]. Mai mult decât atât, Dumnezeu caută o sfinţenie veritabilă. Cum pot creştinii să o obţină? Doar într-un singur mod: predându-se pe ei înşişi şi mădularele lor ca robi ai neprihănirii, ceea ce va duce la neprihănire. Notează-ţi acest lucru, şi ţine-l la îndemână: **Acesta este singurul mod în care creştinii pot ajunge la o sfinţenie autentică.** Da (cf. Mat. 22:11–12), creştinilor li se cere să fie oameni sfinţi. Totuşi, acest lucru trebuie citit în contextul pasajului din Apoc. 19:7–8. Înseamnă oare aceasta că mântuirea este prin credinţă, iar sfinţirea prin fapte? Desigur că nu! Aceasta este capcana vrăjmaşului, pentru a ne face să acţionăm fără de Dumnezeu. Aceasta este o trăire şi umblare potrivit firii pământeşti. Pavel mustră cu tărie acest mod de a gândi şi de a acţiona. El scrie „Sunteţi aşa de nechibzuiţi? După ce aţi început prin Duhul, vreţi acum să sfârşiţi prin firea pământească? (Gal. 3:3).

Acum s-ar putea ca unii dintre voi să îmi spună: Frate Valy, **nu sunt** lămurit! Vrei să spui că doar îmi încrucişez braţele pe piept şi nu fac nimic? Sunt desăvârşit în mod automat? Nu. Nicidecum! Biblia ne învaţă că noi avem un rol activ în procesul practic de sfinţire: „Astfel dar, preaiubiţilor, după cum totdeauna aţi fost ascultători, duceți până la capăt mântuirea voastră, cu frică și cutremur, nu numai când sunt eu de față, ci cu mult mai mult acum, în lipsa mea" (Fil. 2:12). Unii ar putea să spună: Ei bine, pentru mine asta înseamnă „fapte". Acest lucru ar putea să pară astfel, însă nu este. În economia lui Dumnezeu, ceea ce este diferit este sursa puterii și motivației. Versetul ce urmează explică acest lucru: „Căci Dumnezeu este Acela care lucrează în voi și vă dă, după plăcerea Lui, și voința și înfăptuirea" (Fil. 2:13). La urma urmei, ceea ce contează este ca viața lui Hristos să se manifeste în și prin noi. Pavel scrie: „Când se va arăta Hristos, viața voastră, atunci vă veți arăta și voi împreună cu El în slavă" (Col. 3:4). De aceea, cheia biruinței spirituale este să știm cine suntem în Hristos.

Când este vorba de subiectul identității spirituale, trebuie să fim cinstiți cu noi înșine, altfel acest lucru ne va costa enorm. Acum, având o înțelegere mult mai deplină, să declarăm trei lucruri afirmative înaintea lui Dumnezeu:

1. Doamne, sunt atât de ignorant în privința adevăratei mele identități.
2. Dragă Doamne Isuse, doresc să devin fiu matur (*huios*) și să propășesc în casa lui Dumnezeu.
3. Duhule Sfânt, Te rog să-mi descoperi identitatea mea spirituală.

Haideți acum să ne plecăm înaintea lui Dumnezeu în rugăciune, rostind următoarele cuvinte:

Tată Doamne, Îți mulțumesc că m-ai pus în Hristos, astfel că, atunci când El a murit pe cruce, am murit și eu împreună cu El. Cred că, atunci când L-ai înviat pe Hristos din morți, m-ai și socotit neprihănit și m-ai făcut neprihănit împreună cu El. Nu am cuvinte pentru a-Ți mulțumi pentru poziția glorioasă de a fi așezat cu Hristos la dreapta Ta, în ceruri. Aceasta este identitatea mea; acesta este destinul meu; aceasta este acum viața mea cea nouă. Am neprihănirea lui Dumnezeu în Hristos. Mă rog în Numele minunat al lui Isus, care este viața mea, tot ce am. Amin.

5. Incapacitatea de a aduce o contribuție semnificativă Trupului spiritual al lui Hristos

Pavel scrie: „ci, credincioşi adevărului, în dragoste, să creştem în toate privinţele, ca să ajungem la Cel ce este Capul, Hristos. Din El tot trupul, bine închegat şi strâns legat, prin ceea ce dă fiecare încheietură, îşi primeşte creşterea, potrivit cu lucrarea fiecărei părţi în măsura ei, şi se zideşte în dragoste" (Efes. 4:15–16).

Este extrem de important să înţelegem că Dumnezeu urmăreşte atât creşterea spirituală şi maturitatea fiecărui mădular în parte, cât şi creşterea întregului trup:

1. În primul rând: „să creştem în toate privinţele".
2. În al doilea rând: „Tot trupul, bine închegat şi strâns legat [...] potrivit cu lucrarea fiecărei părţi în măsura ei, se zideşte în dragoste".

Înţelegi acest proces spiritual? Sper că da! Concluzia este clară. Imaturitatea membrilor Bisericii duce la stagnarea creşterii spirituale a întregului trup. Acesta este, probabil, cel mai mare pericol al imaturității spirituale.

Cred că sunt cinci aspecte extrem de importante, pe care le evidenţiază textul din Efeseni 4:16. Acestea sunt:

1. tot trupul, bine închegat
2. tot trupul, strâns legat
3. prin ceea ce dă fiecare încheietură
4. fiecare parte trebuie să contribuie la lucrarea de creştere spirituală şi de maturizare a întregului trup
5. trupul – Biserica – trebuie să fie zidit în dragoste

Dă-mi voie să spun câteva lucruri cu privire la fiecare

dintre aceste aspecte:

1. Tot trupul, bine închegat

Lucrul acesta sună bine pe hârtie, întrebarea însă este următoarea: Ce poate realiza închegarea trupului lui Hristos? Cred că vei fi de acord cu mine că ceea ce leagă trupul împreună este **dragostea**. În Epistola către Filipeni, Pavel indică faptul că mila, bunătatea, blândețea și iertarea sunt toate importante pentru sănătatea spirituală și emoțională a bisericii locale, în ansamblul ei. Apoi, el scrie: „Dar mai presus de toate acestea, îmbrăcați-vă cu dragostea, care este legătura desăvârșirii" (Col. 3:14). Înțelegi? **Dragostea este legătura desăvârșită a unității.**

Noi putem dobândi această înțelegere profundă doar dacă avem o experiență personală a morții și învierii lui Hristos. Biblia ne învață:

Pentru că dragostea lui Hristos ne stăpânește, ne îndeamnă și ne constrânge, întrucât noi avem înțelegerea și convingerea că, [dacă] Unul a murit pentru toți, atunci toți au murit; iar El a murit pentru toți, pentru ca toți cei ce trăiesc să nu mai trăiască în sine și pentru sine, ci pentru Cel care a murit și a fost înviat pentru ei. (2 Cor. 5:14–15, Versiunea Amplificată)

Numai când înțelegem identificarea noastră cu moartea și învierea lui Hristos, putem trăi pentru El, și nu pentru noi înșine. Nu există nici un alt remediu pentru egoismul nostru decât crucea lui Hristos.

Pentru a „*crește în El în toate privințele*" trebuie să exersăm rostirea adevărului în dragoste. Cu alte cuvinte, în părtășia pe care o avem unii cu alții, trebuie să fim suficient de transparenți și să îi acceptăm pe ceilalți, evitând să-i rănim și arătându-le dragoste. Ioan scrie cu atâta tandrețe:

„Copilaşilor, să nu iubim cu vorba, nici cu limba, ci cu fapta şi cu adevărul" (1 Ioan 3:18). La începutul celei de a doua epistole a sa, Ioan scrie: „Harul, îndurarea şi pacea să fie cu voi din partea lui Dumnezeu Tatăl, şi din partea Domnului Isus Hristos, Fiul Tatălui, în adevăr şi dragoste" (2 Ioan 1:3). Tot astfel, în cea de a treia epistolă a sa, Ioan scrie: „Prezbiterul către prea iubitul Gaiu, pe care-l **iubesc în adevăr**" (3 Ioan 1:1). Dragostea agape nu poate exista fără adevăr; iar adevărul nu poate exista fără dragostea agape. Acestea două merg mână în mână şi contribuie la creşterea noastră spirituală.

2. *Tot trupul, strâns legat*

Lucrul acesta exprimă o unitate organică, profundă! Totuşi, întrebarea este: Ce ţine împreună trupul lui Hristos?

Cred că singurul lucru care poate realiza aceasta este adevărul. Adevărul este singura forţă care ţine împreună Biserica creştină. Doar Persoana Adevărului – Însuşi Hristos – ne ţine împreună. Iată un verset plin de putere: „El este mai înainte de toate lucrurile, şi toate se ţin prin El" (Col. 1:17). Hristos este, într-un sens, **cingătoarea adevărului**, care ne cuprinde. Pavel scrie: „Staţi gata dar, având mijlocul încins cu adevărul, îmbrăcaţi cu platoşa neprihănirii" (Efes. 6:14). A avea brâul încins cu adevărul înseamnă „a-l strânge cu o curea sau cu o cingătoare" şi „a ne pregăti să acţionăm".

În Vechiul Testament este scris:

Şi poruncile acestea, pe care ţi le dau astăzi, să le ai în inima ta. Să le întipăreşti în mintea copiilor tăi şi să vorbeşti de ele când vei fi acasă, când vei pleca în călătorie, când te vei culca şi când te vei scula. Să le legi ca un semn de aducere aminte la mâini şi să-ţi fie ca nişte fruntari între ochi. (Deut. 6:6–8)

În comentariul său asupra acestui verset, John Wesley scrie: „Să le legi – să-ţi dai toată silinţa şi să foloseşti toate mijloacele pentru a le ține minte, așa cum oamenii leagă uneori lucruri de mâinile lor, sau le pun înaintea lor, pentru a împiedica uitarea unui lucru pe care doresc mult să-l țină minte"[152]. Cu alte cuvinte, trebuie să privim la Domnul Isus și să avem întotdeauna în vedere cuvintele Lui. Împăratul înțelept din Vechiul Testament scrie: „Leagă-le la degete, scrie-le pe tăblița inimii tale" (Prov. 7:3).

3. Prin ceea ce dă fiecare încheietură

Noi suntem cu toții de acord că Hristos are o singură Biserică. El vine pentru o singură mireasă, nu pentru 41000[153] (sau mai multe) *mirese mai mici*. Trupul lui Hristos nu este un mădular în sine, ci mai multe mădulare în unitate! Totuși, în practică, în poporul lui Dumnezeu este multă dezbinare. Pavel a înțeles foarte bine principiul unității organice. El scrie: „Astfel, trupul nu este un singur mădular, ci mai multe" (1 Cor. 12:14).

Te îndemn să ții minte principiul următor: *Ceea ce face ca trupul fizic să fie puternic nu sunt mădularele individuale luate separat, ci mai degrabă legăturile prin care sunt ținute împreună în unitate.* Același lucru este valabil și în domeniul spiritual. Când credincioșii sunt legați strâns împreună, cu Dumnezeu și unii cu alții, prin ascultarea de poruncile Sale, ei luptă pentru înaintarea Împărăției Sale, în loc de a se certa unii cu alții. Biblia promite: „Cum ar urmări unul singur o mie din ei, și cum ar pune doi pe fugă zece mii?" (Deut. 32:30a).

Voi da un exemplu. Să luăm în considerare *umărul*. Umărul uman este alcătuit din trei oase: clavicula, scapula, și humerusul, precum și din mușchii, articulațiile și tendoanele care se **atașează de acestea**. Dacă vreunul dintre aceste trei oase se separă de celelalte, el nu mai poate face nimic. Ceea ce face umărul puternic este faptul că toate aceste elemente se unesc, pentru a constitui articulațiile umărului.

Iată încă un exemplu: *cotul*. Articulația cotului este

articulația sinovială dintre humerusul brațului superior și radiusul și ulna din antebraț, care permite mâinii să se miște înspre și dinspre trup. Este evident că aceste componente – humerusul, brațul superior, radiusul și ulna –, dacă vor fi separate unele de altele, nu vor putea executa singure mișcările pe care le face cotul.

Oare trebuie să mai continui? Probabil că nu. Totuși, haideți să vă explic cum funcționează șoldul. Articulația șoldului, al cărei termen științific este articulația acetabulofemorală, este articulația dintre femur și osul acetabul al pelvisului. Funcția lui principală este de a susține greutatea trupului atât în poziția sa statică, în picioare, cât și dinamică, în mers sau alergat. Unghiul de înclinare pelvic, care este elementul cel mai important al posturii corpului uman, este reglat de șold. Ceea ce formează această articulație importantă **este legătura** dintre femur și acetabul. În sine, aceste elemente nu pot face nimic, însă împreună, articulația șoldului ajută întreg corpul, atât în timpul repaosului, cât și al alergatului. Nu este ceva uimitor? Am putea continua să discutăm și alte astfel de exemple ale corpului uman. **Dar mă opresc aici.**

Dacă aceste lucruri sunt adevărate cu privire la trupul uman, același lucru este adevărat și cu privire la trupul spiritual, Biserica. Pavel scrie: „Căci, după cum trupul este unul și are multe mădulare, și după cum toate mădularele trupului, măcar că sunt mai multe, sunt un singur trup, tot așa este și Hristos" (1 Cor. 12:12). Gândește-te la un trup care este decapitat! Poate acel trup face ceva? Desigur că nu! El nu funcționează. Este mort. Tot așa și trupul spiritual, Biserica: nu poate funcționa. **Biserica este moartă, dacă nu se află într-o unire desăvârșită cu Hristos.** De aceea, Domnul Isus le spune clar ucenicilor Săi: „Eu sunt Vița, voi sunteți mlădițele. Cine rămâne în Mine, și în cine rămân Eu, aduce multă roadă; căci despărțiți de Mine nu puteți face nimic" (Ioan 15:5). Sper să înțelegem acest lucru cât mai curând.

4. Fiecare mădular în parte trebuie să contribuie la lucrarea de creștere spirituală și de maturizare a întregului trup

Am ajuns acum la punctul în care se întâlnește ciocanul cu nicovala. După cum aceste trei oase – clavicula, scapula, și humerusul – se unesc pentru a forma articulația umărului, tot la fel trebuie să se întâmple în trupul lui Hristos. Profetul Isaia a prorocit cu privire la venirea unui Copil, pe care urma să Îl primim. El a declarat: *"domnia va fi pe umărul Lui"* (Isaia 9:6). Nu cred că ar fi o exagerare să spunem că „umerii" lui Hristos pe acest pământ suntem noi, Biserica, pentru a servi scopurilor lui Dumnezeu în unitate. Îmi place această legătură dintre noi și umăr! Sper că și ție îți place!

Principiul Pareto[154], legea minorității vitale, cunoscut și sub numele de regula 20/80, spune că, în cazul multor evenimente, aproximativ 80% din efecte sunt produse de 20% din cauze. Acest principiu pare să afecteze și bisericile. Dacă suntem sinceri, trebuie să admitem aceste realități:

- 20% dintre creștini îndeplinesc 80% din slujirea din Biserica locală.
- 80% din contribuțiile financiare sunt făcute de 20% dintre cei care contribuie financiar.

Este interesant, nu-i așa? „Potrivit cercetătorilor Scott Thumma și Waren Bird, majoritatea bisericilor, fie mari, fie mici, fie de negri sau albi, sunt conduse de 20 la sută din congregație. Se spune că restul de 80% au tendința de a se comporta asemenea unor spectatori: au o implicare minimă și o frecventează rar, sau chiar deloc"[155]. Este șocant! Totuși, Dumnezeu nu dorește ca regula 20/80 să se aplice la Biserica Sa. Dumnezeu dorește ca la Trupul lui Hristos să se aplice regula 100/100. Biblia ne spune: „Din El tot trupul, bine închegat și strâns legat, prin ceea ce dă fiecare încheietură, își primește creșterea, potrivit cu lucrarea fiecărei părți în măsura ei, și se zidește în dragoste" (Efes. 4:16). Cu alte cuvinte, în trupul lui Hristos nu ar trebui să existe șomeri.

243

Nici un mădular individual nu ar trebui să fie „fără slujbă", ci toți ar trebui să fie implicați într-o slujire pentru Dumnezeu și pentru alții. Pavel scrie: „Voi sunteți trupul lui Hristos, și fiecare, în parte, mădularele Lui" (1 Cor. 12:27). Lucrul acesta a fost scris pentru a descuraja orice fel de separări în Trupul lui Hristos, „pentru ca să nu fie nici o dezbinare în trup, ci mădularele să îngrijească deopotrivă unele de altele" (1 Cor. 12:25).

5. Trupul – Biserica – trebuie să fie zidită pe dragoste

Într-un sens, acesta este un punct culminant în scrierile lui Pavel. El afirmă:

În El toată clădirea, bine închegată, crește ca să fie un Templu sfânt în Domnul. Și prin El și voi sunteți zidiți împreună, ca să fiți un locaș al lui Dumnezeu, prin Duhul. (Efes. 2:21–22)

Apoi: „Potrivit cu lucrarea fiecărei părți în măsura ei, și se zidește în dragoste" (Efes. 4:16b). Cred din toată inima că, dacă fiecare creștin ar fi conștient de acest principiu, și anume că trupul lui Hristos trebuie să fie zidit în dragoste, aceasta ar duce la o mare trezire spirituală. Ar fi o revoluție a dragostei, în care fiecare membru al Bisericii ar declara: *Nu eu, ci El. Nu noi, ci Împărăția lui Dumnezeu!*

Indiferent de ce s-ar întâmpla, Dumnezeu este consecvent naturii Sale, dragostea agape, precum și tuturor principiilor Sale.

Pavel ne avertizează:

Iar dacă clădește cineva pe această temelie aur, argint, pietre scumpe, lemn, fân, trestie, lucrarea fiecăruia va fi dată pe față: ziua Domnului o va face cunoscut, căci se va descoperi în foc. Și focul va dovedi cum este lucrarea fiecăruia. (1 Cor. 3:12–13)

Cu cât studiez mai mult tema vastă a creșterii și maturizării spirituale, cu atât sunt mai convins că, pe măsură ce membrii bisericii locale experimentează creșterea spirituală, în Trupul universal se formează, cu ajutorul Duhului Sfânt, articulațiile spirituale necesare. Trupul lui Hristos ajunge la punctul de a fi *„bine închegat și strâns legat"*. Așa cum am spus, acest lucru are loc prin formarea articulațiilor. Evident, formarea articulațiilor depinde de „lucrarea fiecărei părți în măsura ei".

Ai observat lanțul de evenimente care au loc? Dacă Satan poate să-i influențeze pe majoritatea membrilor unei biserici locale ca să nu fie interesați de maturitatea spirituală, el împiedică astfel maturizarea spirituală a întregului trup local. Am bănuiala că aceasta este chiar strategia pe care o folosește vrăjmașul.

Din acest motiv, Scriptura este plină de expresii precum „unii pe alții" și „unii altora". Înainte de răstignire, în cadrul cel mai intim, Cina cea de taină, Hristos a spus:

Vă dau o poruncă nouă: să vă iubiți unii pe alții; cum v-am iubit Eu, așa să vă iubiți și voi unii pe alții. Prin aceasta vor cunoaște toți că sunteți ucenicii Mei, dacă veți avea dragoste unii pentru alții. (Ioan 13:34–35)

În calitate de credincioși, noi suntem chemați la următoarele:

- Să ne iubim unii pe alții cu o dragoste frățească (Rom. 12:10).
- Să avem aceleași simțăminte unii față de alții (Rom. 12:16).
- Să nu ne judecăm unii pe alții. (Rom. 14:13).
- Să ne zidim unii pe alții (Rom. 14:19, 1 Tes. 5:11).
- Să ne acceptăm unii pe alții (Rom. 15:7).
- Să ne sfătuim unii pe alții (Rom. 15:14; Col. 3:16).

- Să ne urăm de sănătate unii altora cu o dragoste sinceră (Rom. 16:16, 1 Pet. 5:14).
- Să ne îngrijim unii de alții (1 Cor. 12:25).
- Să fim buni unii cu alții (Efes. 4:32).
- Să fim miloși unii cu alții, iertându-ne unii pe alții (Efes. 4:32).
- Să rostim cuvinte dătătoare de viață unii altora (Efes. 5:19).
- Să ne supunem unii altora (Efes. 5:21).
- Să ne slujim unii altora în dragoste (Gal. 5:13).
- Să ne purtăm poverile unii altora (Gal. 6:2; Col. 3:13).
- Să ne îngăduim unii pe alții în dragoste (Efes. 4:2).
- Să îi considerăm pe alții mai presus de noi înșine. (Fil. 2:3).
- Să creștem tot mai mult în dragoste unii față de alții și să ne iubim unii pe alții (1 Tes. 3:13; 4:9; 2 Tes. 1:3, 1 Pet. 1:22, 4:8; 1 Ioan 3:11, 4:7, 4:11; 2 Ioan 1:5)
- Să ne mângâiem unii pe alții (1 Tes. 4:18).
- Să ne încurajăm unii pe alții (1 Tes. 5:11; Evr. 3:13, 10:25).
- Să trăim în pace unii cu alții (1 Tes. 5:13).
- Să căutăm să facem bine altora (1 Tes. 5:15; Evr. 10:24).
- Să nu ne vorbim de rău unii pe alții (Iac. 4:11).
- Să nu ne plângem unii de alții (Iac. 5:9; 1 Pet. 4:9).
- Să ne mărturisim păcatele unii altora (Iac. 5:16).
- Să ne rugăm unii pentru alții (Iac. 5:16).
- Să fim primitori de oaspeți unii față de alții (1 Pet. 4:9).
- Să ne slujim unii pe alții (1 Pet. 4:10).
- Să manifestăm o smerenie autentică unii față de alții (1 Pet. 5:5).

Acestea sunt doar câteva referinţe biblice, luate doar din epistolele Noului Testament. Închipuie-ţi cât de lungă ar trebui să fie lista dacă am include întreaga Biblie. Acum este timpul cel mai bun pentru a declara înaintea lui Dumnezeu trei lucruri afirmative:

1. Doamne, mi-am dat seama că până acum am fost doar un consumator în Trupul lui Hristos.
2. Doamne Isuse, te rog să mă transformi şi să mă modelezi în aşa fel încât să-mi împlinesc rolul şi destinul în Trupul Tău spiritual.
3. Duhule Sfânt, Te rog să-mi revelezi funcţia şi darul pe care îl am şi, cel mai important, locul căruia îi aparţin în Trupul lui Hristos. Pune-mă în acea articulaţie specială, care este locul pentru care M-ai creat.

Să rostim următoarea rugăciune:

Doamne Tată, Îţi mulţumesc pentru darul pe care îl am în Hristos. Acum sunt parte din familia Ta eternă. Doresc să fiu productiv în locul în care Tu mi-ai poruncit să fiu. Dorinţa inimii mele este de a fi eficient în lucrarea pe care mi-ai dat-o. Doamne Isuse, doresc să fiu legat de Tine în mod organic, pentru a aduce multă roadă spre slava lui Dumnezeu. Duhule Sfânt, Te rog să mă formezi şi să mă modelezi, pentru a fi în acea articulaţie specială pentru care m-ai creat. Dorinţa mea cea mai mare este ca, împreună cu restul mădularelor Bisericii, să putem lucra în unitate, doar pentru o singură cauză: ca Trupul lui Hristos să strălucească astfel încât tot universul să vadă lucrarea Ta măreaţă. Mă rog în Numele minunat al lui Isus. Amin!

Întrebări de reflecţie

Te rog să reflectezi la următoarele întrebări, apoi să-ţi împărtăşeşti gândurile cu mentorul tău sau cu grupul de ucenicie creştină.

1. Ce ţi-a plăcut cel mai mult din acest capitol? Te rog să notezi câteva detalii.

2. Ce concepte noi ai învăţat din acest capitol? Te rog să le enumeri şi să dezvolţi.

3. Din cele cinci pericole despre care autorul a scris în anexă, pe care le consideri ca fiind „cele mai dăunătoare"? În cuvintele tale, explică pe scurt de ce.

4. După un studiu atent al celor cinci pericole, te rog să scrii un scurt sumar în dreptul fiecăruia dintre acestea. În ce domenii ai simţit cercetarea şi convingerea Duhului Sfânt în inima ta?

    4.1. Trăirea în firea pământească:

4.2. *Instabilitate:*

4.3. *Repulsia față de hrana tare:*

4.4. *Ignoranță în privința identității spirituale:*

4.5. *Incapacitatea de a aduce o contribuție semnificativă Trupului lui Hristos:*

5. Care au fost adevărurile care te-au frapat cel mai mult din această anexă?

Anexa: Pericolele imaturității spirituale

[117] Valy Văduva, *Advanced Discipleship Training* (ADT)—Registration Manual, Upper Room Fellowship Ministry, Novi, MI, 2010), p. 7.

[118] Pneumatikos. www.biblehub.com. Accesat pe 1 mai 2018. http://biblehub.com/ greek/4152.htm.

[119] W.E. Vine, Merrill F. Unger, William Whote, Jr., Vine's *Complete Expository Dictionary of the Old and New Testament Words*, Nashville, TN, Tomas Nelson Publishers, 1996, p. 594-95.

[120] Sarkikos. www.studylight.org. Accesat pe 10 iunie 2014. http://www.studylight.org/ dictionary/ved/view.cgi?n=411.

[121] W.E. Vine, Merrill F. Unger, William Whote, Jr., *Vine's Complete Expository Dictionary of the Old and New Testament Words*, Nashville, TN, Tomas Nelson Publishers, 1996, p. 243.

[122] Sarkinois. www.studylight.org. Accesat pe 30 mai 2014. http://www.studylight.org/ commentaries/bnb/view.cgi?bk=45&ch=3.

[123] Andrew Murray, *The Master's Indwelling*, 4. www.ccel.org. Accesat pe 12 iunie 2014. http://www.ccel.org/ccel/murray/indwelling.html.

[124] "Carnal Christians", *Adam Clarke Commentary on 1 Corinthians 3:1-3*. www.studylight.org. Accesat pe 30 mai 2014. http://www.studylight.org/commentaries/acc/view.cgi?book= 1co&chapter=003.

[125] "Carnal state Christians," Gill's Exposition of the Entire Bible, Accesat pe 30 mai 2014. http://www.biblestudytools.com/ commentaries/gills-exposition-of-the-bible/1-corinthians-3-1. html.

[126] Murray, *Indwelling*, p. 5. Accesat pe 12 iunie 2014. http://www.ccel. org/ccel/murray/indwelling.html.

[127] J B Hall, Carnal Christian, 5, May 30, 2008. www.sermoncentral.com. Accesat pe 10 iunie 2014. http://www.sermoncentral.com/sermons/carnal-christian- j-b-hall-sermon-on-growth-in-christ-120681.asp?Page=1.

[128] „What is a carnal Christian?", www.gotquestions.org. Accesat pe 30 mai 2014. http://www.gotquestions.org/carnal-Christian.html.

[129] Murray, *Indwelling*, op.cit., p. 6.

[130] Ibid, p. 8.

[131] Ibid, p. 9.

[132] Ibid, p. 9.

[133] Ibid, p. 10.

[134] Ibid, p. 10.

[135] „To toss", www.merriam- webster.com. Accesat pe 23 aprilie 2014. http://www.merriam- webster.com/dictionary/tossed.

[136] Viclenie. www.dexonline.ro. Accesat pe 11 august 2022. https://dexonline.ro/definitie/viclenie.

[137] „Craftiness", www.merriam- webster.com. Accesat pe 29 mai 2014. http://www.merriam- webster.com/thesaurus/craftiness.

[138] Şiret. www.dexonline.ro. Accesat pe 11 august 2022. https://dexonline.ro/definitie/şiret.

[139] Înşelăciune. www.dexonline.ro. https://dexonline.ro/definitie/Înşelăciune. Accesat pe 11 august 2022.

[140] Amăgire www.dexonline.ro. Accesat pe 11 august 2022. https://dexonline.ro/definitie/amăgire.

[141] D. A. Carson, *The Cross and Christian Ministry*, Baker Books, Grand Rapids, MI, 2004, p. 72.

[142] Charles R. Swindoll, *The Tale of the Tardy Oxcart*, Word Publishing, Nashville, TN, 1998, p. 80.

[143] Perfect, matur. τέλειος, (teleios): Scurtă definiţie: perfect, complet dezvoltat, (a) complet în toate aspectele sale, (b) dezvoltat, la vârsta maturităţii, (c) în mod special cu referire la desăvârşirea caracterului creştin. www.biblehub.com. Accesat pe 11 august 2014. http://biblehub.com/greek/5046.htm.

[144] Spiros Zodiathes, *The Complete Word Study Dictionary: New Testament*, AMG International, Chattanooga, TN, 1993, p. 1372.

[145] Rupertus Meldenius, numit şi Peter Meiderlin (1582 - 1651), teolog luteran.www.wikipedia.org. Accesat pe 11 august 2014. http://en.wikipedia.org/wiki/Peter_Meiderlin.

[146] Fraza în limba latină: „In necessariis unitas, in dubiis libertas, in omnibus caritas".

[147] Spiros Zodiathes, *The Complete Word Study Dictionary: New Testament* AMG International, Chattanooga, TN, 37422, 1993, νήπιος, népios – numărul 3516 în concordanţa Strong: unul care nu poate vorbi, adică un prunc, copilaş, fără o delimitare anume a vârstei. În consecinţă, minor, unul care nu a ajuns la vârsta maturităţii (precum în Gal. 4:1). În Septuaginta este folosit, în general, cu referire la un copil care se joacă pe stradă (precum în Ier. 6:11; 9:21); cerând pâine (precum în Plâng. 4:4). În sens metaforic, un copil, unul neînvăţat, neluminat, simplu, nevinovat (precum în Mat. 11:25, Luca 10:21, Rom. 2:20). Sugerând cenzură (precum în 1 Cor. 3:1; Gal. 4:3; Efes. 4:14; Evr. 5.13). Sinonime: teknon—numărul 5043 în concordanţa Strong: copil, copil nou născut, prunc. Antonime: huios: numărul 5207 în concordanţa Strong: un fiu sau fiică matură.

[148] Sclav fără drepturi de proprietate. δοῦλος, doúlos – numărul 1401 în concordanţa Strong: unul care aparţine altuia; un sclav fără drepturi de proprietate. Accesat pe 11 august 2014. http://biblehub.com/greek/1401.htm.

[149] Neprihănire. δικαιοσύνη, dikaiosuné—numărul 1343 în concordanţa Strong: neprihănire: „aprobare divină," „aprobarea judiciară a lui Dumnezeu", „considerat drept de Domnul (după examinarea Sa), „aprobat în ochii Săi". Accesat pe 1 mai 2018. http://biblehub.com/greek/1343.htm.

[150] Neprihănire. În engleză este righteous. www.merriam-webster.com. Accesat pe 13 ianuarie 2013. https://www.merriam-webster.com/dictionary/righteous.

[151] Micron. Un micron este parte dintr-un metru de un milion de ori mai mică. Sunt 25400 microni într-un inch. Ochiul poate vedea particule cu o mărime de până la 40 de microni. Accesat pe 12 august, 2014. http://www.engineeringtoolbox.com/particle-sizes-d_934.html.

[152] *John Wesley's Explanatory Notes*, Deut. 6:6-8. Accesat pe 1 mai 2018. https://www.christianity.com/bible/commentary/john-wesley/deuteronomy/6.

[153] Potrivit Centrului pentru Studierea Creştinismului Global (CSCG) de la Gordon-Conwell Theological Seminary, în lume există aproximativ 41000 de denominaţiuni şi organizaţii creştine. Această statistică ia în considerare distincţiile culturale al unor denominaţiuni din diferite ţări, aşadar ea include multe grupări care se suprapun. Actualizat de Mary Fairchild pe 19 decembrie 2017. Accesat pe 1 mai 2018. https://www.thoughtco.com/christianity-statistics-700533..

[154] Principiul Pareto. www.wikipedia.org. Accesat pe 12 august 2014. http://en.wikipedia.org/wiki/Pareto_principle.

[155] Stephanie Samuel, *Churches' Dilemma: 80 Percent of Flock is inactive*, postat pe 26 iunie 2011. Accesat pe 11 aprilie 2013. https://www.christianpost.com/news/authors-pastors-must-go-after-lost-sheep-to-increase-church-participation-51581/.

BIBLIOGRAFIE

Anderson, Neil T., *The Bondage Breaker*, Harvest House Publishers, Eugene, OR, 2000.

Anderson, Neil T., *Biruință asupra întunericului*, Aqua Forte, Cluj-Napoca, 2008.

Anderson, Neil T., *The steps to freedom in Christ*, Gospel Light, Colorado Springs, CO: 2004.

Bonhoeffer, Dietrich, *Costul uceniciei*, Peregrinul, Cluj-Napoca, 2009.

Carson, D. A., *The Cross and Christian Ministry*, Baker Books, Grand Rapids, MI, 2004.

Caussade, Jean-Pierre de, *The Sacrament of the Present Moment*, New York, NY, Harper One, 1989.

Edman, V. Raymond, *They Found the Secret*, Grand Rapids, MI: Zondervan, 1984.

Foster, Richard, *Life with God: Reading the Bible for Spiritual Transformation*, New York, NY: Harper One, 2008.

Gregory, Lewis, *Introducing the New You, Source Ministry International*, Snellville, GA, 2005.

Hall, Richard F., *Foundations of Exchanged Life Counseling*, Aurora, CO: Cross-Life Expressions, 1993.

Jackson, Thomas (editor), *The Works of John Wesley*, „A Plain Account of Christian Perfection", [First Conference, 25 iunie, 1774], (Vol. 11, pp. 366-446, 1872), articolul 17.

Maxwell, L.E., *Born Crucified*, Moody Press, Chicago, 1973.

McGee, Robert S., *The Search for Significance*, Thomas Nelson, Nashville, 1998, 2003.

Mulholland, M. Robert Jr., *Invitation to a Journey*, Downers Grove, IL: Inter Varsity Press, Downers Grove, IL, 1993.

Needham, David, *Alive for the First Time*, Sisters, OR: Questar Publishers, 1995.

Nouwen, Henri, Leadership.

Ortberg, John, *Viața pe care ți-ai dorit-o dintotdeauna*, Majesty Press International, Arad, 2007.

Pen-Lewis, Jessie, *Suflet și duh*, Lampadarul de Aur, Oradea, 2003.

Seamands, David A., *Leac pentru suflete vătămate*, Logos, Cluj-Napoca, 2002.

Seamands, David A. și Funk, Beth, *Healing for Damaged Emotions: Workbook*, David C Cook, Colorado Springs, CO, 2015.

Singer, Diane, *A Vision for the American Church* (1), în „Christian Worldview Journal", publicat pe 14 Aprilie 2014.

Strong, James, LL.D., S.T.D., *The New Strong's Exhaustive Concordance of the Bible*, Nashville, Thomas Nelson Publishers, 1996.

Swindoll, Charles R., *The Tale of the Tardy Oxcart*, Nashville, TN: Word Publishing, 1988.

Taylor, Howard, *Hudson Taylor's Spiritual Secret*, Chicago, IL: Moody Press, 1989.

Torrey, R. A., *The New Topical Text Book*, 1897.

Tozer, A. W., *Cunoașterea Celui Preasfânt*, Kerigma, Oradea, 2021.

Văduva, Valy, *Advanced Discipleship Training* (ADT), Registration Manual, Upper Room Fellowship Ministry, Novi, MI, 2010.

Vine, W.E., *Complete Expository Dictionary of Old and New Testament Words*, Grand Rapids, MIchigan: Thomas Nelson, 1996.

Watchman Nee, *Viața creștină normală*, Lampadarul de Aur, Oradea, 2003.

Willard, Dallas, *Înnoirea inimii: formarea caracterului cristic*, Editura Cartea Creștină, Oradea, 2004.

Zodiathes, Spiros, *The Complete Word Study Dictionary: New Testament*, AMG International, Chattanooga, TN, 1993.

„Grace Life Conference Manual", Aurora, CO: Cross-Life Expressions, 2000.

SITE-URI

www.aacc.net
http://www.bbc.com
www.bible.org
www.biblehub.com
www.biblesnet.com
https://www.biblestudytools.com
www.brainyquote.com
https://www.britannica.com
www.bu.edu
www.cbn.com
https://www.ccel.org/
https://www.christianity.com
www.christianitytoday.com
https://www.christianpost.com
www.crosswalk.com
www.dailymail.co.uk
www.desiringgod.org
www.dwillard.org
https://en.wikipedia.org
http://www.engineeringtoolbox.com
https://www.encyclopedia.com
www.focusonthefamily.com
https://goldprice.org
www.gotquestions.org
https://www.livescience.com
www.lynnebaab.com
www.mayoclinic.org
www.medium.com
www.money.cnn.com
www.merriam-webster.com
https://www.nationalgeographic.com
www.quotespedia.org
www.sermoncentral.com
www.sniblit.com
www.space.com

https://spaceplace.nasa.gov
www.stonyhill.com
http://studybible
www.studylight.org
https://www.thoughtco.com
https://urfm.org
www.usatoday.com
http://utmost.org
www.vanderbilt.edu
http://webstersdictionary1828.com
https://www.worldinvisible.com

Upper Room Fellowship Ministry

Misiunea Upper Room Fellowship Ministry (URFM) a fost înființată în 1996, ca răspuns la chemarea lui Dumnezeu și prin călăuzirea Duhului Sfânt, pentru a sluji Trupul lui Hristos. URFM este o organizație creștină non-profit și neafiliată confesional.

UPPER ROOM
FELLOWSHIP MINISTRY

VIZIUNE

O viață deplină, prin înnoirea minții și transformarea spirituală, pentru gloria lui Dumnezeu.

MISIUNE

Dorința noastră, la URFM, este de a-i ajuta pe credincioși să experimenteze vindecarea inimilor rănite, revitalizare sufletească și creștere spirituală în Hristos. Rugăciunea și dorința noastră profundă este ca, prin Duhul Sfânt, să-L experimentezi pe Isus Hristos ca pe însăși Sursa vieții tale.

Atât prin întâlniri individuale și în grupuri mici, misiunea URFM oferă cadrul mediu în care oamenii pot experimenta vindecarea, revitalizare și eliberare spirituală. Sub călăuzirea Duhului Sfânt, URFM face ucenici și îi echipează pentru Împărăția lui Dumnezeu. URFM, de asemenea, slujește în vederea creșterii spirituale a tuturor credincioșilor.

Scopul final este ca fiecare mădular din Trupul lui Hristos să ajungă la ținta ultimă – plinătatea lui Hristos.

Majoritatea creștinilor au fost învățați că Isus Hristos a murit pentru păcatele lor. Unii L-au primit în viața lor pe Hristos ca Domn. Doar foarte puțini dintre ei au fost învățați adevărul că au murit cu El și că Îl pot experimenta pe Hristos ca Viața lor. Ca urmare, foarte puțini au parte de biruința în viețile lor. Cu toate că au fost eliberați de păcatele lor, ei nu au fost eliberați de ei înșiși.

Dorința și rugăciunea noastră fierbinte pentru toți ucenicii este ca ei să devină tot ceea ce Dumnezeu dorește ca ei să fie, deci să ajungă la plinătatea lui Hristos.

DESPRE AUTOR

Valy Văduva s-a născut în România, o țară frumoasă din Europa de Est. În acea vreme, România era o țară comunistă. Guvernul era ostil Bibliei și creștinismului biblic. Părinții lui au fost creștini ortodocși, însă nu erau credincioși născuți din nou la acea vreme și, ca urmare, nu i-au citit istorisirile biblice în anii copilăriei și el nu a crescut mergând la școala duminicală.

La vârsta de doisprezece ani, în timpul vacanței de vară, fratele lui vitreg l-a luat la el în București, timp de două săptămâni. Unul dintre vecini, care era credincios, i-a dăruit cel mai uimitor cadou: un *Nou Testament*. Întrucât mai aveau destule zile de vacanță, el l-a citit de cel puțin trei ori în timpul acelei veri, părându-i-se foarte interesant. Aceasta a fost prima dată când Valy a intrat în contact cu Cuvântul lui Dumnezeu. *În amintirea lui, această experiență a rămas ca ceva uimitor!*

După câțiva ani, s-a înscris la liceul Microelectronica din București. Nu știa pe atunci că Dumnezeu aranjează lucrurile în cele mai mici detalii, dar Dumnezeu a pus în clasă cu el un coleg creștin. Valy a simțit că băiatul acesta este diferit de ceilalți adolescenți. David, și-a asumat riscul și L-a mărturisit pe Domnul, invitându-l pe Valy să meargă cu el la biserică. Acestea s-au întâmplat în toamna anului 1976.

Cu prima ocazie, Valy s-a dus la biserică, unde s-a bucurat de predică și de învățătura din Biblie. După un timp, el și-a predat viața lui Isus, iar apoi a fost botezat în apă. *Experiența nașterii din nou (a regenerării) a fost foarte puternică!* Aceasta s-a întâmplat în anul 1977, în februarie, cu doar câteva zile înainte de cutremurul înfricoșător care a devastat centrul orașului București. Timp de câteva săptămâni, după botezul în apă, s-a simțit de parcă ar „zbura". Nici nu simțea că atinge pământul în mersul lui. În toată viața lui, nu fusese niciodată atât de fericit și de împlinit!

Într-o zi, prietenul lui din liceu i-a dăruit o Biblie. A fost atât de încântat! Într-un timp scurt, Valy s-a aventurat în lectura acestei cărți minunate și unice, citind-o de la Geneza și până la Apocalipsa. S-a îndrăgostit profund de Cuvântul lui Dumnezeu. A început să-L mărturisească pe Hristos prietenilor și rudelor, precum și părinților lui. Ca urmare, a îndurat multă persecuție din partea profesorilor de liceul, precum și din partea colegilor lui de clasă. Însă acestea au fost, în realitate, niște experiențe extraordinare cu Dumnezeu. Valy L-a simțit pe Isus totdeauna la lucru în viața lui, și a știut că Isus a fost alături de el în mijlocul persecuțiilor.

După un timp, pastorul lui Valy i-a cerut să se ocupe de școala duminicală pentru tineri. El a răspuns chemării cu o mare încântare. Curând și-a dat seama că îi place să predice și să-i învețe pe alții Cuvântul Domnului. Valy dorea să meargă la o școală biblică, însă tatăl lui i-a sugerat că ar fi mai bine pentru el să-și facă studiile într-un domeniu tehnic. Din acest motiv, a studiat la Universitatea Politehnică din București și a devenit inginer mecanic. Totuși, pasiunea pentru Cuvântul lui Dumnezeu a rămas în inima lui de-a lungul anilor.

La câțiva ani după experiența nașterii lui din nou, a întâlnit-o pe viitoarea lui soție, Elena, la o întrunire de rugăciune. Era sfârșitul anilor '70. În vremea aceea, Valy frecventa un grup de rugăciune ai căror membri se rugau fierbinte. Își dorea acel fel de rugăciune și pentru el, așa că participat la tot mai multe întruniri de felul acesta. A postit câteva zile. Dorința lui fierbinte era să se apropie de Domnul. Într-una din acele zile, în timp ce se ruga cu un grup restrâns, a simțit prezența Domnului într-un mod semnificativ. *El își aminteste de această umplere cu Duhul Sfânt ca fiind o experiență măreață și plină de putere.*

După ce Valy s-a căsătorit, împreună cu soția lui a început un grup de studiu biblic în apartamentul lor. Acest lucru a durat aproape zece ani. În ciuda câtorva confruntări cu securitatea și a unor persecuții, s-a bucurat foarte mult de aceste vremuri! Răsplata lui a fost să vadă viețile celor ce făceau parte din grup transformate de Cuvântul lui Dumnezeu!

În anul 1989, o revoluție populară a pus capăt regimului comunist din România. În acea vreme Duhul Sfânt le-a făcut de cunoscut că a sosit timpul pentru a emigra cu familia in Statele Unite. Acolo, el a frecventat o biserică creștină română. Curând, a observat marea nevoie de studiu biblic, ucenicie și consiliere printre creștini, mai ales printre tineri și familiile tinere. El a avut sentimentul puternic că ceva lipsește în biserică, realizând că doar programele religioase nu sunt suficiente pentru creșterea spirituală.

În 1995, Valy și soția lui au auzit, pe un post de radio creștin, un anunț despre un curs avansat în ucenicie și consiliere creștină. Imediat amândoi s-au înscris în acel program și au început să frecventeze cursurile. Învățătura *Viața schimbată*,[3] pe care au primit-o în timpul acestei instruiri intensive, a fost extraordinară! Ei au învățat, cu acea ocazie, despre zdrobire și despre nevoia de a sfârși cu viața trăită pentru sine, astfel încât viața lui Hristos să se arate în și prin ei. Modul în care conceptul răstignirii împreună cu Hristos din Gal. 2:20 le-a fost explicat a fost cu totul uimitor! Aceasta a produs o revoluție spirituală în viața lui Valy.

El a înțeles că nu trebuia să îndeplinească anumite activități religioase, să înceapă un alt studiu biblic sau să facă altceva de felul acesta. Lucrul de care avea nevoie cel mai mult era ca *viața lui Hristos*[4] să se manifeste în viața lui. Dar exista o problemă. El trebuia să-și predea viața lui, pentru a avea viața lui Hristos pe deplin; prin harul lui Dumnezeu, a făcut-o! *Experiența vieții schimbate a fost cea mai importantă experiență pe care o trăise până în acel moment.* El poate depune mărturie că această experiență i-a revoluționat viața, slujirea și modul de a-L vedea pe Dumnezeu, de a se vedea pe sine însuși și de a-i privi pe alții.

În 1996, Duhul Sfânt i-a călăuzit pe Valy și Elena spre înființarea Upper Room Fellowship Ministry (URFM), o organizație creștină non-profit, independentă, dedicată uceniciztării, precum și creșterii și maturizării creștine. Totuși, el a continuat să lucreze ca

---

[3] Pentru mai multe detalii despre *Viața schimbată*, simțiți-vă liberi să recitiți capitolul 7, „Cel mai mare schimb care a avut loc vreodată".

[4] Pentru mai multe detalii despre *Viața lui Hristos*, simțiți-vă liberi să recitiți capitolul 2, „Definiții ale unor realități spirituale mai profunde".

inginer, pentru a-şi susţine familia. Însă, cu cât mai mult timp trecea, cu atât se simţea mai nefericit şi mai neîmplinit din punct de vedere spiritual. Situaţia aceasta a ajuns la apogeu cu o experienţă de neuitat, pe care a avut-o în 2002. O serie de împrejurări i-au creat o stare de stres, care a avut ca rezultat un mini-accident vascular cerebral. Totuşi, Dumnezeu deţine întotdeauna controlul! El a avut milă de Valy şi l-a salvat din această încercare doar cu o intervenţie minimă din partea echipei medicale. *Dumnezeu l-a vindecat total, fără efecte secundare!* Mai mult de 75 la sută din capacitatea lui de vorbire a fost restaurată în mai puţin de 6 ore. Uimitor! Acest lucru a fost cu totul miraculos!

Chiar dacă vindecarea aceasta l-a marcat, aspectul cel mai important nu este experienţa în sine. Un alt lucru trebuie scos în evidenţă. La câteva ore după ce Valy a fost internat în spital, neurologul a venit la patul său şi l-a întrebat: „Cu ce te ocupi?" În ciuda dificultăţilor de vorbire, Valy a răspuns cu convingere: „Sunt predicator". Te rog să observi că el nu a răspuns: „Sunt inginer", chiar dacă aceasta ar fi fost o afirmaţie adevărată. După aceea, el a adăugat: „Mă voi face bine, voi ieşi din starea aceasta fără nici un efect secundar, pentru că Dumnezeu m-a chemat să predic Evanghelia". Într-adevăr, exact aşa s-a întâmplat.

După alte câteva ore, condiţia lui medicală s-a îmbunătăţit. Lucrul acesta a fost văzut de întreaga echipă medicală care se ocupa de îngrijirea sa. Ei au fost surprinşi de recuperarea rapidă a lui Valy. El, soţia şi toată familia lui Îl slăvesc pe Dumnezeu pentru intervenţia Lui miraculoasă. Ei îi apreciază pe prietenii, biserica, şi sutele de credincioşi de pretutindeni care s-au rugat cu insistenţă pentru el. Slavă Domnului pentru vindecarea Sa divină în viaţa lui Valy!

După o perioadă de recuperare, s-a întors la serviciul lui de inginer cu normă întreagă, însă viaţa lui nu a mai fost ca înainte. Nu a mai găsit bucurie în cariera sa. Se afla într-o deprimare gravă şi eforturile doctorului lui de a-l trata au rămas fără rezultat. Simţea că viaţa îi este sfâşiată de o luptă spirituală interioară: pe de o parte se aflau responsabilităţile lui de inginer şi rolul pe care îl avea de a câştiga pâinea zilnică pentru familia lui; pe de altă parte, pasiunea şi dorinţa lui profundă de a predica Evanghelia lui Isus. Totuşi, nici măcar în aceste împrejurări Valy nu a găsit tăria de a-şi lăsa slujba şi de a începe o slujire cu normă întreagă, la care Dumnezeu îl chemase din tinerețe.

Această bătălie dificilă și dureroasă a durat până la mijlocul anului 2004. La începutul lunii iunie, șeful lui a venit în birou și a închis ușa după el. El i-a zis: „Valy, departamentul nostru își va reduce activitatea, după care se va închide. Toți inginerii care lucrează în acest departament vor fi concediați. Chiar și eu va trebui să-mi găsesc altceva de făcut. Vestea tristă este că tu ești primul care va fi concediat. De mâine, postul tău va fi desființat".

Chiar dacă el se aștepta să se întâmple așa ceva, cuvintele „de mâine, postul tău va fi desființat" îi răsunau în urechi ca bubuitul unui tunet. După câteva minute, și-a adunat curajul și a ieșit afară, pentru a o suna pe soție: „Dragă, te sun să-ți spun că sunt un om liber!" „Ce vrei să spui? l-a întrebat ea pe Valy. Nu-mi spune că ai fost concediat." „Ei bine, este adevărat, însă – a continuat el – eu iau acest lucru ca venind din partea lui Dumnezeu. El m-a eliberat pentru a lucra pentru El și Împărăția Lui".

În cele din urmă, Valy a înțeles! Începând cu iulie 2004, s-a dedicat slujirii duh, suflet și trup. Treptat, Dumnezeu l-a vindecat de depresia care a durat doi ani. Acum, după aproape cincisprezece ani de lucru intens pentru Împărăția lui Dumnezeu, el este plin de bucurie și împlinit. Aceasta este o bucurie sfântă, care nu vine de la lume; nu este rezultatul banilor, al răsplăților pământești sau al confortului, ci mai degrabă al umblării în voia esențială a lui Dumnezeu.

După cum mulți dintre voi știți, lucrarea creștină cu normă întreagă necesită mult timp, efort și tărie, pentru a duce luptele spirituale. De asemenea, ea se bazează foarte mult pe resurse financiare și pe o echipă de oameni dedicați și talentați. Totuși, de îndată ce ne hotărâm să facem voia lui Dumnezeu, bucuria care vine de la Domnul este negrăită și nu se compară cu nimic din ceea ce ne-ar putea oferi lumea. Diavolul este neobosit în lupta pe care o duce împotriva noastră și, din nefericire, uneori reușește să ne înșele. Putem fi înșelați căutând să găsim fericire și împlinire în lucrurile acestei lumi, în loc de a umbla în ascultarea de Duhul Sfânt.

De când s-a consacrat lucrării de slujire, Valy este implicat activ în călătorii misionare în Statele Unite și în alte locuri din lume. În prezent, el oferă sesiuni de life coaching spiritual personalizat, lecţii de înnoire a minţii, slujire de transformare prin rugăciune, şi oferă sesiuni de ucenicie creştină avansată, atât în cadrul întâlnirilor personale, cât şi virtuale, pe internet, în limbile engleză şi română.

Valy, soţia lui, Elena, şi cei patru copii adulţi ai lor, precum şi cei zece nepoţi, trăiesc în partea de sud a statului Michigan.

www.ingramcontent.com/pod-product-compliance
Lightning Source LLC
Chambersburg PA
CBHW031043110426
42740CB00048B/820